René Reichel   Reinhold Rabenstein

# kreativ beraten

Methoden und Strategien
für kreative Beratungsarbeit,
Coaching & Supervision

Ökotopia Verlag, Münster

# Impressum

| | |
|---|---|
| **Autoren:** | René Reichel |
| | Reinhold Rabenstein |
| **Herausgeber:** | AGB - Arbeitsgemeinschaft für Gruppenberatung, Wien |
| **Titelgestaltung:** | Reinhold Rabenstein |
| **Fotos:** | Reinhold Rabenstein, Paul Lahninger |
| **Lektorat:** | Dagmar Wiltzsch |
| **Satz:** | Druckwerkstatt Hafen GmbH, Münster |
| **ISBN:** | 3-931902-80-3 |

© 2001, Ökotopia Verlag, Münster

2 3 4 5 6 7 · 08 07 06 05 04 03

# Inhalt

**Vorwort** .................................................................................................. 4

**Unterscheiden und klären** ...................................................................... 6
    Beratung ............................................................................................. 7
    Supervision und Coaching .................................................................. 9
    Methode ............................................................................................ 11
    Kreativ .............................................................................................. 13
    Einzelne, Gruppen, Teams ................................................................ 15

**Den Prozess gestalten** ........................................................................... 19
    Landkarte der Beratung .................................................................... 20
    Basics - was wirkt ............................................................................ 21

**Die Schritte** .......................................................................................... 28
    In Kontakt kommen .......................................................................... 29
    Worum geht's? .................................................................................. 35
    Lösungen er-finden und versuchen ................................................... 37
    Weg gehen ....................................................................................... 43

**Methoden, Texte, Papers von A - Z** ..................................................... 46
    (Übersicht: siehe Register)

**Anhang** ............................................................................................... 229
    Literaturliste .................................................................................... 229
    Register ........................................................................................... 231

# Vorwort

Beratung findet statt – an den verschiedensten Orten zu allen möglichen Zeiten.
Und der Bedarf an Beratung steigt. Zukunftsforscher sehen hier neben der EDV-Branche die größten Wachstumschancen. Die Klarheiten und Selbstverständlichkeiten in unserer Welt nehmen ab. Die Vielfalt der Modelle und Möglichkeiten in Lebensbereichen wie Partnerschaft, Erziehung, Karriere, Ernährung, Gesundheit, Umgang mit Zeit, mit Geld, mit Freizeit usw. nimmt laufend zu. Das Reflektieren und Suchen nach passenden Möglichkeiten und Lösungen wird zu einer andauernden Lebensaufgabe. Das ist oft sehr spannend und manchmal ziemlich mühsam. Der Satz „aber das ist doch ganz einfach" ist zu einem falschen Satz geworden.

Das „Reflektieren und Suchen nach passenden Möglichkeiten" kann man, wenn es Menschen gemeinsam machen, auch „Beratung" nennen. Die gibt es vielfach als *Alltagsberatung* oder als *professionelle Beratung*.

Als LeserIn dieses Buches sind Sie vermutlich selbst professionell beratend tätig oder wollen das in Zukunft sein. Daher wissen Sie, dass dieses „Reflektieren und Suchen nach passenden Möglichkeiten" auch die Beratung selbst betrifft. Und das ist die Stelle, wo dieses Buch ansetzt.

Im ersten Teil wird in kompakter Form das Beratungsverständnis der Autoren vorgestellt: Einerseits wollen wir die zentralen Begriffe, um die es hier geht, verdeutlichen und klären, andererseits wollen wir darstellen, was unserer Meinung nach im Beratungsprozess hilfreich wirken kann. Bei aller Vielfalt der Möglichkeiten gibt es doch auch Standards in der professionellen Beratung, auf die wir uns beziehen. Dabei haben wir ein „schulenübergreifendes" Verständnis. Verschiedene therapeutische Richtungen, die sich auf die Konzepte von Beratung, Supervision und Coaching ausgewirkt haben, haben uns geprägt und beeinflusst.

**Vorwort**

In den Beschreibungen der wirksamen Schritte in der Beratung verweisen wir laufend auf die Methoden, die wir Ihnen anschließend vorstellen.

Im zweiten, größeren Teil bieten wir Ihnen alte und neue Methoden von **A** bis **Z**. Das heißt, manche Methoden werden Ihnen je nach Ausbildung und Erfahrung vertraut sein, unter diesem oder auch einem anderen Namen. Da sich die Namensgebung im Laufe der Zeit immer wieder verändert hat, finden Sie dieselben Methoden manchmal unter verschiedenen Titeln, aber Sie werden dann immer auf den ⇨ Begriff verwiesen, unter dem sie erklärt werden.

Wir haben auf Grund langjähriger Erfahrung mit Methodensammlungen hier darauf verzichtet, Kriterien wie „Dauer", „Gruppengröße", benötigte „Materialien" etc. grafisch herauszustellen. Wir haben die Erfahrung gemacht, dass dies nur verwirrt. Außerdem sind wir überzeugt, dass viele der in diesem Buch vorgestellten Methoden gut veränderbar sind, d. h. Sie werden eine Idee, die Ihnen gefällt, so abwandeln, dass sie in Ihr Konzept passt.

Methoden sind – ähnlich wie Gedankengänge – irgendwann einmal entstanden bzw. erfunden worden. Wenn sie so wie hier gedruckt werden, dann stellt sich also die Frage nach der Urheberschaft und der Quellenangabe. Das wird immer schwieriger. Wir können bestenfalls herausfinden, wann und von wem ein Gedanke oder eine Methode zum ersten Mal veröffentlicht wurde, aber selbst das ist heutzutage oft sehr schwierig. Wenn uns etwas einfällt, dann wissen wir oft nicht mehr, wo wir das vielleicht aufgeschnappt haben. Und auch die, die etwas veröffentlicht haben, wissen oft nicht mehr (oder haben verschwiegen), aus welcher Quelle es stammt. Oft kommen Namensänderungen oder kleine Abwandlungen im Detail dazu, die aus einem Vorgehen ein anderes machen. Wir möchten Sie auch ermutigen, selbst kreativ mit den Methoden „zu spielen", eigene Abwandlungen zu erfinden.

Dort, wo uns Quellen bewusst sind, haben wir sie genannt. Bei den Methoden, die schon so lange bekannt sind, dass die Quelle kaum zu erforschen ist, haben wir geschrieben: „Quelle: traditionell", so wie es bei Volksliedern üblich ist.

Wir bitten trotzdem alle, deren Urheberschaft wir nicht gewusst oder übersehen haben, um Entschuldigung.

Beim Gebrauch dieses Buches haben Sie drei Möglichkeiten:

**A. Sie fühlen sich bestätigt und bestärkt.** Sie stimmen mit uns überein, finden vielleicht noch ergänzende Argumente für Ihre beraterische Haltung, finden genau die Methoden, die Sie gesucht haben.

**B. Sie lassen sich anregen weiterzudenken.** Sie stimmen teilweise überein, finden manches neu, aber treffend, halten manche Gedanken oder Methodenbeschreibungen für zu ungenau oder denken einfach weiter. Sie tragen zum Diskurs und zur Weiterentwicklung bei.

**C. Sie halten wichtige Teile unserer Grundannahmen für falsch bzw. Sie denken anders.** In diesem Fall können Sie überlegen, ob der Methodenteil trotzdem für Sie brauchbar ist.

In allen drei Fällen sind wir an Ihrem Beitrag interessiert: rene@reichel-reichel.at bzw. r.rabenstein@agb-seminare.at

Darüber hinaus wünschen wir Ihnen, dass Beratung, Supervision oder Coaching Ihr Leben bereichert und Ihre Lebensfreude nährt, genauso wie das Ihrer KundInnen. Dazu wollen wir mit diesem Buch beitragen.

# Unterscheiden und klären

Methoden wirken auf dem Hintergrund eines bestimmten Beratungsverständnisses. Wir haben bestimmte Vorstellungen über Begriffe und Vorgehensweisen, die wir in möglichst knapper und übersichtlicher Form deutlich machen wollen – zu Ihrer Bestärkung oder Anregung.

Missverständnisse sind unvermeidlich und führen manchmal auch weiter.

# Beratung

Es gibt schlüssige Erläuterungen, warum der Beratungsbedarf steigt und warum daher der Beratungsmarkt zunehmen wird. Aber das, was Beratung ist und wie sie funktioniert, wird ziemlich verschieden verstanden und gehandhabt.
Unser Vorschlag für dieses Buch:
**Wir verstehen Beratung als**
- komplexe zwischenmenschliche Interaktion,
- die aufgrund einer konkreten Nachfrage in Gang kommt,
- inhaltlich und zeitlich begrenzt ist
- **und dem Ratsuchenden Freiheit lässt.**

In dieser Beschreibung sind weder die Themen noch die Rollen der Beteiligten noch eine Ablaufstruktur genau festgelegt. Das Wort „komplex" grenzt Beratung von einfacher Information ab.
„Wo geht's hier zum Eiffelturm?" ist ein Informationswunsch; „Wie könnte ich gemütlich Paris entdecken?" ist ein Beratungswunsch. Manchmal erkennt man den Unterschied daran, dass ein Beratungswunsch, so wie in diesem Fall, eine Rückfrage provoziert, z. B.: „Was würde Sie denn speziell interessieren?" oder „Was verstehen Sie unter gemütlich?"
In der Regel endet also eine Beratung nicht mit der Antwort auf eine Frage, sondern sie vollzieht sich in einem Prozess sowohl *zwischen* Menschen als auch *in* den beteiligten Menschen. Wir beschreiben diesen Prozess als Spirale:
Eine Situation oder Fragestellung wahrnehmen – sie erfassen – sie verstehen – (vielleicht auch erklären können) – handeln – die neue Situation wahrnehmen – ...
In unseren Kreisen wird oft die Abgrenzung zwischen Beratung und Psychotherapie gesucht. Am einfachsten ist hier vielleicht folgender Gedanke: Wenn persönliche und gesellschaftliche Vorstellungen über krank und gesund in der Beratung eine Rolle spielen, dann kommen die jeweiligen Konzepte von (Psycho-)Therapie ins Spiel.
Die Beziehungen zwischen Ratsuchenden und BeraterInnen können ganz verschieden sein und auch die Abläufe sind ebenso vielfältig wie die Anlässe für eine Beratung:

---

Suchen Sie sich aus der folgenden (unvollständigen) Liste die Beratungsfelder aus, in denen Sie schon einmal in der einen oder anderen Rolle waren und versuchen Sie die Vielfalt der Beratungsprozesse nachzuvollziehen:

| | | | |
|---|---|---|---|
| Berufsberatung | ❏ | Mütterberatung | ❏ |
| Coaching | ❏ | Organisationsberatung | ❏ |
| Eheberatung | ❏ | Psychotherapie | ❏ |
| Erziehungsberatung | ❏ | Rechtsberatung | ❏ |
| Farbberatung | ❏ | Schuldnerberatung | ❏ |
| Finanzberatung | ❏ | Sexualberatung | ❏ |
| Frauen-/ Männerberatung | ❏ | Steuerberatung | ❏ |
| Gesundheitsberatung | ❏ | Supervision | ❏ |
| Investitionsberatung | ❏ | Umweltberatung | ❏ |
| Krisenintervention | ❏ | Versicherungsberatung | ❏ |

Bei dieser Reflexion wird Ihnen vermutlich deutlich, wie schwierig es wäre, allgemein gültige Festlegungen über das zu treffen, was bei Beratung geschieht.
Einige Elemente lassen sich herausfiltern:

- Immer geht es um *zwischenmenschliche Kommunikation*. Informationen kann auch ein Computer oder ein Buch geben, beraten können nur Menschen.
- Die Kommunikation hat einen Anlass und damit auch ein Ziel. Beratung ist kein Selbstzweck.
- Über Anlass (Problem, Frage...) und Ziel müssen sich die Beteiligten *verständigen* können und im Wesentlichen einig sein.
- Von BeraterInnen wird etwas Konkretes erwartet: Problemlösungs- oder Orientierungshilfen. Das Maß, in dem inhaltliche Angebote passen, hängt vom Anlass, vom Ziel und von Rahmenbedingungen ab. Zu einer kurzen Berufsberatung passen sicher konkrete Tipps besser als zu einer längeren Eheberatung.
- Professionelle Beratung setzt *spezifische fachliche und kommunikative Fähigkeiten und Fertigkeiten* seitens der BeraterInnen voraus.
- Jede Beratung muss dem Ratsuchenden einen *Freiraum für Eigenentscheidung* und Selbstverantwortung lassen, ihn manchmal überhaupt erst einmal schaffen. Darum gibt es auch in unseren Rechtsordnungen einen Zeitraum, in dem Menschen z. B. die Unterschrift unter einem Vertrag nach einer Verkaufsberatung widerrufen können. Das bezeugt, dass dieses Wahrnehmen und Beachten der Selbstverantwortung in Beratungsprozessen nicht selbstverständlich und nicht leicht ist. Die meisten Menschen lassen sich gern sagen, was sie tun sollen (so haben wir's ja gelernt), aber dann später...?
- Zwischen Anfang und Ende der Beratung liegt ein Weg, der *Prozess der Beratung*. Der Prozess der Beratung wird durch Methodik bestimmt. Dieses Element ist der Gegenstand dieses Buches.

# Supervision und Coaching

## Die wichtigsten Ziele von Supervision (und Coaching)

- Förderung von Einsicht und Transparenz in die eigenen Arbeitsaufgaben und Handlungen, in die Hintergründe der Arbeitsorganisation und Aufgabenstellungen.
- Erweiterung von Handlungsmöglichkeiten im eigenen Arbeitsfeld, d. h. auch die des eigenen Freiraums und der eigenen (Mit-)Gestaltungsmöglichkeiten.
- Förderung konstruktiver Kommunikation zwischen den Menschen, die mit gemeinsamen Aufgaben betraut sind.
- Verbesserung von Arbeitsqualität und Arbeitszufriedenheit.
- Reflexion von persönlichen und strukturellen Grenzen (der Kompetenz, der Aufgabenstellung, der persönlichen Möglichkeiten...)
- Auffinden und Vertreten der eigenen Positionen und Handlungsmöglichkeiten bei Problemen und Konflikten.

## Die typischen Arbeitsformen von Supervision

- **Einzelsupervision** – in der Arbeit mit Führungskräften auch „Coaching" genannt.
- **Gruppensupervision** – mit Menschen aus dem gleichen Berufsfeld, aber verschiedenen Organisationen.
- **Teamsupervision** – mit Menschen, die an einer gemeinsamen Aufgabe arbeiten.
- **Organisationssupervision** – mit Menschen, die in einem Teilbereich einer Organisation beschäftigt sind und spezielle Fragen bearbeiten wollen, die sich aus der Arbeitsstruktur in ihrer Organisation ergeben.

Weitgehend wird Supervision heute verstanden als eine *geregelte, arbeits- und aufgabenorientierte Reflexionshilfe*. Viele vermeiden hier das Wort Beratung, damit keine Verwechslung mit Arbeitsanleitung und Fachberatung passiert. Durch die steigende Aufmerksamkeit auf Führung und Führungskräfte ist in den letzten Jahren Supervision auch unter dem Begriff *Coaching* bekannt geworden, in manchen Kreisen ist dieser Begriff auch beliebter. Die Auffassungen und die Verwendung dieser Begriffe ist in Bewegung; unser Verständnis entspricht dem aktuellen Trend in den deutschsprachigen Supervisionsverbänden (DGSv, BSO und ÖVS). Wir nehmen daher hier für die Methodik die Begriffe *Supervision und Coaching* zusammen.

Mit Coaching werden in anderem Zusammenhang auch ein neuer *Führungsstil* bzw. neue *Führungsaufgaben* von Vorgesetzten bezeichnet. Darum geht es in diesem Buch aber nicht!

Wir können folgende Hintergründe des Supervisionsbedarfs beschreiben, die zugleich Felder supervisorischer Aufmerksamkeit sind:
- In vielen Bereichen des Lebens *lösen sich die Gewissheiten auf*, wie etwas klarerweise zu tun und zu bewerten ist. Statt dessen werden Reflexion und Beratung über die vielfältigen Aufgabenstellungen immer wichtiger. Das gilt für Fragen der Partnerschaft, der Erziehung und besonders für viele Arbeitsfelder.
- *Arbeitsprozesse werden* – ähnlich wie andere Lebenszusammenhänge – in unserer Kultur *immer komplexer*, ihre Regelungen werden immer weniger selbstverständlich. Auch die Organisationsformen von Arbeit werden vielfältiger und wechseln schneller. Die Frage nach der „Qualität" beschäftigt alle Arbeitsfelder.
- Wenn es um *Arbeit mit Menschen* geht (Erziehung, Bildung, Mitarbeiterführung, Pflege, Sozialarbeit, Beratung, Seelsorge...), dann kommt noch die Unklarheit über die Fragen dazu, was wie wirksam ist, was man als erfolgreiche Arbeit bezeichnen und bewerten kann und was die eigene Arbeitszufriedenheit ausmacht.

Supervision als eine geregelte Form der Reflexion und Beratung von Arbeitsaufgaben und Arbeitsprozessen ist daher zunächst als *ein Gebot von Professionalität* zu verstehen, unabhängig davon, ob diese Arbeit zur Zeit gut läuft oder nicht.
Es ist ein Missverständnis zu glauben, Supervision mache erst dann Sinn, wenn es „Probleme" gibt.

Da es in der Supervision um die Reflexion von Arbeitsthemen geht, kann man auch von einer *kollegialen Beratungsmethode* sprechen. Das bedeutet, dass tiefenpsychologisch verstandene Beziehungsmuster (Übertragungen) innerhalb der Supervision grundsätzlich vermieden bzw. sofort als störend aufgedeckt werden.

# Methode

Es gibt einen sehr weiten, umfassenden Begriff etwa in der Sozialarbeit, in welcher die Gemeinwesenarbeit oder Einzelfallhilfe als Methode bezeichnet werden.

Es gibt einen sehr engen Begriff wie in der Erwachsenenbildung, wo etwa das „Brainstorming" als Methode bezeichnet wird. Aufgrund unserer persönlichen Vorgeschichte in der Jugend- und Erwachsenenbildung haben wir Methode meist im engen Sinn verstanden[1], wobei manche der KollegInnen hier lieber „Übung", „Technik" oder „Spiel" sagen.

Wichtig ist, dass deutlich bleibt: Es geht nicht nur um einen ‚Weg zum Ziel', sondern jede Vorgehensweise hat selbst einen ‚Inhalt', eine Botschaft: Wenn ich Menschen ein Arbeitsblatt gebe, das sie nach eigenem Gutdünken ausfüllen und mit anderen besprechen, dann mute ich ihnen zu etwas zu bewerkstelligen, ohne dass ich es überprüfen muss. Das ist dann mehr als eine „Technik" oder „Übung", es ist auch eine „Haltung" in dieser Methode.

## Auch ich bin eine Methode

Lernen wird von Personen bestimmt.

Gerade die Erinnerung an die Schule beweist uns das. Der Lehrplan ist überall so ziemlich derselbe, und doch erinnert die Eine sich gerne an den Deutsch-Unterricht, der Andere winkt ab. Sie hatten eben verschiedene Lehrer. Und wenn wir uns bei Klassentreffen unterhalten, dann erinnern wir uns mehr an die LehrerInnen als an die Inhalte.

In Supervisionen, Beratungen und Selbsterfahrungsprozessen ist das genauso:

Die persönliche Begleitmusik, der „Draht", bestimmt die Wirkung von methodischen Impulsen. Und wenn etwas besonders gut klappt oder wenn etwas schief geht, dann ist keineswegs klar, dass die Methode besonders gut oder schlecht war; es kann daran liegen, dass die Methode zu Ihnen heute oder zu Ihrem Kontakt mit den TeilnehmerInnen heute besonders gut oder eben nicht gepasst hat.

---

[1] wie z. B. in unserem **Methoden-Set** (5 Bücher für ReferentInnen und SeminarleiterInnen, Ökotopia Verlag, Münster, inzwischen in der 9. Auflage).

Da ist also einmal die Frage: Was passt überhaupt zu mir und was passt heute zu mir?

Und dann ist da die Frage: Was passt zu unserem Kontakt in der Beratung heute? Wir können diesen Kontakt mit der Brille der „Übertragung" (Sigmund Freud) betrachten und sehr viel daraus lernen; wir können aber auch von „dialogischer Begegnung" (Martin Buber), von „Personzentrierung" (Carl Rogers) oder von „intersubjektiver Ko-respondenz" (Hilarion G. Petzold) sprechen: Bei allen Themen, die unsere Beratungsarbeit erfasst, spielt das Ich, das Du und das Wir eine zentrale Rolle. Daher ist für einen verantwortlichen Leiter die nie aufhörende Selbsterfahrung und Selbstreflexion ein Element der Professionalität. Es muss uns z. B. klar sein, was es für uns selbst und für die jeweiligen TeilnehmerInnen oder KlientInnen bedeutet, wenn wir eine Imagination, Trance, Fantasiereise o. Ä. anleiten.

Sicher, es ist reizvoll ein großes Repertoire zu haben, um viele Ideen zu entwickeln, was man alles *machen* kann, aber vergessen Sie gerade bei Beratung nicht, manchmal einfach nur da und im Kontakt zu sein! Die Originalität von Methoden ist kein dauerhafter Ersatz für „stimmigen Kontakt".

Neben solchen eher hintergründigen Aspekten dienen uns Methoden aber auch und vor allem zur Förderung von Lebendigkeit, Abwechslung, Buntheit und Spaß in allen Beratungsprozessen.

# Kreativ

*"Wer will, dass die Welt so bleibt, wie sie ist,
will nicht, dass sie bleibt."*

(Erich Fried)

Kreativität ist das, was uns manchmal weiterhilft, wenn nichts mehr weitergeht. Ein Sprung – eine Wandlung – eine Verwandlung.

Oft verwenden wir den Begriff kreativ im Zusammenhang mit Methoden oder Ausdrucksmitteln („kreative Medien"), aber dahinter steht ein Verständnis von menschlicher Entwicklung und Wandlung in der Begegnung mit sich und der Umwelt.

„...so steht doch fest, dass jede Beziehung zwischen zwei Menschen zu einer kreativen Schöpfung wird, wenn ihre Begegnung das Fließen und die Atmosphäre wechselseitiger Umgestaltung hat." (Joseph Zinker 1984, S. 15)

„Das kreative Moment persönlichen, zwischenmenschlichen, gesellschaftlichen Lebens ist kennzeichnend für gesundes, unentfremdetes Leben. Das kleine Kind ist aus sich Schöpfer. Es singt, tanzt, reimt, malt, plastiziert, schauspielert, bis ihm diese Fähigkeiten im Prozeß kultureller Disziplinierung untersagt werden. Und Fähigkeiten, die nicht mehr geübt werden, stehen in Gefahr, verlustig zu gehen. Die Entfremdung von den eigenen schöpferischen Fähigkeiten führt zur Verarmung des Subjekts und der Gesellschaft, zu einem Verblassen der Person und der Kultur. Sie werden anämisch, grau, Prozesse, die in die Krankheit führen oder in Kompensationsmechanismen von pathologischem Ursprung: Wucherungen, Inflation, Destruktivität."
(Hilarion Petzold, Ilse Orth 1985, S.65)

Diese Entfremdung ereignet sich in konkreten Szenen, in erlebter Interaktion und oft in erlittener Begegnung.

Die gelingende Beratung ist eine Szene,
- in welcher der intuitive Selbstausdruck gewünscht und beachtet ist,
- in der neue, stimulierende Interaktionen erlaubt und unterstützt werden,
- in der all das in das Bewusstsein geholt und dort verarbeitet wird.

**Kreativ**             Unterscheiden und klären

Ungewohnte Ausdrucksmittel („kreative Medien") unterstützen sowohl den Selbstausdruck, etwa durch Zeichnen, szenische Darstellung, symbolische Gegenstände, Gesten und Körperhaltungen, Brief oder Gedicht schreiben etc. als auch das Experimentieren mit Alternativen und Lösungen.

Oft werden kreative Ausdrucksmittel der Arbeit mit Kindern oder Behinderten zugeschrieben. Sie seien jedenfalls unpassend für ernsthafte Arbeit mit Erwachsenen.
Diese Meinung teilen wir – gemeinsam mit vielen TeilnehmerInnen und KlientInnen – nicht:

Schon oft wurden wir für Teamsupervisionen und Gruppenberatungen gerade deswegen (wieder) eingeladen, weil die KlientInnen die Erfahrung gemacht haben, dass kreative Ausdrucksmittel in der Beratungsarbeit besonders hilfreich sein können, und weil wir für den Einsatz solcher Mittel bekannt sind.
Aber auch für den Einsatz kreativer Ausdrucksmittel gilt wie für alle Methoden: Wenn es zu mir passt und wenn ich mich dabei wohl fühle, dann wird dieser Einsatz konstruktiv wirksam sein.

# Einzelne, Gruppen, Teams

Die formalen Rahmenbedingungen der Beratungsarbeit nennt man auch „Setting". Das Setting wird von den meisten BeraterInnen aufmerksam beachtet, weil es in unserer Alltagskultur meist übersehen oder missachtet wird und dadurch viele kommunikative Probleme entstehen:
Menschen beraten über jemanden in dessen Abwesenheit, Einzelne werden aus Gruppen herausgeholt und dann „pädagogisch bearbeitet", Teams achten nicht auf ihre konkreten Aufgabenstellungen oder nicht auf ihre „Kommunikationskultur", LeiterInnen halten Monologe und ärgern sich dann über mangelnde Mitarbeit.
Solche und viele andere Fehler werden laufend gemacht.
In der Beratung wird daher zunächst dem Rahmen viel Beachtung geschenkt: Wer sind wir hier, welche Rahmenbedingungen sind nützlich und welche Dynamik ergibt sich aus der hier anwesenden Konstellation?

# Einzelne

Wenn ich mit einem einzelnen Menschen beratend arbeite, „geistern" immer auch andere Menschen durch den Raum. Wir arbeiten nie wirklich nur mit einer Person. Mein Klient denkt, während er mir zuhört: „Was würde mein Chef dazu sagen?" Oder eine Frau hat eine gute Idee und denkt sofort: „Wie soll ich das meinem Mann beibringen?" Schon sind andere Leute „im Raum" und „im Spiel".
Einzelberatung hat hier immer auch die Aufgabe, die Kommunikation mit den alltäglichen PartnerInnen unserer KlientInnen zu fördern, also ihre Co-Existenz zu unterstützen. Diese Auffassung steht im Gegensatz zu der früher verbreiteten Sicht einer geradezu autistisch verkürzten Selbstverwirklichung.

In einer Einzelberatung entsteht auch eine ganz besondere Beziehung. Viele KlientInnen machen selten die Erfahrung, dass ihnen jemand aufmerksam zuhört und interessiert ist, sie zu verstehen. Das kann starke Gefühle auslösen, die – wenn sie nicht beachtet werden – die Beratung zu einem Selbstzweck werden lassen. Die Aufmerksamkeit der BeraterInnen wird dann so etwas wie Prostitution: Der Klient kauft sich Beachtung. Dagegen wäre nichts einzuwenden, wenn es bewusst wird und sich die Beteiligten dafür entscheiden. Wenn es unbewusst bleibt und damit auch das Ziel der Beratung unklar bleibt, dann wird die Beratung unprofessionell.

Auf der anderen Seite ist die Einzelberatung besonders für *Menschen in „struktureller Einsamkeit"* von großer Bedeutung. Damit ist gemeint, dass Menschen in ihrer beruflichen (manchmal auch privaten) Rolle nie oder nur selten die Möglichkeit eines psychohygienischen Austausches mit Gleichartigen haben. Dazu gehören z. B. Direktoren und andere Führungskräfte, Pfarrer, alleinerziehende Mütter mit wenig beruflicher Kommunikation usw. Für solche Menschen ist die Einzelberatung etwas sehr Wertvolles.

# Gruppen

Eine Gruppe ist eine überschaubare Zahl von Menschen mit einer gewissen raum-zeitlichen Verbundenheit und zumindest einem gemeinsamen Interesse[2].

In der Beratung haben wir es meist dann mit Gruppen zu tun, wenn mehrere VertreterInnen eines Berufs aus verschiedenen Organisationen oder wegen einer gemeinsamen Betroffenheit zusammenkommen, z. B. eine Ärztegruppe (Balint-Gruppe), eine Selbsterfahrungsgruppe oder eine Selbsthilfegruppe. Solche Gruppen entstehen häufig erst durch das Reflexions- oder Beratungsinteresse. Der Berater ist daher ein wichtiger Teil der Gruppe und prägt die Gruppenkultur von Anfang an. Manchmal sind die Berater ein entscheidender Punkt des gemeinsamen Interesses.

Problematisch werden Gruppen manchmal, wenn sie ein Teilsystem einer Organisation sind, ohne ein beauftragtes Team zu sein. Wenn etwa einige PflegerInnen eines Krankenhauses oder einige LehrerInnen einer Schule sich zusammenfinden, um ihre Situation zu beraten. Häufig entstehen dann für das Gesamtsystem neue Probleme oder die alten werden noch verschärft, denn: „Was reden die da über uns?" Verschwörungsgedanken werden geweckt, oft nicht zu Unrecht. Viele SupervisorInnen lehnen daher einen solchen Auftrag ab. Zumindest muss in einem solchen Fall das Setting neu überlegt werden.

Darüber hinaus haben fast alle Menschen ein tiefes Bedürfnis nach dem Gefühl von Zugehörigkeit, nach Geborgenheit wie nach Anregung und Herausforderung unter Gleichen. Das ist ein Teil der Identitätsbildung. In der Kindheit und Jugend spricht man von „Peer-Gruppen", mancherorts gibt es dafür einen Dialektausdruck, später spricht man gelegentlich von Clique, aber die Erwachsenenwelt blickt meist mit schiefen Blicken auf diese Art von Gruppenerfahrung. Selbsterfahrungsgruppen, Teams, Supervisionsgruppen und ähnliches dienen dann auch diesem grundlegenden Bedürfnis. Gute GruppenberaterInnen achten daher auch auf die Bedeutung, die die Gruppe für die einzelnen Mitglieder hat.

---

2 Da man neuerdings auch im Chatroom von Gruppenkommunikation sprechen kann, ist die raum-zeitliche Verbundenheit nur noch relativ.

# Teams

Teams sind Gruppen mit einem eindeutigen gemeinsamen Arbeitsauftrag. Teams bestehen daher in der Regel auch außerhalb der Teamberatung (oder -supervision). Der Supervisor kommt also – zum Unterschied zur Gruppenberatung – in ein bestehendes System mit einer ohne ihn entwickelten Kultur. Er muss sich erst orientieren und das immer wieder. Das macht Teamsupervision weitaus schwieriger als Gruppensupervision.

Auf der anderen Seite sind Beratungsergebnisse bei Teams von hoher Relevanz, denn in der Regel sind alle für die Umsetzung erarbeiteter Ziele Verantwortlichen anwesend. Das macht Teamberatung und -supervision besonders reizvoll.

Spannend ist hier die Frage nach der Stellung dieses Teams im Gesamtsystem: Ist es ein Teil, etwa eine Station eines Krankenhauses oder eines Heims, oder ist das Team zugleich die Organisation wie etwa bei einem Frauenhaus oder einem kleinen Unternehmen? Welche angrenzenden Systeme (andere Abteilungen, die Chefetage, kooperierende Institutionen…) wirken dann mit?

Immer wieder beachtenswert bei Teamberatungen ist die Rolle der Leitung. Manche LeiterInnen delegieren aus Unsicherheit bewusst oder unbewusst Führungsaufgaben an die Berater/ Supervisoren. Wenn das gelingt, dann wird das Problem „Führungsschwäche" noch verstärkt. Es gilt also bei Teamberatung, sehr genau am Auftrag für den Berater/Supervisor zu arbeiten.

Ist bei der Gruppenberatung also die Bedeutung des Beraters/der Supervisorin eher hervorzuheben, denn er/sie ist Teil der Gruppe, so ist bei Teamberatung Zurückhaltung eher förderlich, denn der Berater ist nicht Teil des Teams.

# Den Prozess gestalten

*„Handle stets so, dass du die Anzahl der Möglichkeiten vergrößerst."*
(Heinz von Foerster)

Um welche Art von Beratung es sich auch handelt: Immer kommen Menschen irgendwie in Kontakt. Sie klären, worum es ihnen jetzt gemeinsam geht, sie arbeiten daran, sie trennen sich wieder.

Dieser Prozessaufbau/-ablauf wird jeweils ein bisschen anders beschrieben, wenn man aus psychoanalytischem, aus personzentriertem, aus der Gestalt, aus systemischem oder integrativem Hintergrund kommt.
Indem wir im Folgenden diesen Prozess möglichst alltäglich beschreiben, d. h. auch mit möglichst wenig Fachsprache, beziehen wir uns zugleich schulenübergreifend auf die Gemeinsamkeiten solcher Hintergrundkonzepte – soweit uns das fachlich möglich ist.
Wenn Sie als KollegInnen manches also etwas vereinfacht finden, dann bedenken Sie, dass wir damit diese Absicht der *schulenübergreifenden Verständlichkeit* bezwecken.

Indem wir den Prozess als Strukturierungselement wählen, sagen wir auch etwas über unser Verständnis von Beratung aus: In Übereinstimmung mit den meisten BeraterInnen geht es uns bei Beratung nicht in erster Linie darum, „etwas festzustellen", eine „Analyse", eine „Diagnose", eine „Ursache", eine „Erklärung" zu finden, sondern dafür zu sorgen, dass *„etwas weitergeht"*. Dabei kann eine Analyse oder Erklärung wichtig sein, aber das Ziel der Beratung ist immer das Finden oder Vermehren von Handlungsmöglichkeiten (in der Gestalt-Sprache das „in Fluss bringen"; in der systemischen Sprache „lösungsorientiert arbeiten")[3]. Hier ist das obige Zitat von Heinz von Foerster unser Leitmotiv. Und aus diesem Grund ist es plausibel, die Beschreibungen und Methoden am Beratungsprozess zu orientieren.

---

3 Fallweise kann auch das Akzeptieren von Stillstand ein weiterführender Schritt sein. Manchmal muss ich es hinnehmen, dass ‚nichts weitergeht', damit mein Leben ‚wieder in Fluss kommt'; z. B. bei Trauerarbeit.

**Landkarte der Beratung** | Den Prozess gestalten

# Landkarte der Beratung

Als Tor zu unseren Prozess-Beschreibungen möchten wir Ihnen unsere „Landkarte" von Beratung vorstellen, ein für uns nützliches Arbeitsmodell. Es zeigt, welche Wege wir mit unseren Fragen und Interventionen gehen können, in welche Richtungen wir unsere Aufmerksamkeit und Neugier und die unserer Klienten lenken können.

Idealtypisch kommen in der Beratungseinheit alle vier Dimensionen vor: Wir fragen nach der Problembeschreibung, achten darauf, wie im oder über dem Problem stehend der Klient beschreibt, erfragen bisher versuchte, gelungene Lösungen und aktuelle und verworfene Lösungsideen, regen Einfühlen und Distanzieren an und entwickeln weitere Alternativen zum Jetzigen. Diese Dynamik zeigt unser Arbeitsmodell, unsere Landkarte:

## Landkarte der Beratung
Quelle: Reinhold Rabenstein

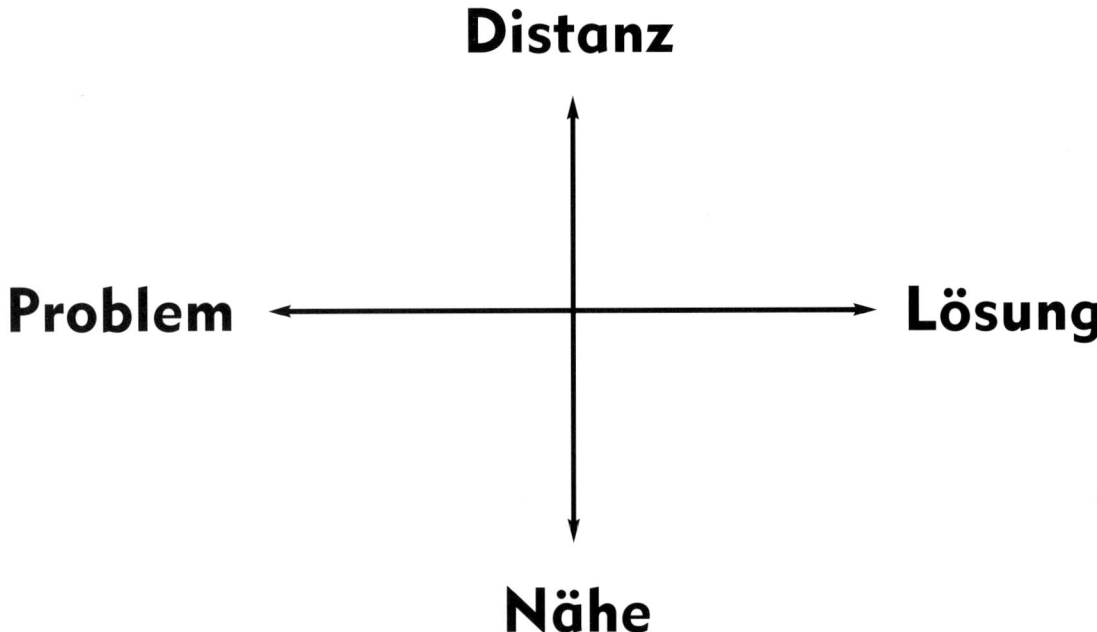

Beratung gelingt meist besser, wenn beide (KlientIn und BeraterIn) mit ihrer Aufmerksamkeit (Fokus) zwischen Problembeschreibung und Lösungsbildern hin und her wandern und dabei zwischen der einfühlenden (Gefühle wahrnehmend, involviert = assoziiert) und der distanzierten (aus der Entfernung betrachtend, überlegend = dissoziiert) Position wechseln.

Die BeraterInnen leiten diesen Prozess im Mitgehen (pacing) und Führen (leading).

# Basics – was wirkt

Bevor wir auf den Beratungsprozess und seine methodischen Gestaltungsmöglichkeiten genauer eingehen, stellen wir einige weitere Grundannahmen (Basics) vor, die für ein angemessenes Umgehen mit den Methoden bedacht werden müssen.

## Wir er-finden

Wir nehmen die Außenwelt wahr – und wir folgen inneren Impulsen: Daraus mischt sich das, was wir Wirklichkeit nennen. Auf den ersten Blick erscheint diese Mischung sehr persönlich und individuell. Da wir ein existentielles Bedürfnis nach Zugehörigkeit haben, machen wir uns aber auch die Wirklichkeitssicht anderer Menschen teilweise zu unserer eigenen; wir mischen wieder. Anders ausgedrückt heißt das: „Wir konstruieren unsere Wirklichkeit" bzw. „Wir bilden Gestalten".

Dieser Akt wird je nach Bedarf immer wieder aktualisiert und neuen Erfahrungen angepasst. Alle diese Schritte von Wahrnehmung und Vermischung sind kreative Akte. Nun können wir uns dieser kreativen Akte nicht immer bewusst sein. Das meiste läuft unbewusst, fast automatisch ab. Es macht uns aber sicherer, wenn wir gelegentlich – vor allem in Problem- und Konfliktsituationen – die Hintergründe unseres Wahrnehmens reflektieren: durch Nachdenken, Lesen, Diskutieren oder Fortbildung.

Dabei können und müssen einige Grundfragen immer wieder neu gestellt werden:

○ Was ist wahr?
○ Was ist wirklich?
○ Wie verantwortlich bin ich für mich und mein Handeln?
○ Kann man Menschen ändern?
○ Kann ich mich ändern?

Ein **Beispiel** für diese „kreativen Wahrnehmungen":

In der Gruppe sitzt eine Frau (= die Außenwelt). Eine Teilnehmerin denkt sich:
„Die sieht ja toll aus, viel schöner als ich. Hoffentlich ist sie wenigstens dumm. Aber ich darf nicht zeigen, dass ich mir darüber Sorgen mache."
Ein Teilnehmer denkt sich:
„Die sieht ja toll aus. Hoffentlich komm ich bald mit der in Kontakt. Aber unauffällig, damit sie mich nicht aufdringlich findet."
Der Leiter denkt sich:
„Die sieht ja toll aus. Aber benimm dich: Wenn du als Leiter hier eine anmachst, dann hast du alle gegen dich. Und erinnere dich: Das ist schon früher einmal schlecht gelaufen."

Aus solchen kreativen Wahrnehmungsmischungen er-finden (konstruieren) wir wiederum Verhaltensweisen. Und die einzige Wirklichkeitsprüfung, die uns bleibt, ist die Wahrnehmung der Reaktionen, die wir bei unserer Umwelt auslösen. Wenn Verhalten und Reaktionen adäquat zueinander passen, dann können wir von *gelungener Verständigung* sprechen, wir können dann – wenn wir wollen – nicht mehr nur von subjektiver Wirklichkeit, sondern von gemeinsamer Wahrheit sprechen. *Wahrheit ist für uns dann das Ergebnis einer Konsensbildung durch intersubjektive Ko-respondenzen* (H. G. Petzold).

Und so ist auch der Umgang mit den Methoden und Impulsen in diesem Buch zu verstehen: Es gibt keine richtigen oder falschen Methoden. Es gibt aber die Möglichkeit, angemessene und passende Werkzeuge zur Verständigung zwischen Menschen zu finden, die den Prozess konstruktiv weiterbringen. Wer also – im Vertrauen auf die eigene Wahrnehmung – eine angemessene und passende Methode für die Verständigung mit ganz speziellen Menschen sucht und findet, der er-findet: *Denn im Augenblick des Geschehens gibt es keine „Methode" mehr, die man anwenden könnte wie ein Rezept aus einem Kochbuch. Vielmehr gibt es in der Beratung ein einmaliges Geschehen von mehr oder weniger gelungener Verständigung* – ohne jede Sicherheit, dass die jetzt gewonnene Erfahrung auf eine ähnliche Situation übertragbar wäre. Und wir schlagen Ihnen vor, auch die Angebote in diesem Buch so zu verstehen.

Das gilt auch für dieses kleine Kapitel: Für manche LeserInnen ist es eher langweilig, für andere verwirrend, also eher hemmend für die Verständigung mit den Angeboten in diesem Buch. Für wieder andere bedeutet diese Seite eine fällige und wichtige Verknüpfung von sonst willkürlichem Handwerkszeug mit einem auch philosophischen Hintergrund und dadurch eine Verbesserung in der Verständigung mit diesem Buch.
Beachten Sie also bitte: Es sind immer Sie, der/die das Buch aufschlägt, Sie, der/die etwas aussucht, Sie, der/die eine Anregung auf eine bestimmte Situation überträgt.
Sie sind – gezwungenermaßen – genauso kreativ, wie ich es beim Formulieren des Textes war:
*Wir er-finden unsere Wege.*

# Miteinander

Keine Erfindung ist das Werk eines/einer Einzelnen. Von der Zeugung eines Kindes angefangen bis zu den großen „guten" und „bösen" Taten der Geschichte: Alles Menschenwerk ist das Werk mehrerer Menschen. Die Einzelleistung ist ein gedankliches Konstrukt, das uns hilft manches zuzuordnen, Verantwortungen und Schuld zuzuweisen, Leistungen zu bewerten und zu würdigen. Es macht also durchaus praktischen Sinn, Einzelleistungen zu benennen, aber es ist klug, sich immer wieder bewusst zu machen, dass es sie nicht wirklich gibt. Abstrakt sprechen wir von „Co-Kreation" (H. G. Petzold).

Und so ist das auch bei Beratung: Wenn eine Beratung gelingt (= erfolgreich war = der Klient zufrieden ist), dann haben immer mindestens zwei Personen Anteil daran. Manche KlientInnen sind so dankbar, dass sie sagen: „Durch Sie bin ich da rausgekommen." Zu einer professionellen Beratung gehört dann unbedingt, dass diese Sichtweise zurechtgerückt wird, denn: „Wer war es denn, der überhaupt Unterstützung gesucht hat, der mich ausgewählt hat, der mir sein Vertrauen geschenkt hat und der aus meinen Impulsen das ausgewählt hat, was ihn/sie letztlich weitergebracht hat?" Für all das kann ich als BeraterIn gar nichts.
Der Erfolg ist daher ein gemeinsamer.
Bei einer gelungenen Beratung oder Supervision in einer Gruppe oder einem Team haben noch mehr Menschen auf eine nachher nicht mehr ganz nachzuvollziehende Weise zusammengewirkt. Daher wird die Fähigkeit zur – auch bewussten – Zusammenarbeit (Teamarbeit) heute als „Schlüsselqualifikation" betrachtet, die in allen beruflichen Arbeitsfeldern zunehmend gefordert wird.

Und so können wir sagen: Auch dieses Buch ist das Ergebnis einer bewussten Zusammenarbeit nicht nur von uns Autoren, sondern auch durch die Mitwirkung
○ einiger – auch genannter – KollegInnen,
○ einiger – nicht genannter – MitarbeiterInnen des Verlags und
○ vieler „IdeenbringerInnen" im Laufe der letzten Jahrzehnte.

Und außerdem beginnt alles erst jetzt, wenn Sie gerade lesen. Sie wirken an diesem Werk mit, indem Sie sich davon irgendwie beeinflussen lassen, vielleicht indem Sie die eine oder andere Methode in einer Situation anwenden. Und dann wirken wieder andere mit, z. B. Ihre TeilnehmerInnen, die Ihre Wahrnehmung und Bewertung der Methode prägen. Später erzählen Sie vielleicht einem Partner oder einer Kollegin davon, und so entwickelt sich die Methode wieder weiter. Und wenn Sie dann vergessen oder es unnötig finden, uns als Autoren zu nennen, dann ist das für uns schade, aber: Es ist nicht nötig (es sei denn, Sie kopieren etwas aus diesem Buch). Wir danken Ihnen jedenfalls für die Zusammenarbeit und möchten Sie nochmals – wie schon im Vorwort – einladen, uns Ihre Erfahrungen mitzuteilen. Die Wertschätzung kollegialer Rückmeldungen ist eine Quelle konstruktiver Weiterentwicklung.

# Leiten

Leiten – verantwortlich wofür?
Sie leiten die Beratung. Die Klientin leitet mit. Leiten verstehen wir als ein Zusammenspiel, eine Ko-Kreation der Beteiligten in der Beratung.

**Die KlientInnen leiten mit,** indem sie die Themen einbringen, sich leiten lassen, Beschreibungen/Erklärungen/Bewertungen zum Thema erzählen, Ziele er-finden, ihre Auswirkungen zeigen (Verstörung, Zustimmung u. Ä.).

**Sie leiten,** indem Sie mitgehen, indem Sie zu verstehen versuchen und führen, indem Sie den Prozess leiten. Das ist Ihre Verantwortung als BeraterIn. Nicht weniger und nicht mehr.

Die Verantwortung für die Themenwahl und die Umsetzung ist bei den KlientInnen.
Speziell bei Teamsupervision verdient Ihre Verantwortung und die des Teams eine feine Beachtung und bewusste Unterscheidung.

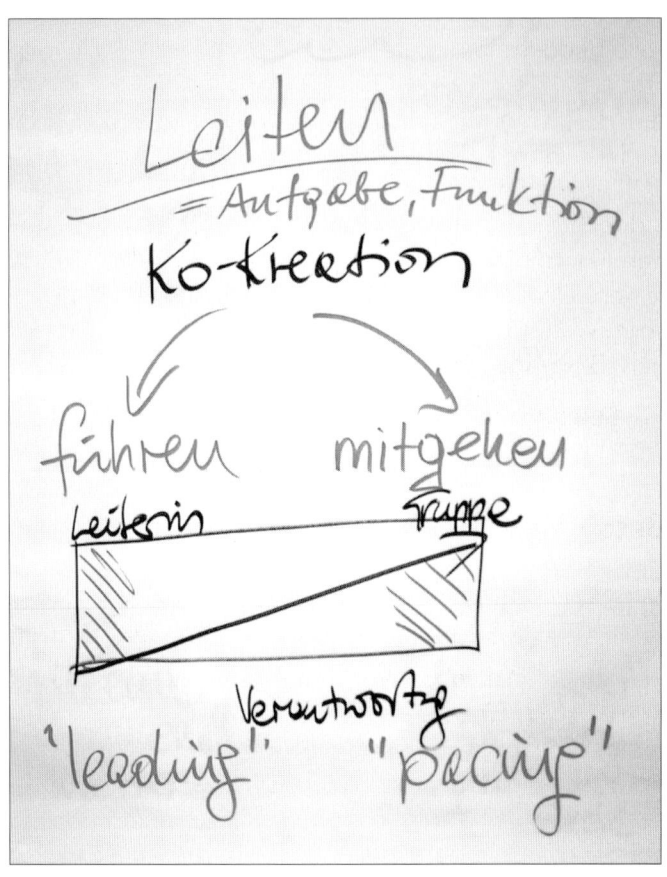

## Pacing and leading

BeraterInnen leiten den Beratungsprozess

○ im Mitfühlen, Verstehen und Erlauben (*pacing = mitgehen*) und
○ im Unterbrechen, Eingreifen, Neues Einbringen (Sichtweisen, Hypothesen, Lösungsideen), Fragen, Vorschlagen und im Erweitern und Reduzieren der Komplexität (*leading = führen*).

Mitgehen und Führen ergeben die Leitungskompetenz im Beratungsprozess.

## Wer fragt, führt

In der Beratung hat dieser „Leitsatz" seine volle Bedeutung:
Fragen führen die KlientInnen und die BeraterInnen zu Beschreibungen von Problem- und Lösungssichten. Sie öffnen und schließen die „Gestalten" der Beratungslandschaft, unterstützen bzw. ermöglichen den Kontakt zu den eigenen Gefühlen, Fantasien, Überzeugungen (Beliefs). Anders gesagt: Wir erfragen Beschreibungen, Erklärungen, Bewertungen.

⇨ Beschreiben, Erklären, Bewerten[4]

## Beschreiben – Erklären – Bewerten

Mit **Beschreiben** meinen wir eine eher wertneutrale Wiedergabe der subjektiv wahrgenommenen Wirklichkeit.
Beim **Erklären** versuchen wir die wahrgenommenen Wirklichkeiten in kausalen Zusammenhängen zu erkennen bzw. Hypothesen über Ursachen und Wirkungen aufzustellen.
**Bewerten** bedeutet hier Stellung zu beziehen und Einstellungen zu offenbaren.
Wenn wir diese drei Beschreibungsarten unterscheiden und getrennt beim Rat Suchenden abfragen, ermöglicht uns das, die Bedeutungen, Hypothesen und Bewertungen der beschriebenen Lebenssituation herauszufinden und zu beachten. Wir bekommen so den Zugang, welche „Bewertungsdichte" in den Beschreibungen der KlientInnen (und manchmal auch der BeraterInnen) das Problem stabilisiert und die Lösung erschwert – und welche Erklärungen, Hypothesen und Bewertungen den Blick oder den Weg zu Lösungen öffnen.

Ein Beispiel:
Wie schrecklich ist es etwa für einen Chef oder einen Kollegen, dass ein bestimmter Mitarbeiter immer ein bisschen zu spät kommt. Andere sehen das weniger schlimm. Was genau steckt hinter seinem „Also so geht das nicht mehr weiter!"?
Wir haben die Erfahrung, dass „dichte", „feste" Bewertungen eher Probleme erzeugen oder erhalten. Chance und Anliegen der Beratung ist es dann, die Bewertungen so zu „verflüssigen" – durch andere zirkuläre Sichtweisen, andere Hypothesen, durch das Verhandeln unterschiedlicher Bewertungen –, dass Bewegung in das bisher feste Problemgefüge kommt.

⇨ Beschreiben, Erklären, Bewerten

## Komplexität erweitern und verringern

Beschreibungen der KlientInnen erzeugen immer Komplexität, Vielschichtigkeit. Wie nützlich ist das Ausmaß der „erzeugten" Komplexität? Gibt es zu viel oder zu wenig Komplexität?
Wenn es sich nicht um eine Krise handelt, dann erhöht Beratung zunächst die Komplexität,

○ weil der „Knackpunkt" vielleicht zuerst in der vordergründigen Beschreibung nicht erkennbar ist,
○ weil neue Erklärungen und Bewertungen den bisherigen als Alternativen hinzuerfunden werden,
○ weil zu bisherigen Lösungsbildern weitere eröffnet werden.

---
[4] Die Pfeile verweisen immer auf Begriffe (Titel), die im (alphabetischen) Methodenteil weiter ausgeführt werden.

**Basics – was wirkt**          Den Prozess gestalten

Eine Zeitlang kann das zu dem Eindruck führen, dass alles viel zu kompliziert ist. Hier ist unser stabiles Weiterführen als BeraterIn notwendig („das Schiff durch den Sturm steuern").
Geht es ums Handeln, dann wird Komplexität (vorläufig) wieder verringert, um Entscheidungen und Handeln zu ermöglichen: Die Lösung in Schritte zerlegen, den nächsten Schritt genauer betrachten...
Als Zuhörende können wir neugierig werden, wie unsere KlientInnen – im Zusammenspiel mit uns als BeraterIn – Komplexität erhöhen bzw. verringern und wie wir das für unsere Interventionen nützen können.

⇨ Komplexität managen

## Wechseln zwischen problem- und lösungsorientiert

Das ist ein Herz- bzw. Kunststück des Leitens einer Beratung. Ich stelle mir das vor wie ein Hin- und Herwandern zwischen dem Problemland und Lösungsland. Oder wie Pendeln auf meinen Beinen: Einmal das Gewicht aufs Problembein, dann dieses entlastend das Gewicht aufs Lösungsbein – und vielleicht wieder zurück – hin und her. Ausruhen und Durchatmen in der Mitte!
Manchmal ist eine neutrale Position zusätzlich ganz wichtig: Von hier kann ich auf meine Problem- und Lösungsbeschreibungen blicken bzw. hinspüren und mit etwas mehr Freiheit und Beweglichkeit die Auswirkungen fantasieren, abschätzen und wählen. Leiten bedeutet dieses Wechseln unterstützen, darauf zu achten, dass diese drei Positionen ins Spiel kommen und im Spiel bleiben. Die BeraterInnen achten für sich selbst auf dieses Wechseln.

⇨ Beratung-Landkarte

## Drinnen – draußen, assoziiert – dissoziiert, involviert – distanziert

ErzählerInnen (KlientInnen) können ihre Beschreibungen eher distanziert von der Situation und der eigenen Emotion tätigen. Das hört sich dann so an, als wären sie gar nicht beteiligt an der Schwierigkeit, von der sie erzählen. Sie können dies aber auch von drinnen, involviert, ganz in der Situation und Emotion seiend tun. Das hört sich dann so an, als wären sie völlig verstrickt und verloren in ihrer Geschichte.
Beide Beschreibungsarten haben ihre Chancen. Hier ein fruchtbar nützliches Wechseln zu fördern bzw. das eine und andere (dissoziierte und assoziierte) Beschreiben zu vertiefen, ist eine Aufgabe des Leitens.

⇨ Beratung-Landkarte
⇨ Briefe

## Leiten einer Teamberatung

Eine Teamberatung ist besonders herausfordernd. Die Komplexität ist in einer solchen Arbeitsgruppe größer: Die Vielfalt der Gefühle, Bedürfnisse, Themen und Ziele steigt mit der Anzahl der Personen. Da es aber um gemeinsame Ziele und Aufgaben geht, ist es schwierig, den Weg mit Konsens zu finden und mit Kompromissen zu gestalten.

⇨ Komplexität managen

Gelegentlich erkennen wir die unbewusste „Einladung" von Teams, mittels Beratung das Team zu leiten (statt den Beratungsprozess) bzw. Teile der Teamleitung wahrzunehmen oder zu übernehmen. Dies ist zwar für manche BeraterInnen verlockend und schmeichelnd, kann aber die eigentliche Teamleitung und die gemeinsame Energie schwächen. Das Team verliert letztlich Kompetenzen und Selbstverantwortung. Wenn Sie diese Gefahr wittern, dann ist zu empfehlen:

○ Nehmen Sie sich Zeit, mit dem *Teamleiter die Aufgaben und Ziele* der Beratung zu klären.
○ Die *Teamleiterin deklariert selbst* zu Beginn ihre Absichten und die Vereinbarungen mit der Beraterin – den Auftrag.
○ Übernehmen Sie deutlich die *Leitung der Beratung* und klären Sie, was Sie hier tun wollen und werden – und was nicht.
○ *Delegieren Sie fällige Entscheidungen* aus der Beratungssituation in die nächste Teamsitzung bzw. übergeben Sie das an die Leitung des Teams.

⇨ Vertragsgrafik

**Die Schritte**

# Die Schritte

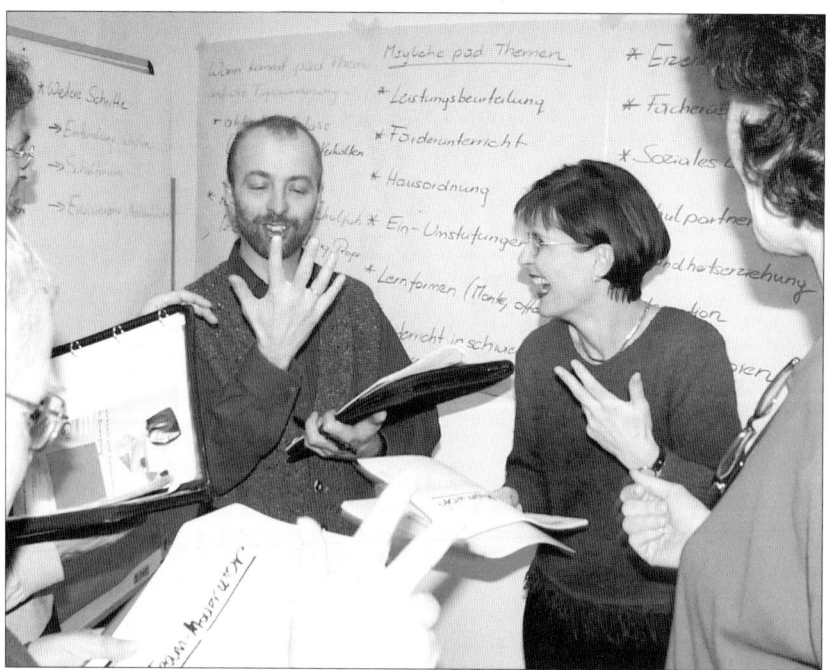

Bei einer länger dauernden Beratung mit mehreren Treffen laufen grundsätzlich zwei Prozesse gleichzeitig:

**A. Das einzelne Beratungstreffen**
(die Sitzung, die Stunde...) lässt sich in vier Schritte gliedern:
- in Kontakt kommen
- Klären, worum es geht
- Arbeiten am Thema
- Abschluss, Abschied

**B. Der Beratungsprozess als Ganzes**
Auch die 3 oder 10 oder 30 Beratungstreffen bilden einen Gesamtprozess mit bestimmten Phasen. Ob eine Methode gerade gut passt oder nicht, hängt auch vom Zeitpunkt im Gesamtprozess ab. Es ist z. B. in der Regel nicht gerade sinnvoll, gegen Ende eines längeren Beratungsprozesses noch eine Methode einzubringen, die völlig neue Perspektiven für das Thema bringt.

Wir konzentrieren uns in erster Linie auf die Phasen innerhalb eines Beratungstreffens, zwischendurch geben wir aber immer wieder Hinweise auf den Gesamtprozess.

Zu den Phasen eines Beratungsprozesses gibt es zahlreiche Theorien und Modelle, auch hier versuchen wir eine „pragmatische Integration", d. h. unsere Einteilung deckt sich weitgehend mit vielen dieser Modelle, wir wählen die Bezeichnungen und Formulierungen nicht so, dass sie in irgendeine Schulenschublade passen, sondern dass sie unserem Ziel, Methoden schlüssig zuzuordnen, dienen. Wir haben folgende Überschriften gewählt:

*Die Schritte*            **In Kontakt kommen**

- In Kontakt kommen
- Worum geht's?
- Lösungen er-finden und versuchen
  - Mit Lösungsideen spielen
  - Die innere Stimme hören
  - Positionen probieren
  - Sich gut lösen
- Weg gehen

Wie Sie sehen, haben wir die dritte Phase „Lösungen er-finden und versuchen" noch einmal in vier Abschnitte unterteilt. Es geht ja in besonderer Weise um Kreativität und um das Ziel der Beratung und hier bieten wir die vielfältigsten Möglichkeiten und Varianten an.

In den Beschreibungen dieser Phasen finden Sie auch die Überschriften der Methoden und Techniken, die uns dazu passend erscheinen. Diese sind dann im anschließenden Kapitel von A bis Z aufgelistet und genau dargestellt.

Viele Methoden haben im Laufe der Zeit verschiedene Namen bekommen. Das kann für Sie bei der Suche verwirrend sein, aber wir müssen diese Schwierigkeit akzeptieren.

# In Kontakt kommen

Wechseln wir einmal in die Rolle der KlientInnen:

*Ein Thema, eine Frage, ein Erlebnis beschäftigt mich... es lässt mich nicht los... ich stehe an, ich stecke fest... ich spüre das Bedürfnis mich mitzuteilen, um bei diesem Thema, dieser Frage weiterzukommen... es ist nicht automatisch jemand da oder es sind nur Personen da, von denen ich mir derzeit keine Unterstützung verspreche... ich überlege, mit wem ich darüber sprechen könnte... ich habe mich für jemanden entschieden und nehme Kontakt auf...*

*Mir gehen einige Gedanken durch den Kopf:*

- *Wie packe ich das richtig an?*
- *Wie gern rede ich mit einem Fremden über das Thema, diese Frage?*
- *Wie lange halte ich noch so aus?*
- *Eigentlich sollte man doch mit seinen Problemen selbst fertig werden!... Oder kümmert sich nur jemand um mich, wenn ich ein Problem habe? Na ja, zum Glück hab ich gerade eins!*
- *Wird mir der Berater sagen, was ich tun soll? Oder kann mir sowieso niemand helfen? Die reden ja auch nur herum.*

Kehren wir zurück in die Position der BeraterInnen:

Jetzt beginnt der „eigentliche" Kontakt. Vielleicht schon per Telefon, vielleicht per E-Mail, vielleicht gleich „live", weil die Beratung sowieso in geregelter Weise, z. B. monatlich, stattfindet und der Termin schon feststand. Jetzt gibt es drei verschiedene Möglichkeiten: Die Beratung ist zugleich ein „Erstkontakt", sie ist ein „Einmalkontakt" oder die Beratungsbeziehung besteht schon und es geht um ein „Wiedersehen".

## Vorkontakt im Dreieck – Wenn Klienten geschickt werden

Eine Mutter ruft an, beginnt schon am Telefon von den Schwierigkeiten ihres Sohnes zu erzählen und es dauert fast eine Minute, bis es mir gelingt, sie höflich zu unterbrechen: *„Sagen Sie bitte: Geht es um Sie oder um Ihren Sohn?"* – *„Um meinen Sohn natürlich."* – *„Wie alt ist er denn?"* – *„19."* – *„Und wo ist er gerade?"* – *„Er steht neben mir."* – *„Dann geben Sie ihn mir bitte."*

Eine so und so ähnlich häufig vorkommende Geschichte. Manchmal will auch eine Frau einen Termin für Ihren Mann vereinbaren. In dieser Dreieckssituation entscheidet sich oft schon am Telefon, ob die Beratung gelingen kann. Gelingt es mir, einen direkten Draht zum Sohn zu bekommen, damit er spürt, dass nur er es ist, der sich zum Klienten definieren kann, und nicht seine Mutter? Gelingt es mir, das System/die Familie als Ganzes anzusprechen und einzuladen, weil mir das der einzig sinnvolle Start zu sein scheint? Wenn nicht anwesende „Auftraggeber" im Raum schweben, dann ist Beratung sehr viel schwieriger. Zumindest muss diese Tatsache von Anfang an und immer wieder deutlich gemacht werden, auch bei jüngeren Kindern: *"Was denkst du, würde deine Mutti jetzt sagen (oder gern wollen)?"*

⇨ Zirkuläres Fragen

## Der Erstkontakt

Üblicherweise dient der Erstkontakt der Klärung einer Reihe von organisatorischen Fragen und Themen, z. B. Zeit- und Geldfragen. Die Behandlung dieser Fragen und Themen beeinflusst aber die Beratung ganz wesentlich, denn hier wird die Beratungsbeziehung mitentschieden. Hier klärt sich für die RatSuchenden schon einmal, wie sie glauben sich dem Berater zeigen zu können. Glauben sie, beim Berater gut landen zu können, wenn sie besonders unterwürfig sind oder wenn sie sich besonders leidend zeigen? Haben sie das Gefühl verstanden worden zu sein? Ist die Strenge bezüglich der Rahmenbedingungen eine, die hilfreich ist, oder eine, die noch unsicherer macht?

Beim Erstkontakt geht es also um die Klärung von Sachfragen, besonders zu den Rahmenbedingungen der Beratung, aber gleichzeitig auch um eine erste Bewusstmachung und Verständigung über die Beziehungsfragen.

⇨ Einstieg
⇨ Vertragsgrafik

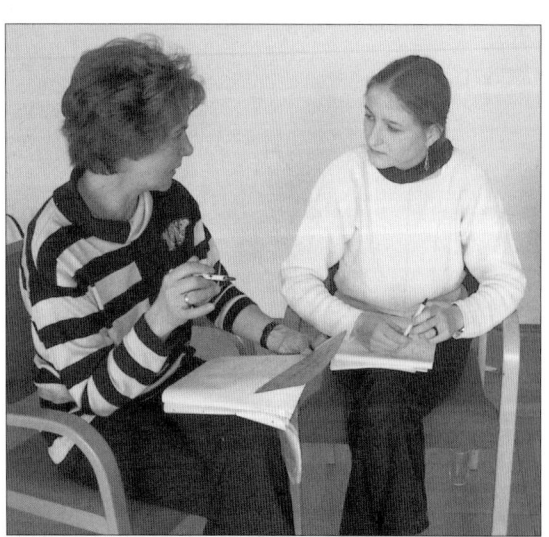

Gerade für AnfängerInnen in der Beratungstätigkeit besteht oft die Gefahr zu schnell „zur Sache" zu kommen, um schon bald ein Erfolgserlebnis zu haben. Die verständliche Ungeduld der KlientInnen kann immer wieder ansteckend sein. Hier hilft z. B. eine schriftliche Vorbereitung oder Grundlage, um die Zügel in der Hand zu behalten.

⇨ Vertragsgrafik

Es gibt ganz selten die Situation, in der man wegen des Leidensdrucks oder wegen der Dringlichkeit auch beim Erstkontakt „sofort zur Sache" kommen kann oder muss. Ähnlich wie ein Notarzt bei einer Unfallstelle nicht zunächst nach dem Krankenschein oder der Krankengeschichte fragen wird, so kann es fallweise auch bei einer Beratung sein.

# Der Einmalkontakt

Für manche Beratungsstellen ist es typisch, dass Menschen nur einmal mit einem Anliegen kommen. Telefonseelsorge und andere Telefon-Hotlines, auch manche Talkshows mit Beratungsanspruch leben und arbeiten mit diesem Einmalkontakt. Selbst wenn es dann doch mehrere Kontakte gibt, so muss doch die Beratung jedes Mal damit rechnen, dass es das letzte Mal ist.

Daraus ergibt sich ein bestimmtes Anforderungsprofil:
- Die Anforderungen an meine diagnostische Kompetenz steigen. Ich kann mir bei der Frage, „Worum geht's hier eigentlich?" nicht viel Zeit lassen.
- Ich kann die Komplexität, die in den meisten Themen steckt, nicht entfalten.
- Auch die Ruhe und Gelassenheit, die bei manchen kreativen Prozessen erforderlich ist, ist schwer herzustellen.
- Am Ende gibt es oft ein Spannungsfeld zwischen Enttäuschung („Da habe ich mir aber mehr erwartet!") und Illusion („Jetzt weiß ich, was los ist und was ich mache!"). Es ist für BeraterInnen nicht leicht, hier in guter Balance zu bleiben.

- Die letzte Intervention des Beraters muss sich jedenfalls auf die Perspektive beziehen, auf den Ausblick, den der Klient hat. Selbst dann, wenn im Augenblick keine Lösung in Sicht ist, kann das Ertragen dieser Aussichtslosigkeit in eine (vorläufige) Perspektive umgedeutet werden. „Wenn Sie es schaffen, die nächsten 14 Tage diesen Zustand bewusst zu ertragen, dann wird vielleicht etwas Ungewöhnliches passieren oder es wird Ihnen eine ungewöhnliche Idee kommen. Achten Sie darauf." Oder so ähnlich.

⇨ Visionen erfinden

## Beim Wiedersehen

Die meisten professionellen BeraterInnen arbeiten mit mehreren Treffen, Sitzungen, Stunden, wie immer das dann genannt wird. Hier besteht die Kontaktaufnahme zunächst in einem Wiedersehen.

Ob Sie wollen oder nicht: Die Art Ihrer Begrüßung ist schon eine „Methode". Wenn Sie das nicht schon entdeckt haben, dann fragen Sie gelegentlich einen „vertrauteren" Klienten: *„Wie erleben Sie unsere Begrüßung?"*
Machen Sie als BeraterIn es immer gleich oder sind Sie hier unterschiedlich?
Wer beginnt das Gespräch? Und wenn zunächst keiner beginnt, wer durchbricht dann das Schweigen?
Wenn der Klient einen Redeschwall auf Sie loslässt: Wie lange hören Sie üblicherweise zu? Kommentieren Sie mit Ihrer Mimik oder Körperhaltung und gewissen Lauten (*„Ach!"* – *„Mhm."* – *„Wirklich?"*). Wann unterbrechen Sie – und wie?

Bitte bedenken Sie: Es geht hier nicht darum, Ihnen zu vermitteln, was richtig oder falsch ist, sondern Ihnen die verschiedenen Möglichkeiten zu verdeutlichen, die bei Beratung in unscheinbaren Situationen liegt. Wir neigen ja im Zuge der – oft hilfreichen – Routine dazu, manches an unserem Vorgehen als selbstverständlich zu sehen. Da ist gelegentlich ein Schritt heraus, in die reflektierende Distanz, ganz belebend.

Neigen Sie in dieser Anfangsphase dazu, eher die Komplexität zu erweitern oder zu fokussieren?
Komplexität erweitern: *„Wie sind Sie denn in diese Situation hineingeraten?"* oder *„Was denken Sie, könnte hier alles mitgespielt haben?"*
Fokussieren: *„Und worum genau geht's Ihnen jetzt hier?"* oder *„Was ist der Knackpunkt in dieser Geschichte, die Sie mir jetzt erzählt haben?"*

➪ Komplexität managen

Viele BeraterInnen halten es für wichtig, an das Ende der letzten Sitzung anzuknüpfen: *„Beim letzten Mal gefiel Ihnen die Idee... Was wurde daraus?"*
Bei manchen Themen, z. B. bei Suchtproblematik, ist das „Dranbleiben" unverzichtbar; aber es gibt auch andere Menschen, die vor ihren eigentlichen Themen ausweichen, indem sie jedes Mal etwas Neues bringen. Andererseits wird das Anknüpfen von vielen KlientInnen auch als Kontrolle empfunden (*„Haben Sie Ihre Hausaufgaben gemacht?"*) und sie geraten in eine vielleicht wenig hilfreiche (Übertragungs-) Beziehung.

Ob eine solche Anknüpfung gewünscht oder sinnvoll ist, muss ich nicht alleine klären. Ich kann ja meine KlientInnen fragen: *„Hätten Sie es gerne, wenn wir uns am Anfang einer Sitzung daran erinnern, wie wir beim letzten Mal aufgehört haben, oder hätten Sie es lieber, wenn wir schauen, was heute für Sie vordringlich ist?"*

⇨ Metakommunikation

# In Gruppen

Gruppenberatung wird fast nie nur einmal angeboten (Supervision ohnehin nicht), daher findet fast immer zunächst ein Wiedersehen statt.
Gruppen kommen meist in irgendeiner Form von Runde zusammen, mit der die Sitzung ritualisiert eröffnet wird und allen KlientInnen eine erste Äußerung ermöglicht:
*„Beginnen wir mit einer Runde!"*.
Runden sind etwas Wunderbares, auch wenn manche Menschen, besonders Jugendliche oder „Seminarprofis", gelegentlich Widerstände entwickeln. Einerseits sind sie ein Ritual und so etwas brauchen wir. Andererseits bieten Runden – je nach Themenvorgabe – inhaltlich Wichtiges:

○ Das Mitglied kann/muss sagen, wie es ihm gerade geht, ob es gerne gekommen ist oder nicht, was es heute will oder nicht will...
○ Jedes Mitglied erlebt alle anderen direkt und spürt, wie es mit denen heute dran ist...
○ Die Gesamtatmosphäre wird spürbar und gestaltet sich durch die Runde weiter.

Wie alle Rituale, so können auch Anfangs- und Schlussrunden hohl werden, erstarren. Daher haben wir für Sie viele Varianten zusammengestellt, wie solche Runden immer wieder lebendig und anregend werden können.

⇨ Runde
⇨ VerMUTen – mit Intuitionen spielen

**In Kontakt kommen** | Die Schritte

# In Teams

SupervisorInnen, die in Teams kommen, haben es grundsätzlich etwas schwerer: Sie sind die Fremden, die von außen neu hinzu kommen. Die Teammitglieder kennen sich und wissen meist, wie und wo sie sich gerade einzeln und miteinander befinden. Das In-Kontakt-Kommen dient hier also vor allem dem Supervisor, um anknüpfen zu können. Hier sind kreative Varianten von Runden oder Selbstdarstellungen hilfreich, bei denen sich auch das Team etwas anders erlebt als in seinen alltäglichen Kontakten.

Bei solchen Formen des In-Kontakt-Kommens, besonders in Teams, drängen sich oft schon inhaltliche Fragen in den Vordergrund: *„Worum geht"s (heute)?"* Es macht Sinn, wenn BeraterInnen diesen Schritt wahrnehmen und ihn eventuell auch für die KlientInnen deutlich machen.

Zum Beispiel: *„Jetzt zeichnet sich schon ab, worum es heute gehen könnte. Sehen Sie das auch so?"*

Das kann manchmal auch ein Zeichen einer für dieses Team typischen Hektik sein, die dann oft zu späteren Kommunikationsproblemen führt. Bremsen und Zeitdruck herausnehmen ist manchmal eine der wichtigsten Aufgaben von TeamberaterInnen.

⇨ Tempo – mein/unser Tempo
⇨ Team / Fragen-Set zur Teamsupervision

# Worum geht's?

Wie holt man ein Thema in eine Situation „herein"?
In der Regel ist das einfach, beinahe selbstverständlich: *„Erzählen Sie mal – ich höre zu und versuche Ihnen zu folgen. Vielleicht muss ich ein paar Zwischenfragen stellen, aber mein Ziel ist zu verstehen, worum es für Sie geht."*
Mit bestimmten Fragetechniken gelingt es dann dem Berater die Situation bzw. den Klienten besser zu erfassen (leading – pacing). Oft dienen solche Fragetechniken dann gleichzeitig dazu, dass der Klient seine Situation selbst besser versteht. Bei gutem Kontakt kann das Erzählen und sich verstanden Fühlen zu einer wichtigen inneren Distanzierung führen. Mit anderen Worten: Manchmal ist das aktive Nachfragen, die kreative Neugier schon das Wichtigste in der Beratung. Manche BeraterInnen sind geradezu darauf spezialisiert, scheinbar unsinnige Fragen zu stellen. Indem sich der Klient den Fragen stellt, gewinnt er eine neue Perspektive zu seinem Thema. Manchmal ist das schon eine entscheidende Hilfe.

Oft reicht das aber nicht aus. Die Situation, um die es geht, ist vielleicht zu komplex oder der Klient ist so verstrickt, dass er sie (noch) nicht adäquat beschreiben kann. Dann brauchen wir Hilfsmittel zur „Rekonstruktion" des Themas. Zwei methodische Strategien sind hier bewährt und hilfreich:

○ **Wir ändern die Nähe bzw. Distanz zum Thema**

Wie ein Maler, der sich ein paar Meter von seiner Staffelei entfernt, um einen anderen Blick auf das Bild zu bekommen, oder wie der Sachverständige, der ganz nahe hingeht, vielleicht sogar eine Lupe zu Hilfe nimmt, so machen wir es mit den KlientInnen: Wir verändern gemeinsam die Distanz zum Ereignis oder Thema.

**Worum geht's?**      Die Schritte

○ **Wir wechseln das Ausdrucksmittel/ Medium**

*„Ich hab das schon so oft erzählt!"* Hier kommen wir zu einem zentralen Aspekt von Kreativität. Der rein erzählende Ausdruck der Belastung bei der Klientin hat sich bisher in einer Form erschöpft, die nicht richtig weitergeholfen hat, wir schlagen daher eine neue Form des Ausdrucks vor:

- Skizzieren Sie die Situation hier auf einem Blatt!
  ⇨ Grafiken
- Erzählen Sie das mal, als ob es ein Film wäre!
- Suchen Sie hier einen Gegenstand, der das Gefühl/das Thema/... symbolisiert!
  ⇨ Symbole
- Nehmen Sie mal eine Haltung ein, die diese Situation ausdrückt!
- Schreiben Sie an... einen Brief!
  ⇨ Brief schreiben
- Bauen Sie die Situation mit diesen Figuren/Bauklötzen/Steinen/... auf.
  ⇨ Medienwechsel

Wichtig ist einerseits das ruhig entschlossene Suchen nach einer neuen Form des Ausdrucks, dann aber auch – wenn die Form gefunden ist – das sich Einlassen auf die Wirkung. *„Wenn ich mir dieses Ergebnis so anschaue, dann..."*

○ **Wir ändern die Komplexität**

*„Was ist das Schlüsselwort oder der Schlüsselsatz in Ihrer Geschichte?"* oder
*„Wie würden Sie dieses Thema einem ganz einfachen Menschen erklären?"*
⇨ Komplexität
⇨ Titel finden

○ **Wir fragen nach dem Ziel**

*„Angenommen, in drei Monaten ist alles besser: Was ist dann anders als heute? Beschreiben Sie diesen Tag."*
⇨ Zielarbeit

Die Phase „Worum geht's?" ist dann abgeschlossen, wenn der Klient das Gefühl hat, sich ausgedrückt zu haben, und der Berater zum Ausdruck gebracht hat, dass er sich einigermaßen auskennt. Er ist beim Ausdruck mitgegangen und hat – so gut es geht – verstanden. Jetzt kommt der nächste Schritt.

# Lösungen er-finden und versuchen

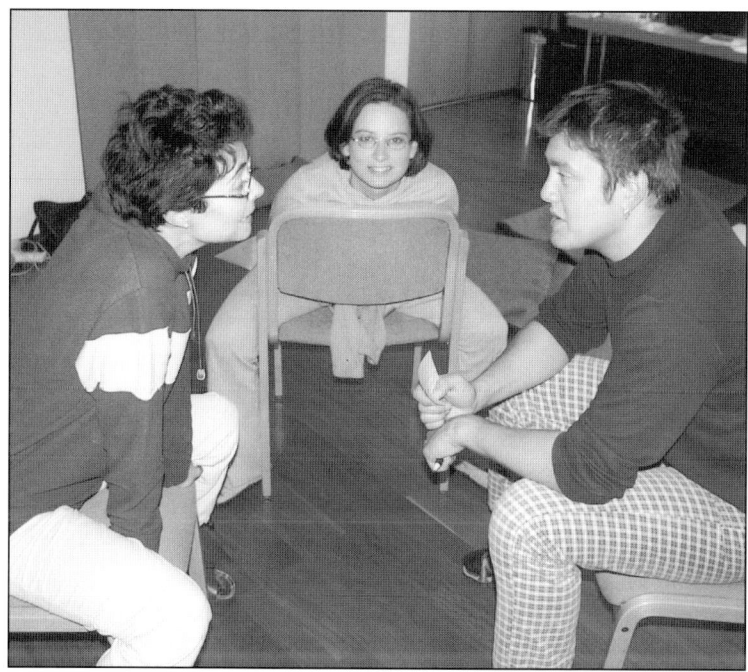

*„Wer ein Problem hat, hat eine Lösung."*
(Arnold Retzer)

Das ist provokant.
Mit diesem Satz beschreiben/konstruieren wir zweierlei:
- Wenn Menschen ihr Problem beschreiben, ist oft auch eine Lösungsidee angedeutet: Das ist manchmal fast versteckt in den Worten herauszuhören, ganz kurz im Aufrichten des Körpers oder im Aufhellen des Gesichts zu sehen, im schnellen Verwerfen einer potentiellen Lösungs-Idee mit dem Satz *„Ich kann doch nicht..."* zu merken.
- Sowohl einzelne Ratsuchende als auch Teams verfügen über ein (manchmal deutlich spürbares, manchmal scheinbar verborgenes bis abgewertetes) Potential von Problemlösungen. Als BeraterIn ist es wichtig darauf zu vertrauen, dass die Lösung in den KlientInnen da ist, möglich ist. „Die Lösung ist in mir." Sie gehört entdeckt, er- und gefunden. Ähnlich ist es mit den Ressourcen, sie sind da, manchmal ungenützt.

Matthias Varga von Kibéd nützt das im „Tetralemma" und in der „Problemlösungs-Struktur".

⇨ Problemlösungs-Struktur
⇨ Tetralemma

*Eine Lösung erkennen wir daran, dass sie löst.*

Lösende Qualitäten können körperlich und geistig erspürt werden. Deshalb ist der so genannte „Öko-Check" zu Lösungs- bzw. Veränderungsideen so wichtig: Hier überprüfe ich als KlientIn (und beobachte als BeraterIn), welche körperlich-geistigen Erleichterungen für mich wahrnehmbar sind, ob die vorgedachten Kosten bei mir und den anderen erträglich sind und die Lösungsideen genug Ertrag bringen. Es lohnt sich, den lösenden Qualitäten von Lösungen hier weitere Aufmerksamkeit zu schenken.

⇨ Öko-Check

*„Ich kann nicht alle Probleme lösen – aber ich kann aufhören, mich von ihnen hypnotisieren zu lassen!"*
(Klaus Vopel)

Aufatmen.
Tatsächlich lässt dieser Satz viele unserer Beratungskunden aufatmen.
Die Vorstellung und der damit verbundene Anspruch, dass etwas gelöst, verändert werden müsste, damit es mir und anderen besser geht, ist oft Teil des Problems. Veränderungsversuche branden wie Wellen an ein Steilufer. „Mehr desselben" nennt Paul Watzlawik diese stabilisierende Versuchung. Es ist er-lösend zu entdecken, dass man dieses Im-Kreis-Drehen unterbrechen kann.

*„Was ist die kleinstmögliche Veränderung, die ich mir vorstellen kann?"*

Aufatmen.
An die kleinstmögliche Veränderung zu denken, ist ähnlich befreiend, lösend: Auf einer „Veränderungsskala von 1 – 10" werden die Veränderungsideen eingeschätzt, die kleinstmögliche gewählt und auf ihre möglichen Auswirkungen erfragt.

*„Jede Lösung bedeutet auch ein Loslassen von Vorstellungen, Idealen und Illusionen."*
(Waldefried Pechtl)

Loslassen beschreibt eine weitere Lösungskompetenz. Oft werden Probleme aufrechterhalten bzw. erzeugt durch das Festhalten und Wertschätzen von bisherigen Handlungen, Überzeugungen, Werten, Beliefs. Da es sich um sehr „wert"-volle Leitideen handelt, gelten sie auch, wenn sie sich in *„Leid*-Ideen" gewandelt haben. Der Abschied von solch liebgewonnenen Leid-Ideen braucht erneut Wert-Schätzung. Die Abwertung einer meiner bisherigen Vorstellungen über mich und andere – ohne deren bisherigen Wert zu würdigen – kann den Abschied erschweren bzw. unmöglich machen.[5]

➪ Beschreiben, Erklären, Bewerten

Neben der Wertschätzung für meine bisherigen Handlungen und Überzeugungen ist auch der Tausch bedeutsam: Bisherige Handlungen und Überzeugungen werden getauscht gegen neue, wirksamere, jetzt nützlichere. Nur etwas zu lassen, ohne auf das „Was kommt statt dessen?" zu achten, kann Lösungen verhindern, z. B. *„Tausche Unglück gegen...Liebe!"*, *„Tausche Wirbel gegen Tanzkurs"*. Die Kunst der Beratung ist hier, die Kernqualitäten bisheriger „Fehllösungen" in die neue Lösung zu transformieren. Dieses wertschätzende, achtende Austauschen wird in aktuellen systemischen Ansätzen besonders beachtet:

*„Nur was du liebst, gibt dich frei!"*
(Bert Hellinger)

---
5 „Für einen höheren Wert tun wir alles" sagt dazu unsere Kollegin Judith Kirchmayr-Kreczi.

Im Gestaltzugang wird das mit der Idee der „Integration" beschrieben, das Zu-mir-Nehmen meiner bisher ungeliebten Teile („Gestalten", „Schatten" bei C. G. Jung). Die systemische Sicht weitet dieses Achten und Annehmen auf die Menschen meiner Beziehungen aus: Ein Kernprozess in den Familienaufstellungen.
Daraus entwickeln wir die Idee vom

*„Umgang mit Polaritäten"*
Unterschiedliche Verhaltensweisen und Einstellungen werden zunächst gegensätzlich erlebt: nahe – distanziert. Je nach aktuellem Beziehungsnetz werden sie einerseits positiv und andererseits negativ bewertet: Nähe ist gut, warm – Distanz ist kühl, abgewandt. Dem folgt eine gewichtige Abwertung des negativen Pols: Die Abwertung der Nähe spricht: *„Die kleben ja nur aufeinander, so ein Beziehungsbrei, Harmonisierer, Klammerer, unselbstständig!"* Die Abwertung der Distanz spricht: *„Du kümmerst dich um gar nichts, du willst nur cool sein, Flüchter, beziehungsunfähig!"*
Diese Bewertung in Plus und Minus schafft Pole, polarisiert in gut und schlecht (oder böse). Die ausschließliche Erlaubnis des Guten und das Bekämpfen des Bösen (in mir und rund um mich) ist eine Folge davon. Lösen bedeutet hier, die verhärteten Bewertungen zu verflüssigen, das Hinbewegen zum „negativen" Pol als Möglichkeit zu probieren und mir das Hin-und-her-Bewegen zu erlauben: Nähe und Distanz sind mir jetzt möglich und erlaubt.
➪ Polaritäten balancieren
➪ Team/Polaritäten/Dimensionen eines Teams

*"Die Energie folgt der Aufmerksamkeit!"*
Zwischenmenschlichkeit ist oft von Erwartungen und Ansprüchen an den und die Anderen geprägt. Eine überraschende Lösungsqualität liegt in der Achtsamkeit ohne Absicht. Mir „absichtslos" zu begegnen, Situationen und Beziehungen absichtslos zu beobachten, wahrzunehmen und zu achten, ist so einfach, dass es schon wieder fremd, herausfordernd, anstrengend erscheint.

Mit „Sehen, was ist" wird dieser absichtslose Gestalt-Zugang zu Lösungen beschrieben. „Es ist, was es ist" benennt Erich Fried diese existentielle Chance in seinem berühmten Gedicht. „Die Erde trägt – der Atem nährt" beschreibt diesen absichtslosen Prozess des „Nichtanhaftens" als einen buddhistischen Zugang.
Das sind einige der „absichtslosen" Wege meditativ spiritueller Lösungsqualitäten, aus denen wir auch einige einfache und anregende methodischen Impulse gewonnen haben.
➪ Zentrieren – Atmen

Die bisher beschriebenen lösenden Qualitäten können bei der Gestaltung der folgenden Prozess-Schritte einfließen.

## Mit Lösungsideen spielen

Eine Grundidee der Beratung ist die Lösungsorientierung. Es gilt, die sinnliche Qualität von Lösungen/Zielen so deutlich zu beschreiben (zunächst unabhängig von der Frage, wie ich dorthin komme!!) und erlebt zu haben, dass daraus die Energie zum Erfinden von Lösungswegen kommt.

Als Bild sieht das so aus:

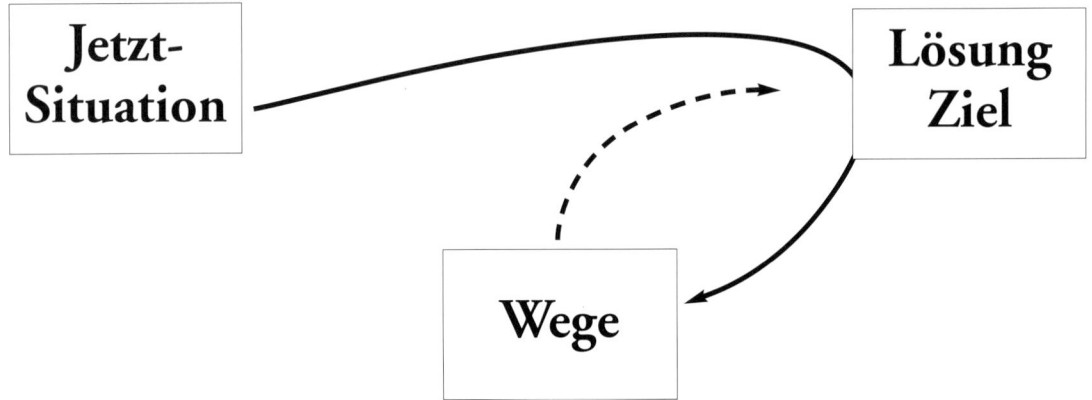

Dieser Idee folgen einige Interventionsansätze.
- ⇨ Fragen
  - Die **„Wunderfrage"** von Steve de Shazer: „Angenommen, wie durch ein Wunder wären heute Nacht Ihre Probleme verschwunden. Wie würde Ihr Tag morgen aussehen?"
    ⇨ Wunderfrage
  - Die **„Zielarbeit"**, besonders verfeinert und gestaltet durch die systematische Gliederung im Konzept des NLP (Neurolinguistisches Programmieren).
    ⇨ Zielarbeit
  - Brief aus der Zukunft
    ⇨ Briefe schreiben
    ⇨ Visionen erfinden
    ⇨ Ansprache halten
  - Szenarien entwerfen: das Beste, das Normale, das Schlimmste, was uns in der Zeit von ... passieren kann.
    ⇨ Szenario-Technik

„Eine Idee ist gefährlich – wenn sie deine einzige ist!" Achten Sie auf eine genügende Anzahl von Lösungsideen. Veranschaulichen Sie diese mittels Kärtchen, Sesseln, Symbolen oder Standorten/Gebieten im Raum. Lassen Sie die KlientInnen die Unterschiede der Lösungsideen auskosten. Achten Sie auf die Auswirkungen möglicher Lösungsideen, z. B. mittels

➩ Öko-Check
➩ Problembild – Lösungsbild malen
➩ Freak-Beratung
➩ Ideenbriefe

## Die innere Stimme hören

*„Die Lösung spricht in dir"* – *„Wenn ich auf mich höre..."* – *„Mein Inneres Team..."*
Gerade in Problemsituationen laufen unsere inneren Dialoge auf Hochtouren, unsere inneren Gestalten klagen, erfinden, verwerfen, spekulieren, verhandeln. Unser „Inneres Team" arbeitet. Oft werden bereits Probedialoge geführt – mit den HandlungspartnerInnen unserer Umwelt.
Beratung ist eine Gelegenheit diese Dialoge nach außen zu bringen, hörbar und sagbar zu machen. Dies geht manchmal leichter zu aufgestellten Stühlen und im Wechseln von Sessel zu Sessel, die unsere inneren/äußeren Gestalten verdeutlichen.
Sie laden Ihre Klientin ein, aufgeworfene Fragen selbst zu beantworten:
*„Und wie ist Ihre Antwort darauf?"*
*„Was spricht dafür – was spricht dagegen?"*
Helfen Sie Ihrer Klientin, das Wissen in ihr zu nützen:
*„Und wenn Sie jetzt die Weise/den Narren/ das neugierige Kind in Ihnen fragen... welche Antwort kommt?"*
➩ Beistand, innerer
➩ Positionen nützen
➩ Inneres Team
➩ Ressourcen-Rad
➩ Selbstcoaching

Oft wird das durch eine entspannte Haltung erleichtert: Entspannung erlaubt das Erwartete, das Übliche gehen zu lassen. Laden Sie die Klientin ein, sich gehen zu lassen, einen guten Platz einzunehmen und auf ihre „innere Stimme" jetzt (am Ort der Lösung oder angesichts einer neuen Lösung) zu hören, in die Lösung zu spüren oder aus guter Distanz auf die Lösungen zu schauen.

➩ Entspannen-zentrieren

## Positionen probieren

Problempositionen, Lösungspositionen wie auch die äußerst wichtige dritte, neutrale Position (Metaposition) werden im Geist oder im Raum szenisch gesehen. Dieses szenische Konstruieren von Positionen können Sie in Ihrem Beratungsraum räumlich nützen: mit Sesseln, Gegenständen, Aufstellungen oder dem so genannten „Familienbrett". Wichtig ist der Wechsel zwischen den Positionen, in die Positionen – vor allem die eher neuen bzw. unvertrauten – und wieder hinaus in eine andere.

⇨ Beratung – Landkarte
⇨ Freak-Position
⇨ Positionen nützen / Drei Positionen
⇨ Positionen nützen / 3. Position, Metaposition
⇨ System-Brett, Familien-Brett
⇨ Tetralemma
⇨ Beschreiben, Erklären, Bewerten
⇨ Schiff – Rollenklärung in Teams

## Sich gut lösen

*„Mich von Lösungen lösen..."*
Manchmal ist es ein wichtiger oder sogar der wichtigste Schritt, mich von der Vorstellung zu befreien, etwas lösen, etwas tun oder mehr tun zu müssen. Lösungen führen weiter – aber was ist die richtige Richtung? Lösungen sind Entwürfe und Versuche – die Wirklichkeit lässt sich nicht zwingen.
Die Erlaubnis zum Beibehalten des Jetzigen, für Rückfälle und für „Irrwege" ist ein Geschenk in der Beratung:

*„Umwege sind notwendig –
du lernst dadurch die Landschaft kennen!"*
(Bert Hellinger)

Neben dem „Mich Lösen von..." (s. o.) ist im Beratungsprozess das „sich Lösen aus" der Beratungssituation bedeutsam. Sowohl aus der kleinen Beratungseinheit wie auch aus einem längerem Beratungsprozess. Geben Sie diesem Übergang Zeit und Aufmerksamkeit:

# Weg gehen

„Weg gehen" ist hier doppeldeutig gemeint. Beratung bedeutet ja auch, miteinander ein Stück vom Lebensweg gehen. Das wird oft in der Schlussphase einer Beratung am schönsten spürbar, vor allem, wenn sich BeraterIn und KlientInnen ein wenig ans Herz gewachsen sind.

Manchmal scheint eine Beratung gelungen zu sein.
Manchmal scheint eine Beratung misslungen zu sein.
Manchmal ist noch unklar, was die Beratung gebracht hat.
Mit jeder dieser Möglichkeiten müssen wir gut um-*gehen* können.

Es ist wichtig und hilfreich, sich und einander das Ende rechtzeitig bewusst zu machen... auch in einer einzelnen Sitzung, aber besonders am Ende des gesamten Beratungsprozesses. Rechtzeitig bedeutet bei jeder einzelnen Sitzung ca. 10 Minuten vor Schluss, bei einem längeren Prozess mindestens in der vorletzten Sitzung. Bei jeder einzelnen Sitzung ist das nicht immer von Bedeutung, aber manche KlientInnen neigen dazu, kurz vor Schluss mit etwas besonders Wichtigem anzufangen. Bei einigen Menschen ist das ein gelerntes Muster; sie inszenieren sich auf diese Weise z. B. die enttäuschende Erfahrung, dass *„wieder einmal niemand genug Zeit"* für sie hat.

Überhaupt können sich in der Abschlussphase – und auch schon vorher – bestimmte Schwierigkeiten der KlientInnen besonders bemerkbar machen:

## Der Abbruch

Manche KlientInnen können nicht klar sagen: *„Ich will das jetzt nicht mehr!"* Sie finden die Worte nicht, sie trauen sich nicht, sie wollen sich für irgendetwas rächen... wie auch immer. Sie kommen einfach nicht mehr. Das ist traurig, aber wir – BeraterInnen und der jeweilige Klient – müssen damit leben. Als BeraterInnen müssen wir gut spüren, ob es wichtig sein kann, dem Klienten zu schreiben oder ihn anzurufen, oder es besser ist, ihn in Ruhe zu lassen. Es sollte hier keine eisernen Regeln geben.

Der bewusste ausgesprochene Abbruch ist etwas anderes. Der muss allen KlientInnen von jedem Berater zugebilligt werden. Ein Berater, der besser als der Klient weiß, was für den Klienten gut ist, ist ein schlechter und unprofessioneller Berater. Allerdings sollte dem Klienten empfohlen werden, sich mit den unten genannten fünf Themen auseinander zusetzen, möglichst noch in der Beratungszeit.

## Festhalten bzw. Vermeiden

Manche KlientInnen fürchten das Ende. Sie tun alles, um das notwendige Loslassen zu vermeiden: Die einen entwickeln neue Probleme und Symptome, andere versuchen Schuldgefühle zu wecken: *„Wollen Sie mich denn rausschmeißen?"* Vielleicht hat der Berater zu wenig verdeutlicht, dass die Lösungsmöglichkeiten im RatSuchenden selbst liegen und er/sie selbst die Verantwortung für sich und die Problemlösung (zu der auch die Lösung des Problems des sich nicht lösen Könnens gehört) übernehmen muss. Vielleicht hat der Berater auch zu wenig mitgeholfen, dass der Klient sein soziales Netz vergrößert, damit er mehr Gelegenheiten hat, Aufmerksamkeit anderer zu bekommen.
➪ **Angst**

Wenn die Beratung längere Zeit die einzige wohlwollende Aufmerksamkeit für den Klienten bietet, dann wird hier schnell eine unprofessionelle Abhängigkeit entstehen. In unserer Definition von Beratung heißt es daher am Schluss *„...und dem Ratsuchenden Freiheit lässt."*

Am Ende längerer Prozesse ist daher darauf zu achten, dass den KlientInnen nicht die in unserer Kultur ohnehin übliche Vermeidung von Abschied ermöglicht wird. In dieser Phase entscheidet sich oft noch ganz wesentliches:

Jetzt ist Platz für

○ Bilanz im persönlichen Prozess des Klienten: Wo war ich am Anfang, wo stehe ich jetzt?
  ➪ **Zeitlinien-Arbeit**
  ➪ **Panorama-Arbeit**
○ Bilanz der gemeinsamen Entwicklung: Wie haben wir uns am Anfang wahrgenommen und wie ist das jetzt?
○ Erfolge und Misserfolge des Klienten: Was habe ich gewonnen, was ist offen geblieben, was war ärgerlich oder nutzlos?
○ Dank – auch von Seiten des Beraters – z. B. für das Vertrauen, für pünktliches Kommen, für verlässliches Bezahlen...
○ Noch einmal der Ausblick: Wo gehe ich jetzt hin? Wie wird es mir in den nächsten Wochen gehen?
  ➪ **Visionen erfinden**

Zur Einstimmung bewährt sich immer wieder das Thema: *Wie gehe ich üblicherweise mit Abschieden um?*
Besonders *in Gruppen* kann das sehr anregend sein. Wenn Sie und Ihre Gruppe spielfreudig sind, dann lassen Sie doch Ihre TeilnehmerInnen in Dreiergruppen mehrere Abschiedsvarianten am Bahnhof oder Flughafen spielen. Das ist zunächst nur lustig, aber wenn die Frage dazu kommt: *„Was ist die zu mir passende Form des Abschieds?"*, dann wird es vermutlich schon ernster. Dann kann man den TeilnehmerInnen noch empfehlen, sich eine ganz ungewöhnliche Form auszusuchen und durchzuspielen.
Weitere Abschiedsmethode für Gruppen:
⇨ Gruppen-Einblick/ Team-Einblick

Hier wird wieder die für uns zentrale Botschaft von Beratung als Unterstützung von Weiterentwicklung deutlich: Es geht nicht darum, „Falsches" durch „Richtiges" zu ersetzen, sondern darum, das Repertoire der Möglichkeiten zu erweitern, um in den verschiedenen Situationen des Lebens eine angemessene Auswahl zur Verfügung zu haben.
Das gilt auch für die Zeit nach dem Abschied: Muss es ein Abschied für immer sein? Auch hier empfehlen wir die Loslösung von rigiden Regeln.

Bei unsicheren KlientInnen habe ich sehr gute Erfahrungen mit der Botschaft: *„Unser vereinbarter Prozess ist jetzt zu Ende. Sollten Sie aber irgendwann einmal das Gefühl haben: „Das würde ich gern mit dem Reichel besprechen", dann rufen Sie an. Vielleicht finden wir dann kurzfristig einen Termin."* Vor allem bei solchen KlientInnen, die stolz sind, etwas weiter gekommen zu sein, gibt das ein Stück Sicherheit. In den allermeisten Fällen musste dieses Angebot nicht in Anspruch genommen werden.

Eine andere Möglichkeit für den Abschluss einer guten Beratungsbeziehung ist die Ernennung des Beraters zum inneren Beistand.
⇨ Beistand, innerer

Manche KlientInnen schenken dem Berater etwas. Manche BeraterInnen schenken den KlientInnen etwas. Manche finden so etwas unpassend.
**Achten Sie auf Ihre gute Form des Abschieds. Ihre Arbeits- und Lebensenergie wird es Ihnen danken.**

# Methoden, Texte, Papers von A-Z

Hier finden Sie in alphabethischer Reihenfolge methodische Impulse – zu Themen, Interventionen und zu Beratungssituationen: von Analyse bis Zirkuläres Fragen.
Blättern Sie einfach nach dem Titel der Methode.
Methoden-Hinweise zur Weiterführung oder Vertiefung finden Sie mit ⇨ gekennzeichnet.

# Analyse

*"Wir müssen die Situation erst analysieren, bevor wir..."* Analysen sind eine wichtige Möglichkeit, für BeraterIn wie KlientIn, in eine Situation mehr Klarheit zu bringen, Erklärungen zu er-finden und daraus Lösungsansätze zu entwickeln. Analyse ermöglicht Deutungen.
Der Begriff „Analyse" könnte uns dazu verführen objektive Beurteilungen und Erkenntnisse zu erwarten. Das wäre ja auch manchmal beruhigend. Soziale Systeme sind allerdings nicht objektiv erfassbar, weil sie nicht „bestehen", ein „Ding" sind, sondern ein Kommunikationsereignis, ein Interaktionsgeschehen. Das bringt Kurt Lewin zur Ansicht (Erklärung, Konstruktion):
*„Soziale Systeme organisieren sich über Kommunikation. Sie können daher nur durch Kommunikation verstanden und verändert werden."*
Beim Analysieren kommunizieren wir unsere Beschreibungen und Erklärungsmodelle (Wirklichkeitskonstruktionen) – und die sind verschieden: je nach der eigenen Betroffenheit und professionellen Position, Rolle, Funktion. Deshalb ist es wertvoll, unsere Erklärungsmodelle auszutauschen – diese Unterschiede können sehr anregend und erhellend sein.
So meinen wir, dass es in der Beratung wichtig ist, eine gewisse *Vielfalt von Erklärungen*, Bewertungen, Einsichten und Deutungen zu fördern.
*Analysen sind Hypothesen.*
Wir können Analysieren auch „Hypothetisieren" nennen. Wählen wir das Wort „Hypothese", so erscheint uns das weniger festgelegt – festlegend. Und genau das ist der lösende Effekt – die Hypothesen eröffnen mehrere Wirklichkeiten, erlauben uns verschiedene Sichtweisen/Erklärungen zu erfinden und zu nützen.
Viele Lösungen gelingen durch Erlaubnis. Dementsprechend sind die hier vorgeschlagenen Analyse-Modelle Anregungen zur erklärenden Kommunikation.

⇨ Arbeitsplatz-Analyse
⇨ Diagnose-Modelle
⇨ Interventionen / Systemische Interventionen
⇨ Problemverhalten
⇨ SPOT-Analyse

# Angst: bewältigen – übertreiben – umwandeln – nützen

*Quelle: traditionell*

**1** **Die Angst benennen**: Oft fürchten KlientInnen von Angst überschwemmt zu werden.
Hier soll Beratung helfen, zur Dosierung und Handhabung der Angst zu kommen, die Angst benennen zu können und Unruhe, Nervosität, Kraftlosigkeit, Verwirrung mit Angst in Verbindung zu bringen, sie als solche wahr-nehmen zu dürfen und zu können: „Aha, ich habe Angst!"

**2** **Ängste sortieren, Lösungen übertragen**: Eine Rangreihe von Ängsten aufstellen – so erkennen, dass sie unterschiedlich stark sind, und nicht nur ein großer Haufen. Dann mit der Bewältigung kleiner Ängste beginnen, deren Bewältigung abfragen – und schauen, ob sich daraus auch ein gelungener Umgang mit größeren Ängsten ergibt.

1.
2.
3.
4.
5.
6.
7.
8.
9.
10.

**3** **Ängsten (gestützt, geankert) begegnen**, statt sie zu meiden: Öfter die „Angstzonen" aufsuchen, statt sie zu meiden. In angenehmer Umgebung, wohltuender Begleitung (hier in der Beratung) sich an die Angstzone heranwagen, geankert durch die wohlwollende Atmosphäre, die Therapeutin und andere zu findende Anker. Teile der Angst mitbringen (ein Stückchen davon, ein Symbol) und hier damit arbeiten – systematische portionierte Annäherung (auch „Systematische Approximation ans Phobieobjekt" in der Verhaltenstherapie genannt).
„Wie isst man einen Elefanten?"
„Stück für Stück!"

**4** Die Angst aus mir herausholen, „externalisieren", ihr eine Gestalt außerhalb von mir geben und so Dialoge, Beschreibungen und Handhabungen ermöglichen: Wie würde sie ausschauen, Farbe, Form, Größe, wo ist sie hier im Raum, draußen? Sinnlich beschreiben – auf das „Außerhalb-der-Person" achten! Möglich ist es z. B. auch die Angst mit Tüchern oder Decken im Raum zu positionieren oder Tonfiguren oder Zeichnungen zum Angstwesen außerhalb von mir dazu zu gestalten.

**5** Mit der Angst spielen, sie steuern lernen, übertreiben, sie größer und kleiner werden lassen – mit welcher Vorstellung, welchem Belief (Überzeugung), welchem Satz, welchem Wort, welcher stützenden Person gelingt das, kann ich sie größer und kleiner machen?

**6** Die Angst als sorgende, nützliche, schützende Gefährtin sehen, umwandeln: Wovor schützt sie mich, worauf macht sie mich aufmerksam, was ist ihr Anliegen mir zuliebe?
Wenn sie meine aufmerksame schützende Begleiterin ist, wo stelle ich sie dann in Beziehung zu mir hin?

**7** Mir ein Lösungs-/Wunsch-/Wunderbild machen: Wie lebe ich, wenn ich (wie wenn ein Wunder passiert wäre) gut leben kann, wie schaut der morgige Tag „gelöst" aus?

⇨ Fragen /
Fragen zur Möglichkeitskonstruktion
⇨ Fragen / Zielorientiert und
problemorientiert fragen

# Ansprache halten
*Quelle: René Reichel*

Besonders geeignet *für alle Beratungsformen*, in denen es um Lebensbilanzen oder um die Reflexion von Karrieren in mittlerem oder höherem Alter geht.
Der Klient wählt innerlich einen sehr guten Freund oder Kollegen aus, der eine – in der Zukunft einmal fällige – Ansprache halten soll:
○ zu seiner Pensionierung
○ zu seinem 50. (60., 70....) Geburtstag
○ zur Silberhochzeit...

Dann nimmt er sich 20 Minuten Zeit an einem guten ruhigen Platz, um diese Rede zu schreiben.
Der Berater unterstützt anschließend durch eine passende schöne Dekoration (Sessel, Blumen etc.) und der Klient hält dann diese Ansprache in der Rolle dieses guten Freundes an sich (leerer Stuhl oder Sessel).

Nach der Ansprache setzt er sich auf den Stuhl und lässt die Worte und Sätze innerlich auf sich wirken. (Zeit lassen!) Schließlich kehrt er zurück in die Jetztzeit (Dekoration wegräumen!) und bedenkt mit dem Berater, was dieser Ausflug in die Zukunft für Auswirkungen auf die nächste Zeit (Monate, Jahre) haben könnte. Wie könnten sein Selbstbild und das „Fremdbild" näher zusammenrücken? Vielleicht weiß er jetzt besser, welche Entscheidungen demnächst fällig sind.

In einer Gruppe, die sich gut kennt, kann diese Ansprache auch von einem oder zwei anderen entwickelt und gehalten werden. Das hat dann einen Feedback-Charakter und hilft besonders dann, wenn Würdigung bisher zu wenig Platz hatte.

⇨ Briefe

# Ansprüche – ein Ritual
*Quelle: R. Rabenstein, R. Reichel*

Unser Verhalten in allen unseren Rollen wird von Ansprüchen (Normen, Werten, Grundsätzen) gesteuert, die aus verschiedenen Quellen stammen. Wenn sie verinnerlicht sind und lange Zeit unreflektiert bleiben, dann können sie den guten Fluss unseres Handelns stören, belasten, ja quälen. *„Du kannst das besser!"* – *„Man(n) darf nie zufrieden sein."* – *„Eine gute Ehefrau ist immer liebenswürdig."* – *„Eine gute Mutter ist immer für ihr Kind da."* – *„Fall nicht auf!"* – *„Lass dir ja nichts gefallen."* Alle diese Ansprüche haben vielleicht mal ihr Gutes gehabt, aber gelegentlich gehören sie überprüft.

## Überprüfung in der Einzelberatung.[6]

**1. Schritt**: Jeden Anspruch, den ich entdecke, schreibe ich in direkter Rede auf einen Zettel (so wie die Beispiele oben).

**2. Schritt**: Ich überlege: *„Wo hier im Raum lege ich den Zettel hin (wie weit weg von mir), damit der Abstand mir ermöglicht, mich angemessen damit auseinander zu setzen."* Dort lege ich ihn jetzt hin.

**3. Schritt**: Ich formuliere klar und deutlich:
- *„Das an dir ist für mich gut, da hilfst oder nützt du mir..."*
- *„Das an dir ist für mich schlecht, da quälst du mich oder behinderst du mich..."*

Ich bemühe mich, mindestens eine „positive" und eine „negative" Qualität zu finden; besser sind mehrere.

**4. Schritt**: Ich wäge diese Aspekte mit Herz und Hirn in mir ab und entscheide mich: *„Ich nehme dich an!"* oder *„Ich lehne dich ab!"*

Diesen Vorgang vom 2. bis zum 4. Schritt wiederholt der Klient für jeden Anspruchszettel. Wenn er einen Anspruch nur eingeschränkt annehmen will (z. B. weil das Wort „immer" ihn unerträglich macht), dann muss er ihn deutlich ablehnen! Eventuell kann er später einen neuen für sich formulieren.

**5. Schritt**: Zum Schluss wählt der Klient eine rituelle Form der Vernichtung der abgelehnten Anspruchszettel (verbrennen, zerschnipseln, ins Klo spülen...) – der Berater ist sein Zeuge. Abschließend gibt dieser ihm noch die Erlaubnis, manchmal rückfällig zu werden; d. h. es soll bewusst werden, dass wir durch dieses Ritual ein Stück weitergekommen sind, uns aber ein Anspruch gelegentlich wieder „heimsuchen" wird – ohne dass das bedrohlich sein muss!

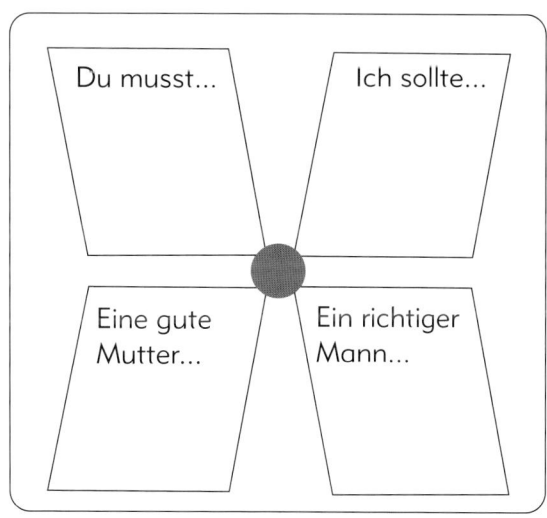

---
[6] Die Anleitung wird hier und in manchen weiteren Methoden in der Ich-Form beschrieben. Manche BeraterInnen bevorzugen diese Form der Anleitung).

## Überprüfung in der Gruppenberatung:

Für die **Gruppenberatung** schlagen wir eine noch mehr dramatisierte Form dieses Rituals vor: Nach einer Einstimmung in das Thema „Ansprüche" folgt der

**1. Schritt** wie oben: Jede/r schreibt einige (günstig sind 5-7) Ansprüche auf je einen Zettel.

**2. Schritt**: Die TeilnehmerInnen (Tn) bilden Paare, die sich im Raum einen Platz suchen und einen Stuhl dazu.
Tn A gibt seine Anspruchszettel seinem Partner (Tn B), der steigt auf den Stuhl und spricht als verkörperter Anspruch „von oben herab" zum direkt unten stehenden Tn A. Er wiederholt den Satz immer wieder mit verschiedenen Betonungen und Lautstärken mehrmals – solange, bis A glaubwürdig auf seine Weise sagt: *„Komm mal da runter!"* Wenn es zu zaghaft klingt, dann bleibt B oben und wiederholt den Anspruchssatz... bis die Aufforderung herunter zu steigen, klar und glaubwürdig landet. Dann erst steigt „der Anspruch" herunter.

**3. Schritt**: Tn A formuliert mindestens einen Aspekt direkt an den Partner, der für ihn positiv an diesem (als Anspruch) ist, und mindestens einen, der negativ ist (möglichst mehrere). Tn B fördert das (darf aber nicht Argumente „einsagen").

**4. Schritt** wie oben: Tn A wägt ab und entscheidet sich: *„Ich nehme dich an"* oder *„Ich lehne dich ab"*.
Tn B steigt wieder auf den Stuhl und der Vorgang wiederholt sich mit dem zweiten Anspruchszettel usw., bis alle Zettel durchgespielt und jeweils angenommen oder abgelehnt worden sind.

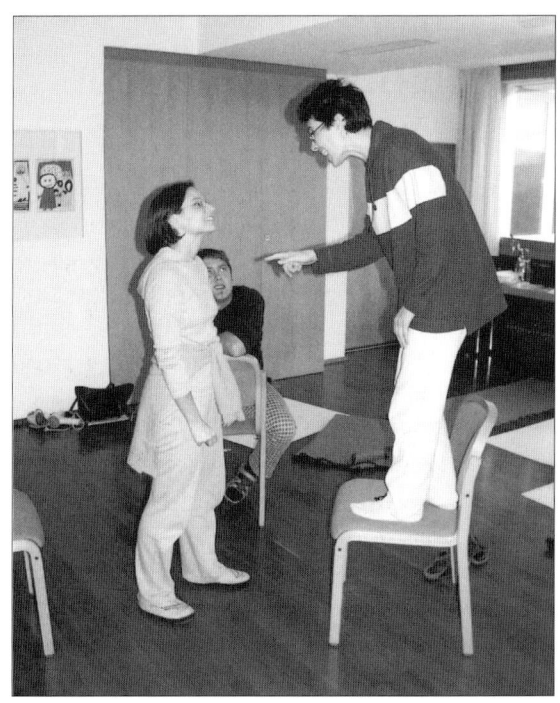

Anschließend tauschen die TeilnehmerInnen die Rollen, d. h. Tn B übergibt seine Ansprüche Tn A, dieser steigt auf den Stuhl usw.

**5. Schritt**: Zum Schluss kommen alle wieder zusammen und der Berater schlägt ein gemeinsames Ritual zur „Entsorgung" der abgelehnten Ansprüche vor. Sie werden öffentlich verlesen und verbrannt oder zerrissen. Jeder Teilnehmer hat seinen Partner als Zeugen dabei und wird für seine Aktion beklatscht.
**Variante**: Der Teilnehmer überlegt mit seinem Partner eine passende Art der „Entsorgung": zerreißen, vergraben, verbrennen, als Schiffchen einem Fluss übergeben etc.

Der Berater weist abschließend auf die Verzeihlichkeit gelegentlicher „Rückfälle" hin. *„Wir sind nicht gänzlich gefeit vor den Heimsuchungen unserer Dämonen, aber wir müssen uns dadurch nicht irritieren lassen."*

# Arbeitsplatz-Analyse

*Quelle: lösungsorientiert, systemisch, Eva Scala*

Die folgenden Fragen helfen sowohl beim Selbst-Coaching, um dem Klienten mehr Überblick über seine derzeitige Arbeitssituation zu ermöglichen, als auch als Interview-Leitfaden für eine Einzelberatung.

Diese Interviews können in Gruppen auch paarweise durchgeführt werden. Mit den Fragen 4 bis 6 werden die Spielräume des eigenen Verhaltens bei den KlientInnen angesprochen.

1. An meinem Arbeitsplatz schätze ich am meisten: ...............................................................
   ............................................................................................................................................
   ............................................................................................................................................

2. Das finde ich am Arbeitsplatz unausstehlich: ......................................................................
   ............................................................................................................................................
   ............................................................................................................................................

3. Schuld an dem, was ich dort schlecht finde, sind in erster Linie: (bitte reihen)
   ❏ KollegInnen        ❏ ChefIn            ❏ KlientInnen
   ❏ Trägerorganisation ❏ ich selbst        ❏ sonstige

4. An dem, was mir dort nicht gefällt, kann ich selbst verändern:
   (bitte Position auf Linie eintragen)
         gar nichts  _____ sehr viel

5. Wenn ich bezüglich meiner Arbeitssituation eine verzweifelte oder depressive Stimmung erzeugen wollte,
   • was müsste ich häufig zu mir sagen?.................................................................................
   ............................................................................................................................................
   ............................................................................................................................................
   • was müsste ich vermehrt tun?.............................................................................................
   ............................................................................................................................................
   ............................................................................................................................................

6. Wenn ich eine optimistische, freudigere Stimmung erzeugen will
   • was müsste ich zu mir sagen?............................................................................................
   ............................................................................................................................................
   • was müsste ich tun?............................................................................................................
   ............................................................................................................................................

# Aufstellungen

*Quelle: Systemische und psychodramatische Tradition und Neuentwicklung*

Diese Intervention hat sich zu einem beliebten Instrument in der Gruppen- und Teamarbeit entwickelt, das oft wirksam ist – und manchmal auch nicht, wie dies bei anderen Interventionen auch vorkommt (obwohl der Wunsch nach einem Allheilmittel verführerisch glänzt).

Wir unterscheiden die Aufstellung von der Skulpturarbeit. Bei der Aufstellung geht es mehr um die Beziehungen als um den körperlichen Ausdruck:

- Wer steht wem zugewandt, wohin geht mein Blick, wen sehe ich, wen nicht?
- Wie weit/nahe von anderen bin ich, sehe ich andere?
- Welche Gefühle und Gedanken über mich und die anderen löst das aus?
- Wer fehlt (mir)?
- Wohin geht meine Tendenz, mein Bedürfnis, mein Impuls?

**Schritte der Aufstellungsarbeit:**

1. Eine Person aus der Gruppe, „der Aufsteller", nennt sein Thema oder Anliegen und wird vom Berater zu seinem möglichen guten Ergebnis gefragt: „Woran wirst du merken, dass dir die Aufstellung gut getan hat?"[7]
2. Die Rollen/Personen zur Aufstellung werden am Flipchart aufgeschrieben und die wichtig scheinenden ausgewählt.
3. Der Aufsteller stellt nun die Rollen aus seinem Thema mit Personen aus der Gruppe so auf, dass die *Blickrichtung und Entfernung* die bedeutsamen Kriterien sind. Die Körperhaltung wird nicht geformt. Die Person nimmt die zur Verfügung stehenden Personen an beiden Oberarmen, nennt ihre Namen und die Beziehungsfunktion *(„Du bist Renate, meine ältere Schwester")* und führt sie – dem eigenen inneren Bild und Gespür folgend – auf den „passenden" Platz. Das geschieht mit jeder Person, bis alle passend stehen. Jetzt wählt er sich einen guten Platz zum Zuschauen.
4. Der Berater interviewt die Aufgestellten (von Innen nach außen): *„Wie ist es hier, was fühlst du, wen siehst du – wen nicht, wer ist dir nahe – wer fern? Was hast du hier, was brauchst du? Wohin geht deine Tendenz?"*
(Oder: Bewegungen der Seele, S. 53)

---

[7] In manchen „Szenen" ist es üblich, sehr bald per Du zu sein; daher verwenden wir bei der direkten Rede manchmal auch diese Form. Ähnlich wie bei der männlichen/weiblichen Schreibweise halten wir auch bei „Du" oder „Sie" nichts von starren Regelungen.)

5. Der Aufsteller teilt seine Eindrücke über das Gehörte mit.
6. Der Berater fordert die Aufgestellten auf, ihren inneren Veränderungsimpulsen in Zeitlupe zu folgen.
7. Interview durch den Berater: *„Was ist jetzt besser, was schlechter?"*
8. Lösungsbilder (Hypothesen von lösenden Konstellationen) werden durch den Berater ausprobiert. Eventuell bisher ungenützte Ressourcen hinzufügen, direkte Dialoge anregen. Falls ein passendes Lösungsbild gefunden wird:
9. Den Aufsteller ins Lösungsbild einfügen – selbst spüren lassen, was hier für ihn gut ist!
10. Beenden der Aufstellung.
11. „Entrollen" der Aufgestellten: *„Ich bin (eigener Name) und nicht (Rolle)!"* zum Aufsteller und anderen Aufgestellten.
12. Rückmeldungen der Zuschauer (falls nicht alle in der Aufstellung waren) – ohne den Prozess zu zerreden.

*Aufstellungen können auch in Teams oder Arbeitsgruppen zu eigenen, alle betreffenden Situationen gemacht werden:*
Themen der Teamdynamik, Team-Umwelt-Beziehungen, Organisation = Organisationsaufstellung.

⇨ Organisationen/ Organisations-Aufstellung
⇨ Problem-Lösungs-Struktur
⇨ System-Brett
⇨ Skulpturen

## Bewegungen der Seele
*Quelle: Weiterentwicklung von Bert Hellinger*

**Schritte 1 – 3**: Die Aufstellung wird wie oben beschrieben begonnen.

**Schritt 4**: Statt der Interviews, einige Zeit zum Spüren.

**Schritt 5**: Jeder folgt seinen körperlichen Impulsen. Den „Bewegungen der Seele" wird Raum gegeben. Nach einiger Zeit die Bewegungen stoppen. Spüren, was jetzt (anders) ist.
Die Aufstellerin kommt zu Wort.

## Aufstellung einer Beziehung
*Quelle: Paul Mahr*

In einer Supervisionsgruppe:
Jede Teilnehmerin denkt sich eine Person, mit der sie die Beziehung, ein Problem klären will.
Sie geht nun mit einer anderen Teilnehmerin paarweise (evtl. mit Beobachter) zusammen. Sie stellt die Partnerin stellvertretend für die Beziehungsperson so vor sich, wie es ihrem inneren Bild der Beziehung entspricht.

Nun stehen sich die beiden gegenüber – nehmen sich Zeit zum Wahrnehmen – und folgen beide ihren körperlichen Impulsen. Nach einiger Zeit „Stopp" – Wahrnehmen, wie es gewirkt hat.
Paargespräch darüber – manchmal gar nicht nötig – Beobachter kann das Seine beitragen.

# Balintgruppen-Modell
*Quelle: Michael Balint; traditionell*

Die Grundidee der Balintgruppen-Arbeit ist die Erweiterung der Freudschen „freien Assoziation" für die Beratungsarbeit in Gruppen: Ein Teilnehmer schildert seinen „Fall", alle hören zu. Dann schweigt der Teilnehmer, während alle anderen frei drauflos assoziieren: Bilder, Hypothesen, Ideen, sinnvolle oder auch unsinnig scheinende, alles gehört dazu.

Nach einer gewissen Zeit fasst der Berater die Assoziationen zu möglichen Deutungen und Erklärungen zusammen. Erst jetzt nimmt der Teilnehmer, um dessen Fall es ging, zu all dem Stellung.

Aus dieser Grundidee haben sich im Lauf der Jahre verschiedene Varianten entwickelt, z. B.

⇨ Beratungsmodell, kollegiales

# Baumbilder

⇨ Bilder auswählen

# Beistand, innerer
*Quelle: In dieser Erweiterung und Differenzierung: R. Reichel*

Manchmal fühlt man sich allein, hilflos, schwach... und keine/r ist da. Keine Mama, kein Papa, keine gute Freundin und natürlich auch kein professioneller Berater.

Früher haben manche Menschen in solchen Situationen ein „Stoßgebet" zu ihrem Schutzheiligen gesendet. Das hat sicher manchmal gewirkt. Diese Qualität können wir psychologisch nützen: Wir suchen oder konstruieren mit unseren KlientInnen einen „inneren Beistand":

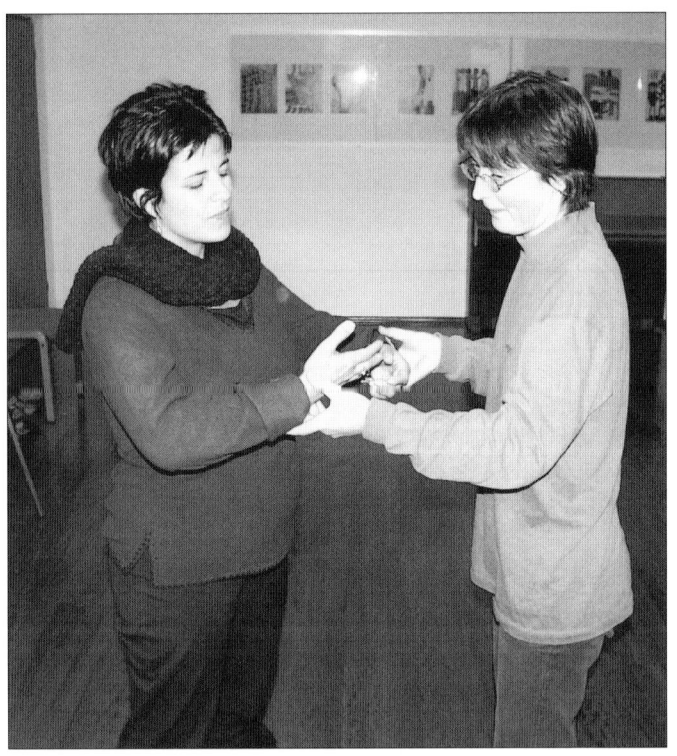

**Die erste Suche**: Der Berater begleitet seinen Klienten in Gedanken in die Kindheit und frühe Jugend: *„Gab es da einen älteren Menschen, der bedingungslos freundlich auf Sie geschaut hat, der sich einfach gefreut hat, wenn Sie da waren; der Sie im Grunde immer ermutigt hat; vielleicht ohne große Worte? Ein Opa, ein Onkel, die Mutter Ihrer Freundin, Ihre erste Lehrerin?"*

Wenn er so einen Menschen in seiner Erinnerung gefunden hat, dann kann er ihn sich – vielleicht mit geschlossenen Augen – verdeutlichen und vergegenwärtigen: *„Wie hat er/sie genau ausgesehen? Wie war seine/ihre Stimme? Wie hat er/sie gerochen? In welcher Situation wird die Erinnerung am lebendigsten?"*

Jetzt verankern: *„Wo im Körper spüren Sie am deutlichsten, wie gut Ihnen seine/ihre Gegenwart tut? Können Sie Ihre Hand dort hinhalten?"* – Warten und wirken lassen.

Anschließend soll der Klient die Augen öffnen und dem Berater die Erfahrungen mitteilen. Dann geht es weiter: *„Jetzt können Sie sich wieder zentrieren und in eine Situation hineindenken, in der Sie sich verloren oder einsam fühlen werden. Sie stellen sich vor, dieser innere Beistand kommt zu Ihnen. Er ist einfach nur da, sagt zu Ihnen vielleicht auch einen Satz."* – Vergegenwärtigen und körperlich verankern.

Dann in den Kontakt mit dem Berater zurückkehren und die Erfahrungen mitteilen.

**Die zweite Suche** ist dann nötig, wenn die erste Suche keinen realen geeigneten Menschen aus der Kindheit und frühen Jugend hervorbringt.

Das ist leider häufig der Fall. Wir können dann nach imaginären Personen oder Figuren fragen, die sich damals das Kind gesucht hat. Eine Figur aus einem Märchen vielleicht, die ganz wichtig war, oder aus einer Geschichte? Der Sterntaler vielleicht oder Winnetou, eine bekannte Klosterschwester oder ein Filmstar? Falls es so eine Figur gab, dann eignet sie sich ganz ähnlich zum Vergegenwärtigen und zum Verankern. Es geht hier natürlich nicht um die „objektiven" Eigenschaften, sondern um die verinnerlichten nährenden Qualitäten.

Und auch diese Figur kann dann in einer vorgestellten Notsituation als Beistand auftauchen, wie oben beschrieben.

Wenn auch die zweite Suche keine passende Figur hervorbringt, dann hilft **das Konstruieren**. Dazu braucht der Klient als „Material" drei Qualitäten:

**Qualität 1**: Der Klient sucht sich einen Menschen aus der letzten Zeit aus, der einigermaßen hilfreich oder angenehm war. Von diesem benennt er die wichtigste positive Eigenschaft.

**Qualität 2**: Er sucht sich die relativ wohlwollendste Person aus seiner Kindheit und Jugend und von dieser wiederum die beste Eigenschaft.

**Qualität 3**: Anschließend fragt der Berater: *„Was ist Ihre beste Eigenschaft?"*

Hat der Klient diese drei Qualitäten genannt, wird er in die Zentrierung/Entspannung geführt und er wiederholt diese drei Eigenschaften. Er lässt sie langsam zu einer Person reifen: *„Ist es eine alte Frau oder ein Mann mittleren Alters, wie dick oder dünn, wie angezogen, welche Nationalität, Augenfarbe usw."*
Alles, was dem Klienten klar wird, spricht er aus, so dass sich der Berater auch ein Bild machen kann. Er kann dann ergänzend und bestärkend nachfragen, bis beide das Gefühl haben: Jetzt ist es eine deutlich erkennbare Person.

Dann geht es wieder ums körperliche Verankern des wohltuenden Gefühls der Nähe dieses Beistands und anschließend um den Transfer in eine vorgestellte unangenehme Situation: *Wie wirkt dieser „innere Beistand" hier, was sagt er?*

Wenn es sich um einen mehrteiligen Beratungsprozess handelt, dann kann es sinnvoll sein, in einer späteren Sitzung, in der es wieder um eine leidvolle Situation geht, den „inneren Beistand" zu Rate zu ziehen, der Berater holt ihn quasi als Kollegen in die Beratung: *Was würde er jetzt dazu sagen?*

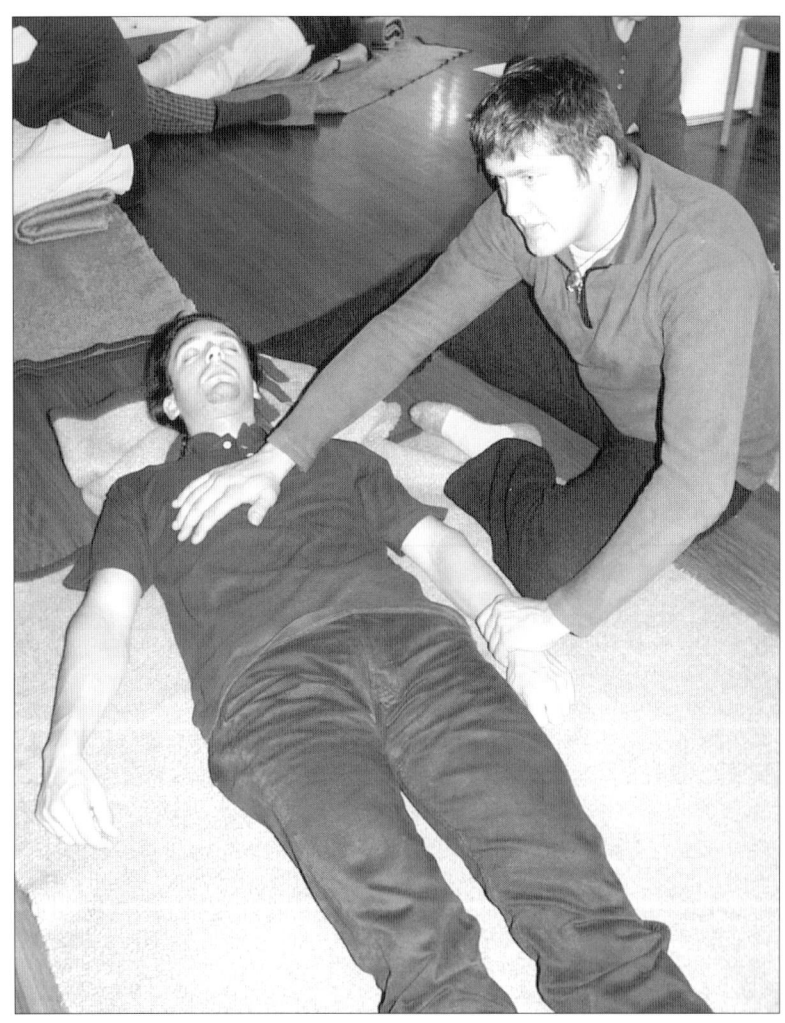

# Beratung – Landkarte
*Quelle: R. Rabenstein, Lösungsorientierte Quellen*

Beratung gelingt meist besser, wenn beide (KlientIn und BeraterIn) mit ihrer Aufmerksamkeit (Fokus) zwischen *Problembeschreibung und Lösungsbildern* hin und her wandern und dabei zwischen der *einfühlenden* (Gefühle wahrnehmend, immanent = assoziiert) und der *distanzierten* (aus der guten Entfernung betrachtend, überdenkend = dissoziiert) *Position* wechseln.

Die Beraterin leitet diesen Prozess im *Mitgehen (pacing)* und *Führen (leading)*.

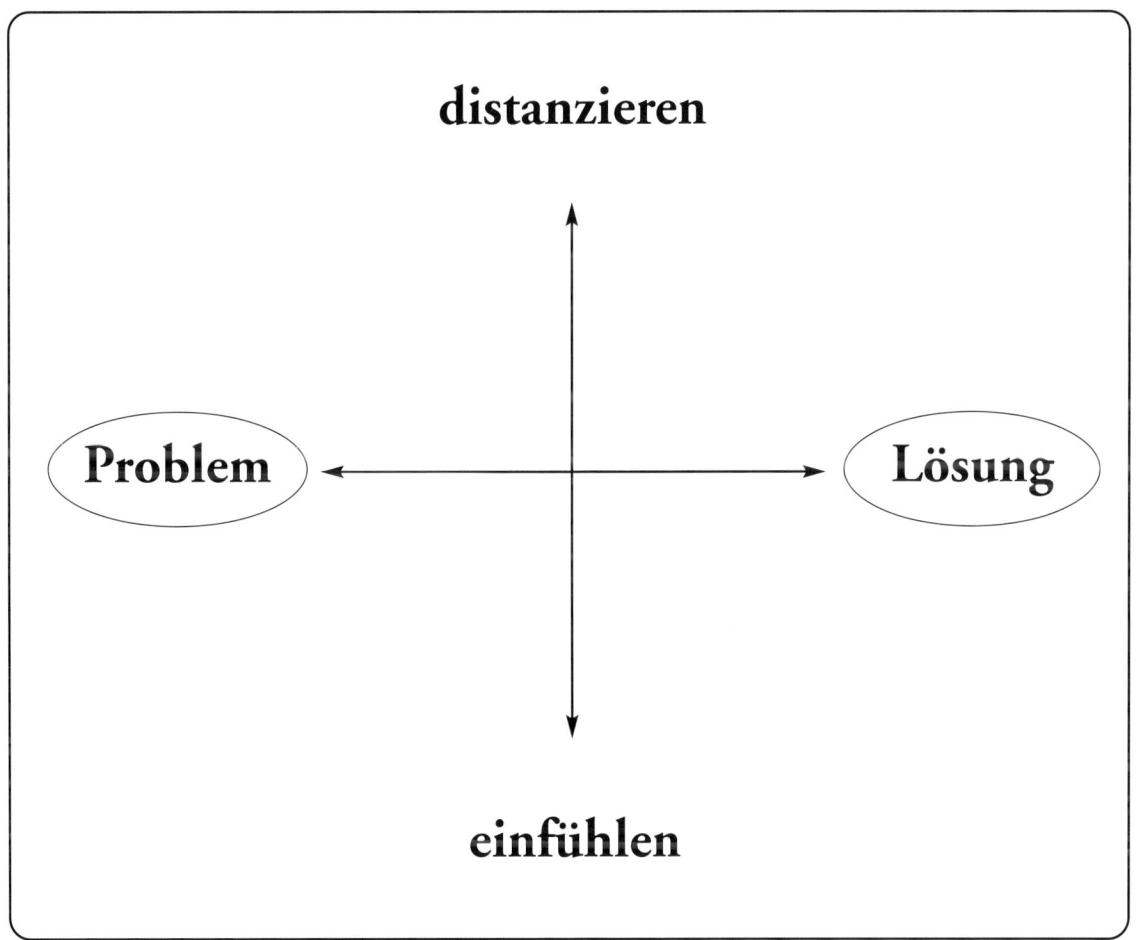

# Beratungs-Markt
*Quelle: R. Rabenstein, R. Reichel*

**Für Teams und Gruppen mit mehr als 7 TeilnehmerInnen** (auch für sehr große Gruppen), wenn mehr als zwei Beratungsthemen zugleich da sind.

Alle sind hier eingeladen Ratsuchende und BeraterInnen zugleich zu sein.
Jeder RatSuchende oder Themenverantwortliche gestaltet ein großes Blatt (Plakat) zum Beratungsthema mit den zentralen Informationen, die die anderen BeraterInnen brauchen; am besten auf einer Pinnwand. Diese Visualisierung könnte schon vorher vorbereitet worden sein.
Auf Pinnwänden oder Plakatständern werden nun diese Themen und Fragestellungen verstreut im Raum aufgestellt/aufgehängt. Alle TeilnehmerInnen nehmen einen Stoß Zettel oder Kärtchen und einen Stift, gehen zu irgendeinem Plakat, lassen sich dazu etwas einfallen, schreiben es auf einen Zettel und heften diesen daneben an. Dann zum nächsten Plakat... Später wieder zu einem früheren Plakat zurück, weil jetzt, angeregt durch das, was auf anderen Zetteln steht, vielleicht noch eine weitere Idee gekommen ist. Der Leiter ermutigt die Teilnehmer, möglichst „bei sich" zu bleiben und wichtige Gedanken nicht durch zu viele Nebengespräche verloren gehen zu lassen. Die Fülle bei den Zetteln ist das Wichtige an dieser Vorgehensweise.
Nach etwa 20 Minuten wird diese Phase beendet, die Ratsuchenden beschäftigen sich mit ihrer „Ernte": Die Zettel durchschauen, ordnen nach Gemeinsamkeiten, nach Brauchbarkeit, nach Klarheit usw.
Wichtig an dieser Vorgehensweise ist, dass die Empfänger die vielen Zettel zwar als Geschenke wahrnehmen dürfen – sie dürfen sich auch bedanken –, aber sie sollen jetzt nicht sofort entscheiden oder mitteilen, was sie davon wirklich gebrauchen können und was nicht. Das kann bei einem späteren Treffen geschehen.

# Beratungs-Modelle

Es gibt eine Reihe von „Beratungs-Modellen". Wir meinen damit strukturierte Beratungsschritte, die in der Einzel- und vor allem in der Teamberatung zu nützlichen Problembeschreibungen und Lösungserfindungen verhelfen.
Hier die Übersicht unserer Empfehlungen:

- Beratungs-Markt
- Beratungsmodell, kollegiales
- Bild malen / Problembild – Lösungsbild malen
- Briefe / Ideenbriefe
- Fragen / Fünf Fragen
- Freak-Beratung,
- Freak-Position ins Spiel bringen
- Positionen nützen / Drei Positionen
- Problem-Lösungs-Struktur beschreiben und verändern
- Problemlösungs-Zwiebel
- Ressourcen-Rad
- Straße zur Veränderung
- SPOT-Analyse
- Tetralemma

# Beratungsmodell, kollegiales

*Quelle: R. Rabenstein, R. Reichel, Balintgruppen-Modell*

Wenn jemand unter KollegInnen Beratung wünscht, aber kein externer Berater gewollt oder zur Verfügung ist, dann bewährt sich folgende Vorgehensweise:
Es hat sich bewährt, wenn ein Mitglied der Gruppe die Moderation durch diese 6 Schritte übernimmt und auf die Zeit achtet. Achten Sie darauf, dass die BeraterInnen untereinander kommunizieren und der Rat-Suchende zuhört, ohne zu intervenieren, damit gegenseitiges Bedrängen und „Ja, aber" verhindert wird. „Ja, aber"-Sätze sind ähnliche Kreativitäts-Hinderer wie „Du solltest"-Bedränger. Diese Einschränkungen werden durch dieses Kollegiale Beratungsmodell vermieden.

### 1. Schritt:
Der Ratsuchende (R) formuliert deutlich sein Thema, seine Frage, mit allen ihm dazu notwendig scheinenden Informationen, eventuell optisch aufbereitet; er wird nicht unterbrochen oder beeinflusst.
Ca. 3 – 5 Minuten.

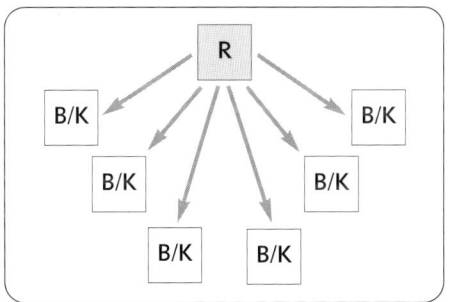

### 2. Schritt:
Die BeraterInnen/KollegInnen (B/K) können nun kurz das Wichtigste rückfragen, aber nur zum Verständnis der Situation (also etwa: *„Wie war das...?"*, aber nicht *„Warum hast du nicht...?"*). Höchstens 5 Minuten.

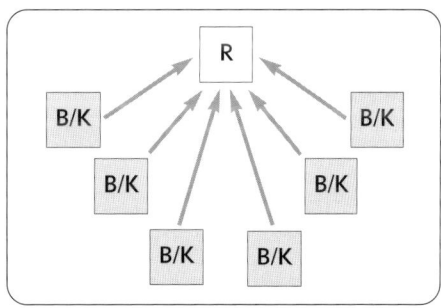

## 3. Schritt:

Die BeraterInnen/KollegInnen legen eine kurze Reflexionspause ein (der Ratsuchende setzt sich zurück – die BeraterInnen/KollegInnen reden zueinander, nicht zum Ratsuchenden).

Die BeraterInnen tauschen Eindrücke aus, innere Reaktionen, Bilder (ähnlich der Balintgruppen-Methode), Hypothesen, auch Handlungsimpulse, aber ohne klaren Lösungsanspruch. Der/die Ratsuchende macht sich evtl. Notizen. Ca. 10 Minuten.

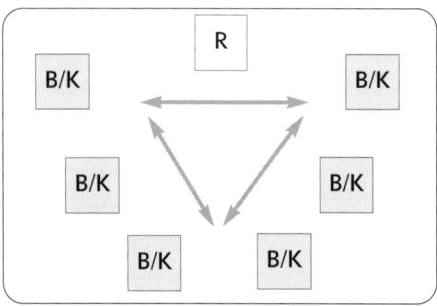

## 4. Schritt:

Der/die Ratsuchende nimmt zu den gehörten Aussagen Stellung, klärt Missverständnisse, sagt, was neu und interessant ist usw. Dann setzt er sich wieder hin (ca. 3 Minuten). Möglicherweise muss jetzt der 3. Schritt wiederholt werden, sonst geht es weiter zum

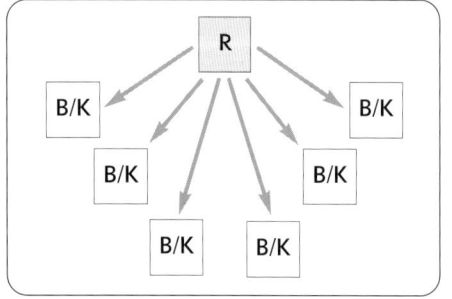

## 5. Schritt:

Jetzt sagt jeder Berater reihum seine Lösungsidee oder seinen Lösungsansatz, ohne weitere Diskussion. Ca. 5 Minuten.
(**Variation:** Diese Lösungsideen werden auf Kärtchen geschrieben/gezeichnet und mit einer kurzen Erläuterung überreicht.)

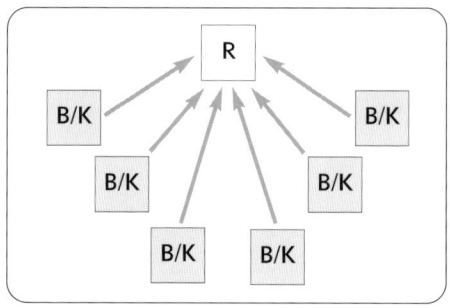

## 6. Schritt:

Der RatSuchende kommt in den Kreis zurück, bedankt sich für die Aufmerksamkeit und die Anregungen, muss sich aber nicht zu den genannten Lösungsansätzen äußern. Vielleicht kann er den KollegInnen später berichten, was er mit den Ideen angefangen hat.

## Variation:

Das Gespräch wird jeweils von einem Moderator, einer Moderatorin im Dialog, im Interview mit dem Ratsuchenden geleitet.

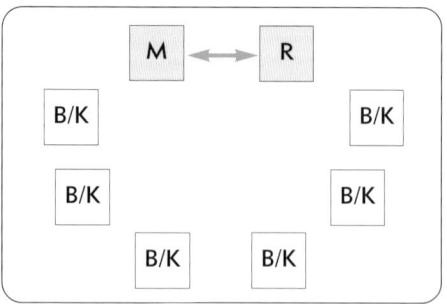

# Beschreiben – Erklären – Bewerten

## Landkarte
*Quelle: Heidelberger konstruktivistische Systemiker, Arnold Retzer, Fritz B. Simon*

Wer beschreibt, tut dies durch Unterscheidungen. Diese Unterscheidungen unterscheiden sich im Bewertungsgehalt. Mit „Beschreiben – Erklären – Bewerten" versuchen systemische Berater auf die verschiedenen Bewertungsdichten zu lenken und Ihnen als Berater Wahl- und Fragemöglichkeiten zu eröffnen: je dichter, fester, verhärteter die Bewertungen von Verhaltensweisen und Überzeugungen, desto stabiler erscheint die Aufrechterhaltung des Problems.

Die Aufgabe und der Beitrag von Beratung ist es (wenn Sie dieser Hypothese = Erklärung und Bewertung folgen wollen), die Bewertungen aufzuweichen, das Problempaket verflüssigen zu helfen. Dies geschieht meist, indem das Verhalten, deren Erklärungsversuche und deren Bewertung als Unterscheidung erfragt wird. Zirkuläres Fragen (Was andere tun, welche Erklärungen andere liefern, welche Bewertungen andere treffen) hilft hier besonders.

Mit Hilfe von Fragen des Beraters und von sich aus beschreibt der Klient eine Problemsituation, in der bereits ein Lösungssystem mitbeschrieben wird.

Die Beschreibungen verhärten sich immer mehr bis zu einem „Ding", einer Krankheit (vor allem in der Beratung mit auffälligen Kindern, die zu „Sorgenkindern" werden oder in der Beratung/Therapie mit psychischen Diagnosestellungen, wie sie z. B. die Krankenkasse fordert – und manche Klienten eben auch: „Was habe ich...?").
So wird eine Hypothese möglicherweise zum Zusammenspiel von Kräften, die zu einer Problembeschreibung führen; ein Symptom, das auf ein Problem hindeutet; eine Diagnose, die eine Krankheit als ein tatsächliches „Ding" erscheinen lässt (statt *Beschreibung* einer Deutung eines Beraters/Therapeuten von *Beschreibungen/Erklärungen/Bewertungen* eines Klienten).
Dies ist in sozial-pädagogischen Situationen und Beziehungen besonders bedeutsam. Wie gelingt es, von Diagnosen zu beschreibbarem Verhalten und so zu neuen Deutungen/Hypothesen über Kosten und Nutzen des „Problemverhaltens" zu kommen?
*Das nennen wir „Aufweichen, Verflüssigen eines Problempakets".*

⇨ Fragen

## Übungen
*Quelle: traditionell, systemisch*

**Spielerischer Einstieg:**
Ein bunter Ball geht von Hand zu Hand (in einer Gruppe).
Abwechselnd sucht jeder eine Beschreibung, eine Erklärung und eine Bewertung zum Ball.
**Zum Beispiel:**
- Beschreiben:
  „Der Ball ist bunt, ich sehe rot und grün gemischt."
- Erklären:
  „Der Ball ist bunt, weil man ihn so bedruckt hat, um ihn attraktiv zu machen."
- Bewerten:
  „Ich habe diese Farben gern."

Dieser Vorgang lässt sich mit den meisten Gegenständen analog durchführen.

**Übung in einer Gruppe:**
Sie erklären kurz den Unterschied zwischen Beschreiben/Erklären/Bewerten.

1. Jede TeilnehmerIn wählt sich eine Situation, die sie klären möchte. Sie geht zu einem Partner. Die Beiden beschreiben einander ihre Situation – eher kurz – und versuchen Erklärungen und Bewertungen absichtlich herauszuhalten.
   Kurze Umfrage:
   Auswirkungen auf die ErzählerInnen?
2. Partnerwechsel. Nun erklärt jede Partnerin der anderen die Situation, ihre Hypothesen zur Problementstehung und -erhaltung und versucht Bewertungen absichtlich herauszuhalten – wiederum eher kurz.
   Umfrage:
   Auswirkungen auf die ErzählerInnen?
3. Partnerwechsel: Nun bewertet jede Partnerin ihre Situation, sie kann auch die Bewertungen anderer in dieser Situation hinzufügen und kurz beschreiben.
   Umfrage:
   Auswirkungen auf die Erzählerinnen?
4. Fortsetzung, bzw.

**Übung für Einzelne:**
Jede Person wählt sich eine zu klärende Situation und legt im Halbkreis um einen Stuhl drei Positions-Karten mit Beschreiben-Erklären-Bewerten auf.
Nun stellt sich die Person der nacheinander auf jedes Kärtchen, beginnend mit

1. **Beschreiben**, und vergegenwärtigt sich so die Situation. Wechseln zu

2. **Erklären**. Wechsel zu

3. **Bewerten**.

4. Dann auf der Stuhlkante sitzend zu den drei Positionen schauen und die Auswirkung merken, wenn sie von hier, der **Metaposition**, auf ihre 3 Positionen schaut.

5. Dann auf den Stuhl steigen und auf sich in den drei Beschreibungsarten und der Metaposition schauen – Auswirkung?

Für manche ist hier bereits die Situation so geklärt, dass sie eine Lösung sehen.

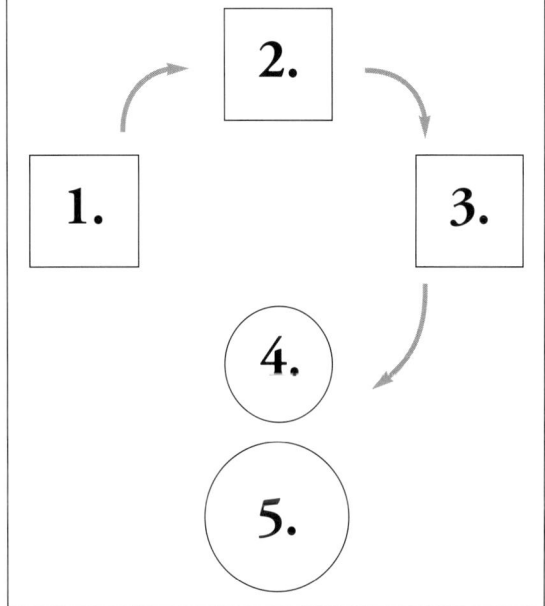

Als **Zusammenfassung/Fortsetzung der Gruppenübung**: Wie die Übung für Einzelne – nur ohne Begleitung, jede macht die Übung für sich, im inneren Dialog. Der äußere Dialog hat zuvor paarweise stattgefunden. Die Auswirkung von (5) wird wieder hörbar abgefragt.

⇨ Aufstellung/ Bewegungen der Seele

Als **Einzelarbeit in der Beratung**: Der Berater regt den Klienten zu den jeweiligen Beschreibungen an, begleitet ihn durch alle fünf Stationen.

# Bilder auswählen

## Selbstbild-Fremdbild: Baumbilder auswählen
*Quelle: R. Rabenstein*

Ein Baumbilder-Set von ca. acht bis zwölf Bildern (aus einem Baumkalender) wird im Kreis aufgelegt, dazu je ein Päckchen verschiedenfarbiger Kärtchen und Stifte.

**Team-, Gruppenberatung:**
Jeder Teilnehmer nimmt sich zwei verschiedenfarbige Kärtchen (grün – zeigt meine zufriedene Seite, orange – zeigt meine kritische Seite) und beschriftet sie mit seinem Namen. Die Teilnehmer gehen rund um die aufgedeckten Baumbilder und wählen für sich jeweils ein Bild, das die zufriedene Seite ihres aktuellen Selbstbilds zeigt und markieren dieses Foto mit dem grünen Kärtchen. Ebenso wählen sie ein Bild, das eher ihre kritische, problematische Sicht von sich zeigt und markieren das Bild mit dem orangen Kärtchen.

**Teamvariante 1:**
Jeder stellt sich zu seinem kritischen Bild und nimmt kurz zu seiner Auswahl Stellung. Spontane Feedbacks zu jeder Person erweitern die Sichtweisen und Selbst-Bewertungen.
Das Gleiche erfolgt zum zufriedenen Bild. Danach kann noch eine Runde hinzu kommen: Wie beeindruckt mich das Feedback – was hat sich insgesamt an meinem Selbstbild verändert?

**Teamvariante 2:**
Die persönliche Auswahl – wie oben beschrieben – findet geheim statt, d. h. jeder legt sich fest, ohne sein Kärtchen hinzulegen.
Jedes Teammitglied wählt sich nun ein anderes aus und stellt vor der Gruppe Vermutungen darüber an, welche Bilder die andere Person ausgesucht haben könnte – und warum.
Die Partnerin hört zu und beschreibt dann die eigene Bilderauswahl und gibt Erklärungen dazu.
Andere aus der Gruppe können ebenfalls ein Feedback geben.
Dann ist der Nächste an der Reihe.

**In größeren Gruppen** bilden sich Paare, die einander ihre gewählten Bilder zeigen und ein Feedback zu den jeweiligen Selbstbeschreibungen des Partners geben. Danach kann noch eine Runde kommen: *„Wie wirken meine Selbstbeschreibung und das Feedback auf mich – was hat sich verändert?"*

Oder: Jeder stellt sich zu seinem kritischen Bild und nimmt kurz zur Selbstbeschreibung und zum Feedback Stellung. Dann erfolgt das Gleiche zum zufriedenen Bild. Spontane zusätzliche Feedbacks zu jeder Person erweitern die Sichtweisen und Selbst-Bewertungen.

Einzelberatung:
Die Klientin wählt die beiden Bilder aus, die (wie oben beschrieben) den zufriedenen und kritischen Aspekt der Selbstbeschreibung zeigen. Dann schildert sie der Beraterin ihre Auswahl. Die Beraterin kann durch zirkuläres Fragen Außenperspektiven ins Spiel bringen: *„Wie, glauben Sie, würde Ihr Partner X Ihre Stärken beschreiben"* oder *„Welche Ihrer kritischen Beschreibungen würden Ihre Arbeitskollegen bestätigen, welche nicht?"* usw.

# Spontane Assoziationen

Aus einem Sortiment von verdeckt liegenden Bildern (z. B. Motivkarten) zieht die Klientin ein Bild, deckt es auf und knüpft Beziehungen/Deutungen zwischen diesem neuen Bild und ihrem Beratungsthema. Dies kann ca. dreimal geschehen.

**In Gruppen/Teams:** Reihum zieht jedes Mitglied ein Bild/Foto, verknüpft zum Thema, die anderen verknüpfen mit. Dann zieht das nächste Mitglied ein Bild/Foto.

# Bild malen
*Quelle: traditionell, R. Rabenstein*

Zu fast jedem Beratungsthema kann es sinnvoll sein, die KlientInnen einzuladen ein Bild zu malen: zur Problembeschreibung/ Situationsschilderung (meine Sichtweise/ meine Gefühle zu unserem Team, Ich im Beruf, unsere Paarbeziehung, unsere Familie), zur Zielbeschreibung (mein Zielbild, die gelöste Situation).

**In der Gruppenberatung** können – nachdem jede ihr Bild gemalt hat – zuerst die anderen zum jeweils gemalten Bild assoziieren, bevor die jeweilige Autorin des Bildes ihre Gefühle und Sichtweisen mitteilt. Dadurch entsteht eine zusätzliche Anreicherung, und die Autorin bekommt ein ungewöhnlicheres Feedback, als wenn sie zuerst die Erklärung liefert und damit vieles festlegt. Solche Feedbacks sind als Assoziationen und nicht als Deutungen oder „Hineininterpretieren" zu verstehen.

⇨ Grafiken

## Problembild – Lösungsbild malen

**Für kollegiale Beratung und Gruppensupervision:**
1. Eine Person schildert ihr Problem – eine Situation, in der sie eine Lösung sucht. Eine andere Person moderiert und fragt nach. Die übrigen Mitglieder hören zu und
2. zeichnen/malen ihre Problemsicht.
3. Diese Bilder werden danach der Problemerzählerin präsentiert. Diese nimmt kurz Stellung, welche Sicht sie anspricht – die Moderatorin fragt nach.
4. Nun zeichnen/malen die Mitglieder jeweils ein Lösungsbild und präsentieren dieses der Problemerzählerin.

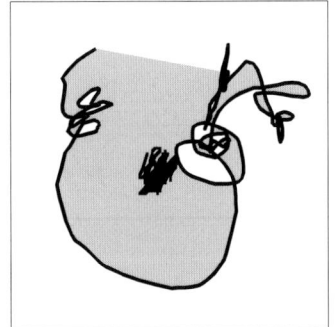

5. Die Problemerzählerin nimmt kurz zu den für sie ansprechenden Lösungsbildern Stellung – die Moderatorin fragt nach, was dies konkret „übersetzt" bedeuten könnte. Was wäre der erste kleinste Schritt in die ausgewählte Richtung? Die Problemerzählerin nimmt alle Bilder zu sich.
Bitte beachten Sie: Auch wenn es einmal kein „Lösungsbild" gibt, dann ist das eine Lösung, nämlich: Jetzt geht es (noch) nicht!
6. Schlussrunde aller Beteiligten zum Prozess, ohne erneut ins Thema einzusteigen.

**In der Einzelberatung:**
Sie laden die Klientin ein, ihr geschildertes Problem als Bild zu malen, zu skizzieren.
Nach einer kurzen Besprechung laden Sie die Klientin ein, ein Lösungsbild zu malen. Dieses wird ebenfalls besprochen.

**Weitere Möglichkeiten:**
Sie malen ebenfalls jeweils ein Problem- und Lösungsbild, sodass die Klientin zusätzlich vermuten kann, was Sie gemalt haben und nach ihrer beider wechselseitigen Erklärung erweiterte Sichtweisen ins Spiel kommen. Wichtig ist hier, dass Sie selbst lösungsneutral bleiben, d. h. die Prioritäten der Klientin anerkennen trotz der Versuchung, um die „bessere" Lösung zu konkurrieren!

# Traumatische Bilder ändern – malen und lockern
*Quelle: EMDR-Traumatherapie*

Aus dem Ansatz der (EMDR) Traumatherapie sind die folgenden Schritte oft hilfreich: Der Klient beschreibt seine traumatische (verletzende, erschreckende) Situation.
Die Beraterin lädt den Klienten ein, ein größeres Malblatt in sechs Teile zu falten. Der Klient zeichnet, malt ins erste Feld die traumatische Situation. Dann beginnt er mit beiden Händen (über Kreuz, „Schmetterling" genannt) seine Oberarme bzw. Oberschenkel abzuklopfen – bis ihm ein gelösteres, leichteres Bild der Situation kommt – das zeichnet/malt er ins zweite Feld. Wieder klopft sich der Klient in die „lösende Lockerheit", das nächste Bild taucht auf, der Klient malt ins dritte Feld...
Auf diese Art macht der Klient weiter, bis zu dem Bild, das seine Los-Lösung zeigt – vielleicht bereits das vierte, vielleicht das sechste Bild.
Nun schildert der Klient die Qualitäten des Lösungsbildes: Was ist hier besser (dissoziiert), ich erlebe hier gerade, sehe, höre, spüre, rieche/schmecke (assoziiert)...

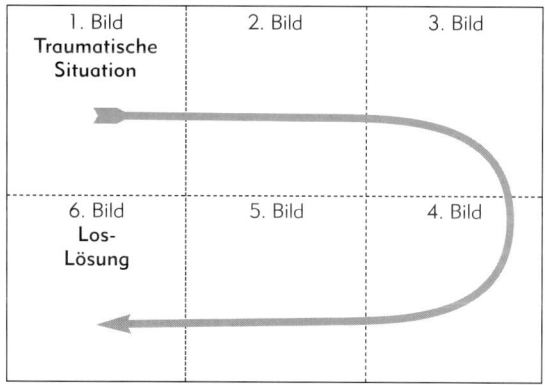

Dieses Vorgehen wird meist in einem therapeutischen Kontext nützlich sein.

## Kreativer Dialog
*Quelle: Claudia Rothe, Wien*

**Idealmodell:** Zwei PartnerInnen sitzen an einem großen Papierbogen und führen einen Dialog mit Malunterstützung.

Die beiden können reale Interaktionspartner sein (Kollegen, ein Paar) und ein aktuelles Thema bearbeiten. Die beiden können auch aktuelle Klärungspartner sein, wobei einer eine Klärung sucht und der andere in die Rolle des Gegenübers schlüpft.

Nach einer kürzeren Beschreibung der Situation und des Anliegens (besonders empfehlenswert auch die Frage nach dem „guten Ergebnis": Woran wirst du merken, dass dir diese Arbeit/Beratung gut getan hat?) beginnt die Rat Suchende *„Ich bin... und sehe mich in dieser Situation so"* und zeichnet/malt dazu.

Der Malpartner beschreibt sich seinerseits: *„Ich bin die Arbeitsstelle (der Chef, die Schulklasse, die Organisation) und sehe mich so..."* So setzt sich der Dialog fort, jeder kann die passenden Farben wählen und diese auch wechseln.

**In der Gruppenberatung** schauen die anderen zu, sind Beobachter und geben danach Rückmeldungen – ebenso der Malpartner. Zum Schluss beschreibt sich der Ratsuchende.
Ist die Gruppe größer, können jeweils Kleingruppen so arbeiten.

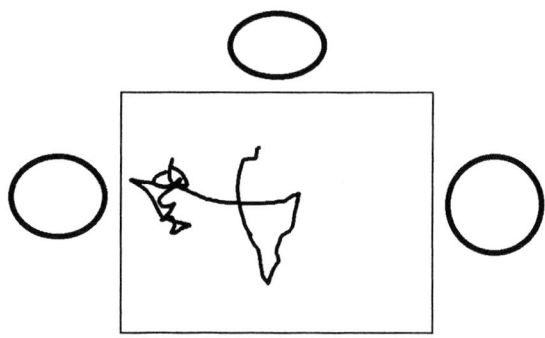

**In der Einzelberatung** können Sie als BeraterIn in die Rolle des Malpartners schlüpfen. **Ein Rollentausch** zwischendurch oder in einem zweiten Durchgang kann sehr erhellend sein.

## Blitzlicht
*Quelle: traditionell*

Manchmal hat man in Gruppen oder auch im Einzelkontakt das Gefühl festzustecken, sich verrannt oder verirrt zu haben. Man kann es sich aber nicht oder nicht genau erklären; vielleicht glaube ich als BeraterIn zu wissen warum, möchte es aber jetzt nicht selbst sagen. Dann kann ich ein Blitzlicht vorschlagen, d. h.:
- Was empfinde und fühle ich gerade?
- Was denke ich, sollte jetzt geschehen oder wie könnte es jetzt weitergehen?

Jeder in der Gruppe sagt möglichst schnell und kurz seine Antwort auf diese Fragen. Diese kurz nachwirken lassen, damit möglichst alle den „Trend" spüren, der in diesem Blitzlicht zum Ausdruck gekommen ist. Es ist dann die Aufgabe der Beraterin, die angemessenen Schlussfolgerungen für die Weiterarbeit zu ziehen.

⇨ Runde

# Brainstorming
*Quelle: traditionell*

Ideen zu einem Thema/Problem sammeln – eine fast alltägliche Situation im persönlichen Lebensspiel bzw. kooperativen Zusammenspiel eines Teams. Brainstorming wirkt, wenn *„Ideen-Sammeln"* von *„Ideen-Bewerten"* deutlich getrennt wird! Die ist die Quelle der Kreativität – auch außerhalb des Brainstormings.

### Einzelberatung:

Ihr Klient bzw. Sie beide sammeln zu einer Situation alle möglichen und auch unmöglichen(!), verrückten Ideen, die einen Unterschied zur jetzigen Situation machen oder eine Veränderung zeigen, bewirken könnten. Schreiben Sie bzw. Ihr Klient auf einem Papier mit!
*Während des Sammelns – es ist wichtig, dies immer wieder zu betonen – werden die Ideen nicht bewertet!*
Dann bewertet der Klient die Vorschläge nach unterschiedlichen Kriterien:
einfach – komplex, üblich – ungewohnt, leicht – schwer...

Widerstehen Sie der Versuchung, sich für eine ausgewählte/abgelehnte Idee einzusetzen – es sei denn, Sie tun es absichtlich, um ein Interaktionsspiel mit dem Klienten zu eröffnen, indem Sie absichtlich unübliche Bewertungs-Positionen einnehmen.

### Teamberatung:

Nach einer Problemschilderung laden Sie das Team/die Gruppe ein, in oben geschilderter Art Ideen zu sammeln und diese auf Flipcharts mitzuschreiben, zu visualisieren (d. h. auch zeichnen ist möglich).
*Betonen Sie die Spielregel: Erst sammeln, dann bewerten!*
Dann bewertet das Team/die Gruppe die Vorschläge nach unterschiedlichen Kriterien:
einfach – komplex,
üblich – ungewohnt,
leicht – schwer,
sofort – längerfristig,
billig – teuer...
Dann folgt die *Auswahl* aus den aufgezählten Möglichkeiten und die *Umsetzungsliste*: Wer? Was? Wann? Mit wem? Von wem? Wann kontrolliert?

# Briefe

*Quelle: traditionell, R. Rabenstein, R. Reichel*

Briefe schreiben ist, seit der Mensch schreiben kann, nicht nur ein Mittel zur Verständigung, sondern auch ein Mittel der Psychohygiene – diese Briefe werden meist nicht abgeschickt; sie dienen dem ungestörten Selbstausdruck.

## Brief an KonfliktpartnerIn

(Bisher) Ungesagtes wird hier ungestört an den Konfliktpartner geschrieben: meine Verletzungen, meine Bedürfnisse, meine Ziele, meine Lösungsideen.
Dies kann der erste Schritt in Richtung Klärung, Lösung und Los-lösen sein.

## Brief an mich

Zu Beginn einer spannenden Veränderung (längerer Auslandsaufenthalt, intensive neue Berufsausbildung, bald kommt das erste Kind zur Welt, eine heikle Operation steht bevor...) schreibt der Klient einen Brief an sich, in dem er versucht die jetzt für ihn wichtigen Gedanken und Gefühle festzuhalten: seine Vorfreuden, seine Sorgen und Ängste und seine Ideen, worauf er besonders achten sollte.
Dann überlegt er mit seiner Beraterin, wann und wie er diesen Brief bekommen soll. Der Zeitraum sollte mindestens ein halbes Jahr betragen, vielleicht ein ganzes Jahr oder sogar zwei. Aber nicht mehr! Seine Beraterin oder eine andere Vertrauensperson bewahrt den Brief für ihn auf und sorgt für die für ihn dann überraschende Übergabe. Vielleicht kommt er tatsächlich mit der Post.

## Brief aus der Zukunft

Eine besondere Form ist der Brief aus der Zukunft, durch den sich der Schreiber gedanklich z. B. um ein Jahr in die Zukunft versetzt. Aus dieser Identifizierung mit sich selbst in einem Jahr schreibt er entweder an sich im Heute oder an sich in zwei Wochen. In diesem Fall kann er den Brief selbst aufbewahren.

⇨ Zielarbeit
⇨ Visionen erfinden

## Briefe an Verstorbene

Viele seelische Belastungen stammen von misslungenen Abschieden, aus offenen Themen und Fragen zwischen uns und Menschen, die jetzt nicht mehr leben. Das können Eltern sein, ein früh verlorenes Kind oder auch andere Menschen, die sehr wichtig für uns waren. Neben den großartigen psychodramatischen Möglichkeiten liegt manchen KlientInnen hier das Medium Brief, um alles, was nicht mehr direkt gesagt werden konnte, auszudrücken.
Bei dieser Form des Briefschreibens ist es wichtig, den Ort und die Zeit zu beachten, in der das Schreiben stattfindet. Der Rahmen muss der Sache würdig und angemessen sein!
Anschließend muss noch festgelegt werden, was mit dem Brief geschieht. Zuerst sollte er laut gelesen werden. Danach ist vielleicht eine Aufbewahrung sinnvoll, vielleicht aber auch eine rituelle Verbrennung.

⇨ Dramatisieren

## Brief an meinen Schutzengel

Statt Schutzengel können wir auch „innerer Beistand" sagen. Diese heilenden Botschaften und Kräfte in uns können aktiviert und immer wieder abgerufen werden. Ein solcher Brief muss nur geschrieben und vorgelesen werden, dann kann man ihn aufbewahren oder rituell entsorgen.
Vielleicht wäre es für die Klientin gut, auch einen Antwortbrief des Schutzengels zu verfassen, bis hin zu einem längeren Briefwechsel.

⇨ Beistand, innerer

## Feedback-Briefe

Von Zeit zu Zeit kann in einem Team die Feedbackqualität durch derartige Briefe erhöht bzw. verdichtet oder überhaupt in Gang gebracht werden: Jeder schreibt an jeden im Team (bei kleinen Teams) einen Brief zur momentanen Sicht der Zusammenarbeit und der jeweils persönlichen Beiträge dazu. In speziellen Situationen (Konflikte, Entscheidungen, Zukunft...) beziehen sich die Briefe gerade darauf.

## Ideenbriefe

**In Teams und Gruppen möglich:**
Nachdem ein Gruppenmitglied seine Problemsicht (und seine Lösungswünsche) beschrieben hat, schreiben ihm alle anderen einen Ideenbrief mit ihren Lösungsimpulsen. Der Problembeschreiber nimmt die Briefe entgegen, dankt und liest „ungestört" und unbedrängt die Briefe mit den Ideen. Dies kann die Ideen weit wirksamer machen.

⇨ Beratungsmodell, kollegiales
⇨ E-Mail

# Coaching

Coaching wird derzeit sehr unterschiedlich verstanden und beschrieben. Ein gemeinsamer Nenner scheint zu sein, dass es sich hier um eine Form der Einzelberatung bzw. -supervision handelt, die sich speziell an Führungskräfte bzw. LeiterInnen in „struktureller Einsamkeit" richtet.
Näheres finden Sie im Kapitel (S. 6ff) „Unterscheiden und klären".

## Spezielle Coaching-Impulse

- ⇨ Analyse
- ⇨ Arbeitsplatz-Analyse
- ⇨ Fragen / Fünf Fragen – Kurzberatung
- ⇨ Positionen nützen / Drei Positionen
- ⇨ Problembild – Lösungsbild malen
- ⇨ Problem-Lösungs-Struktur
- ⇨ Problemrückseite ist ein Ziel
- ⇨ Rangierbahnhof
- ⇨ Selbstcoaching
- ⇨ Straße zur Veränderung
- ⇨ Zielarbeit

# Diagnose-Modelle

## Genug – zu viel – zu wenig? Diagnose-/Interventionsmodell
*Quelle: Systemische Tradition, R. Rabenstein*

Ein einfaches Diagnosemodell im Bezug auf Einzelne, Familien oder Teams – Hypothesen und Interventionen können daraus entwickelt werden.
Der Berater erfragt im Laufe der Situationsbeschreibung Folgendes:

❍ Von welchen Ressourcen sind genügend da? Welches Verhalten, das Ihnen in dieser Situation gut tut oder nützt, zeigen Sie genügend?

❍ Wovon ist zu viel da? Welches Verhalten, das Sie oder andere kritisch, weniger nützlich bewerten, zeigen Sie zu viel?

❍ Wovon gibt es zu wenig? Welches Verhalten, das Sie nützlich, positiv bewerten, zeigen Sie zu wenig in dieser Situation?

BeraterInnen und BeraterInnenteams sowie BetreuerInnen/KlassenlehrerInnen/GruppenleiterInnen können dieses Modell auch nützen, um Interventionen zu erfinden:

| Diagnose: | Interventionen: |
|---|---|
| Welche hilfreichen Verhaltensweisen und Einstellungen werden genügend gezeigt? | |
| Welche problemerzeugenden Einstellungen und Verhaltensweisen werden zu viel gezeigt? | |
| Welche nützlichen Verhaltensweisen und Einstellungen werden zu wenig gezeigt? | |

# Diagnose-Modell „Stützen der Identität"

*Quelle: H. G. Petzold, Varianten von R. Rabenstein und R. Reichel*

Dieses bekannte und höchst nützliche psychosoziale Diagnosemodell kann auf vielfache und kreative Weise in Beratungsprozessen mit Einzelnen und Gruppen eingesetzt werden. Ausgangspunkt ist der Gedanke, dass fünf Lebensbereiche wie Stützen unsere Identität tragen:

### Körper – Leib

Unser Körper, eigentlich unsere Leib-Einheit von Körper, Seele und Geist, ist Anfang und Ende unserer Existenz. An seine Lebensspanne und seine Gesundheit knüpfen sich unsere wichtigsten Wünsche und Befürchtungen, hier spüren wir uns am tiefsten.

### Soziales Netz – Beziehungen

Ohne Beziehung zwischen anderen Menschen wären wir nicht entstanden und ohne Beziehungen zu anderen Menschen können wir nicht sein. „Der Mensch wird am Du zum Ich." In unserem sozialen Netz entwickeln wir unser Selbstbild, unsere Ausdrucksmöglichkeiten und unsere Fähigkeiten als Mit-Mensch.

### Arbeit — Leistung

In dem, was wir tun, erfahren wir uns als wertvoll und nützlich oder auch als wertlos und unnütz. Wir erleben unser Können, unsere Möglichkeiten und unsere Grenzen des Machbaren. Wir erleben (und suchen) in unserem Können Vergleich mit anderen und Beurteilung durch andere.

### Materielle Sicherheit

Die (fehlende) Sicherung unserer Grundbedürfnisse wie Essen, Wohnen, Kleidung prägt unsere Gesundheit wie auch unsere Beziehungen entscheidend mit. Der Lebensstandard beeinflusst unser Identitätserleben mehr, als wir es uns oft eingestehen. Wir verwenden darauf sehr viel Lebenszeit.

### Werte – Sinn

Wenn alle anderen Stützen stabil sind, wird diese kaum spürbar. Wenn es uns gut geht, sind Werte oft nur unbewusst oder sie schlummern hinter den üblichen Phrasen. In starken Krisen aber, etwa bei schwerer Krankheit, bei Beziehungsverlust, großer Not etc. wird diese Stütze plötzlich sehr wirksam (oder erweist sich als sehr schwach). Sie kann alles retten, indem sie hilft, Krisen zu überstehen, zu überleben, z. B. Folter oder Naturkatastrophe, oder sie kann zu radikalen Lösungen treiben und alles opfern, z. B. durch Heldentod oder Selbstmord.

## Gestaltende Arbeit mit den „Fünf Stützen der Identität"

**Variante 1: Bilanz** (für wenig erfahrene KlientInnen)
Der Klient stellt seine derzeitige Situation grafisch dar, wie es ein Statistiker machen würde, z. B. in der abgebildeten Vorlage (S. 76). Differenzierter und spannender sind Symbole, mit denen der Klient sein derzeitiges Empfinden in den fünf Lebensdimensionen darstellt.
Anschließend überlegt er mit seinem Berater, was zur weiteren Absicherung, zur Stärkung einzelner Stützen oder zur Erhöhung des Gleichgewichts geschehen könnte.
Dieser Vorgang empfiehlt sich auch zwischen Lebenspartnern.

### Variante 2: Die Hand

Der Klient legt seine Hand gespreizt auf ein A4-Blatt und zeichnet den Umriss. Er wählt je einen Finger für eine Identitätsstütze und malt diesen dann je nach augenblicklicher Befindlichkeit und Stimmung aus.

Anschließend folgt die Besprechung mit dem Berater.

### Variante 3: Malen oder Plastizieren (in Ton)
(für etwas erfahrenere KlientInnen)

Die Klientin nimmt sich Zeit ein Bild dieser Stützen zu malen oder sie in Ton zu formen, so wie sie sich derzeit in ihrem Leben darstellt. Sie lässt sich dabei jede mögliche andere Bildhaftigkeit (Metapher) einfallen, die ihr in den Sinn kommt: Bäume, Türme, Berge...

In der Gruppe erläutert sie dann ihr Werk, holt sich auch Rückmeldungen der anderen auf das, was sie herausspüren. Ihr Berater achtet darauf, dass die Klientin nur das zeigt und erklärt, was sie hier mitteilen will (kein Druck zur Offenheit!). Es gilt Eindrücke mitzuteilen und auszutauschen; keine Deutungen oder Interpretationen werden ohne ausdrückliche Zustimmung der Betroffenen abgegeben.

### Variante 4: Verkörpern
(für erfahrene TeilnehmerInnen)

Nach dem Skizzieren bzw. Malen oder Tonformen der 5 Stützen nimmt sich jedes Mitglied einen Platz im Raum, wo es gut mit sich und seinem Bild bzw. seinen Formen sein kann. Hier sucht nun jeder eine passende Körperhaltung für eine der Stützen. (Der Berater kann festlegen, welche Stütze zuerst drankommt oder es den TeilnehmerInnen freistellen.)

Die Haltung der jeweiligen Stütze kann etwas verstärkt werden, um Prägnanz zu gewinnen. Jetzt bleibt der Teilnehmer so lange in der Haltung eingefroren, bis von innen heraus ein Satz, eine Aussage deutlich wird. Dann wird die Haltung gelöst und der Satz aufgeschrieben. (Der Berater unterstützt diesen Vorgang immer wieder mit leise gesprochenen Anregungen.)

Anschließend wird dasselbe mit den anderen Stützen wiederholt, bis ich jeweils eine zentrale Aussage von jeder der 5 Stützen habe. Das machen alle gleichzeitig – im Raum verteilt – ganz auf sich konzentriert.

Eventuell können die TeilnehmerInnen sich anschließend in Sechser-Gruppen diese Sätze vorsprechen, d. h. eine Teilnehmerin gibt ihre Sätze an 5 KollegInnen weiter und diese wiederholen – durcheinander und eindringlich auf verschiedene Weise auf sie einsprechend – die Sätze zu ihr. Sie hört zu und spürt die Wirkung.

Dann braucht man genügend Zeit für Austausch und Verdauung: Was ist mir jetzt deutlicher oder neu? In welche Stimmung bringt mich das, welche Idee kommt mir dazu, welcher Impuls ist spürbar?

Das kann dann mit den anderen fünf Mitgliedern in gleicher Weise geschehen.

▷ Organisationen / Fünf Stützen unserer Organisation

## Weitere Diagnose-Modelle

▷ Sketch-Diagnose
▷ SPOT-Analyse

**Diagnose-Modelle**  Methoden, Texte, Papers von A – Z

## Stützen meiner Identität
*Quelle: nach H. G. Petzold*

- Meine Beziehungen
- Mein Körper
- Meine Werte – Sinn
- Materielle Sicherheit
- Arbeit und Leistung

# Dialog, kreativer

⇨ Bild malen

# Dramatisieren – In Szene setzen – Inszenieren
*Quelle: J. L. Moreno und seine SchülerInnen, Fritz Perls und seine SchülerInnen*

Die Wirklichkeit stellt sich in uns nicht so sehr begrifflich, sondern viel mehr atmosphärisch und szenisch dar. „Haltungen" von Menschen, Handlungen und Geschichten sind es, die schon sehr früh, bevor wir Worte und Sätze verstanden haben, unsere Fähigkeit geprägt haben, die Welt um uns zu erfassen und zu verstehen. Daher lassen sich viele Themen umfassender („ganzheitlicher") darstellen und bearbeiten, wenn sie „inszeniert" werden.

## Imitationen, Rollentausch, Dialoge und Interviews

In der **Einzelsupervision/Einzelberatung** kommt die Rede auf einen „schwierigen" Klienten oder Kollegen, auf die nervende Schwiegermutter o. Ä. (im Psychodrama heißt diese Person „Antagonist"). Sie unterbrechen Ihren Klienten („Protagonist") und bitten ihn, den betreffenden Menschen Ihnen vorzuspielen. Dazu muss vielleicht kurz die Sitzordnung verändert werden oder es geht besser im Stehen, dann muss die richtige „Haltung" eingenommen werden. Jetzt wird die ganze Geschichte oder Thematik aus der Haltung und Sicht mit der Stimme des Antagonisten geschildert. Manchmal reicht das schon, wenn anschließend der Klient wieder in seine Protagonisten-Rolle zurückkehrt und aus seiner Erfahrung bei der Einfühlung berichtet.

Manchmal macht es Sinn, wenn Sie als BeraterIn mit dem Antagonisten ein kurzes Interview führen, z. B.: *„Ich danke Ihnen, dass Sie gekommen sind; ich möchte einige Fragen an Sie richten:.."*

## Monodrama

In der **Einzelberatung/Einzelsupervision** können sowohl vergangene wie zukünftige Ereignisse, die den Klienten innerlich beschäftigen, inszeniert werden.

Mit ein paar Sätzen wird der Beratungsraum zur Bühne, also zum elterlichen Wohnzimmer oder zum Büro des Chefs etc. Stühle, Sessel, Stehlampen, alles muss ein Stück gerückt werden, um die innere Atmosphäre, um die es geht, etwas lebendiger = gegenwärtiger zu machen. Gegenstände wie Polster, Decken, Puppen, auch Blumentöpfe werden zu Symbolen für die in der Szene beteiligten Menschen und Dinge.

Wenn alles passt, geht der Klient zu jedem Platz der beteiligten Personen, nimmt dort innerlich die Rolle und äußerlich die passende Haltung ein und spricht die wesentlichen Sätze. In die „eigene" Rolle (Protagonist) geht er entweder zuerst oder zuletzt. Vielleicht entspinnt sich ein Dialog, vielleicht genügen aber auch die wesentlichen Grundaussagen, um deutlich werden zu lassen, worum es hier geht.

Dann nimmt der Berater den Klienten „aus der Szene" und spricht mit ihm über das, was sich da abspielt; noch nicht gleich analysierend, sondern zuerst Eindrücke sammeln und aussprechen: *„Wenn ich mir das so ansehe und anhöre, dann..."* Eventuell genügt das schon! Vielleicht ergibt sich aber auch eine Idee, wie die Szene durch den Klienten in seiner eigenen Rolle (Protagonist) verändert werden könnte. Nur kleine Veränderungen ausprobieren und anschließend genug Zeit für die Auflösung der Szene und die Nachbesprechung einplanen!

Es gibt „Ur-Szenen", die sich anbieten, auch wenn sie nicht konkret stattfinden, z. B. eine „Gerichtsverhandlung", in der über die Schuld oder Unschuld des Klienten verhandelt wird.

⇨ Gerichtsverhandlung

# Rollenspiel

In einer Gruppenberatung oder Gruppensupervision können natürlich die anderen TeilnehmerInnen als MitspielerInnen einbezogen werden.
Der Berater unterstützt den Klienten bei der Regieführung. Hier ist von vornehrein die Chance gegeben, dass der „Protagonist" sich nicht selbst spielen muss, sondern seine Rolle von einem anderen verkörpern lässt und sich das Ganze „von außen anschauen" kann. Das ist sehr entlastend und manchmal allein schon hilfreich.

Wichtig ist, dass die MitspielerInnen in ihre Rollen wirklich hineingehen, darin bleiben und nur aus ihnen heraus sprechen. Erst ganz am Schluss, nach der Nachbesprechung der Szene, können und sollen die MitspielerInnen ihre Erfahrungen in ihrer Alltagsidentität mitteilen („sharing"): *„Da ist mir meine eigene Erinnerung hochgekommen, als ich..."* oder so ähnlich.

Auch symbolische Inszenierungen, die nie so stattgefunden haben, sind möglich wie

⇨ Ansprüche
⇨ Aufstellungen
⇨ Gerichtsverhandlung
⇨ Positionen nützen

# Einstieg

## Einstiegsfragen: Besser? Schlechter?

Bei einer über einen längeren Zeitraum laufenden Beratung können die beiden Fragen *„Was war in der Zwischenzeit besser – und was war in der Zwischenzeit schlechter? Was hat sich verbessert, was verschlechtert?"* den Einstieg eröffnen.

Hier wird eine einfache Unterscheidung im Bewerten der zwischenzeitlichen Erfahrungen ermöglicht. Die Klientin wird angeregt, auf Auswirkungen zu schauen und vielleicht kleine Unterschiede im Gegensatz zu „vorher" zu entdecken. Außerdem kann das Nützliche am Beratungsprozess deutlich werden wie auch das weniger Nützliche, was nicht dazu beiträgt, Verbesserungen zu erfahren.

## Was kann so bleiben, wie es ist – was darf sich ändern?

### Was kann so bleiben, wie es ist?
Diese Frage können Sie bereits bei der telefonischen Vereinbarung des ersten Termins an die Klientin stellen, mit der Einladung, eine kleine Liste dazu zu schreiben. Wenn es um Beziehungssituationen geht, können Sie die Klientin anregen, ihren Interaktionspartnern ebenfalls diese Frage zu stellen.
In einer **Teamberatung** ist diese Frage ebenso günstig (auch schon beim Erstkontakt am Telefon, an den Teamleiter gerichtet, als Anregung für die Vorbereitung im Team).

In der **Paartherapie** können Sie beiden diese Frage stellen und zuerst das Paar bitten, dies aus der Sicht der Partner zu beantworten: *„Was glauben Sie, wird Ihre Partnerin/Ihr Partner auf diese Frage jetzt antworten?"*
Mit dieser Frage lenken Sie die Aufmerksamkeit Einzelner, von Teams und Paaren auf das, was noch an positiven Aspekten und Möglichkeiten, also an Ressourcen, im jeweiligen Beziehungssystem steckt. Die Kommunikation, der Austausch darüber kann Selbstvertrauen und Selbstachtung fördern und nützliche Energien bringen.
Dies ist eine ressourcenorientierte Eröffnung.
Ähnlich ressourcen-/lösungsorientiert ist die Frage nach den Merkmalen vom „Guten Ergebnis" (siehe S. 81).

### Was kann so bleiben – was darf sich ändern?
Dieses Fragenpaar regt eine differenzierte Bilanz an, deren Beantwortung eine nützliche Orientierung für den Beratungsprozess geben kann – für die Beraterin und für die KlientInnen.
Die Aussagen können am Flipchart mitgeschrieben und entweder den KlientInnen mitgegeben werden oder/und in den Beratungszeiten sichtbar an der Wand hängen.
Der fruchtbare Prozess ist nicht nur das Sammeln der Antworten zu diesen Fragen, sondern der Austausch, das Verhandeln, das gegenseitige Mitbekommen dessen, was bleiben kann/soll und dessen, was sich verändern darf/soll.

In der **Einzelberatung** werden diese Antworten mit zirkulären Fragen systemisch ausgeweitet: *„Was würde Ihre Partnerin auf diese Fragen antworten? Ihr Chef? Ihre Schüler? Ihre Kinder?"* – *„Was glauben Sie, was Ihre Partnerin glaubt, wie Sie diese Fragen beantworten werden?"* – *„Wer möchte, dass Sie eher so bleiben, wie Sie sind – wer, dass Sie sich eher ändern?"*

## Kosten-Nutzen-Frage: beibehalten und verändern?

Die obigen Fragen können mit einer Kosten-Nutzen-Einschätzung (auch zirkulär) weitergeführt werden: *„Was könnte es Ihren Partnern (konkrete Namen nennen lassen) nützen bzw. kosten, wenn Sie das... beibehalten, wenn Sie das... verändern?" „Was könnte es Ihnen selbst nützen und Sie kosten, wenn Sie das... beibehalten und das... ändern?"*
Diese Kosten-Nutzen-Frage ist auch bei **Teamberatungen** möglich und wichtig. Die Aufmerksamkeit wird sowohl auf die Auswirkungen von möglichen (Nicht-)Veränderungen auf die Teamumwelten und das Team selbst gelenkt.
Deutlich wird mit dieser „Kosten-Nutzen-Frage" bei allen lösungs- und zielorientierten Interventionen gearbeitet.

➡ Öko-Check
➡ Zielarbeit

## Mein gutes Ergebnis – Merkmale beschreiben
*Quelle: Kurzzeittherapie – Steve de Shazer*

*„Woran werden Sie merken, dass Ihnen diese Beratung gut getan hat?"*
„Mein gutes Ergebnis" bald am Beginn abzufragen kann für KlientIn und BeraterIn eine wertvolle Orientierung, Energie- und Steuerungsquelle sein. Sie fragen die Klientin nach der ersten Umschau auf die aktuellen Themen und Anliegen: *„Woran werden*

*Sie erkennen, dass Ihnen diese heutige Beratung gut getan hat?"*
Bei der Beantwortung fragen Sie zusätzlich nach sinnlichen Qualitäten und achten dabei auf die „Lösungsphysiognomie" (auf Signale der Erleichterung).
Klientin: *„Ich fühle mich erleichtert und unbeschwert!"*
Berater: *„Wo werden Sie speziell Erleichterung spüren?"*
Klientin: *„Hier oben – eher im Kopf."*

Berater: *„Wie spüren Sie es? Können Sie die Erleichterung im Kopf genauer beschreiben – so, als wenn Sie es jetzt gerade fühlen würden?"*
Klientin: *„Ja, ich spüre meinen Kopf aufrecht, es macht gar keine Mühe, ich fühle mich leer, geordnet und – hell, ja, hell!"*
Berater: *„Ja, aufrecht, mühelos, geordnet, hell... wie nahe kommen Sie gerade jetzt diesem guten Ergebnis – z. B. auf einer Skala von 0-10?"*
Klientin: *„Mmm – so auf 4."*
Berater: *„Was glauben Sie, wie nahe können Sie heute Ihrem guten Ergebnis kommen?"*
Klientin: *„Ja – 7, ja, das müsste möglich sein!"*

Gegen Ende und auch zwischendurch beziehen Sie sich auf diese Merkmale der Lösung, des guten Ergebnisses: *„Wie nahe sind Sie gerade Ihrem guten Ergebnis „aufrecht, mühelos, leer, geordnet und hell"?"* oder *„Bringt Sie das, was wir gerade tun, Ihrem guten Ergebnis näher – oder weiter weg?"*

## Erstkontakt – Fragen

Manche von uns haben feste Regeln für das Erstgespräch, etwa eine Checkliste, ähnlich einer Anamnese bei der Aufnahme ins Krankenhaus. Solche Checklisten sind erprobt und oft hilfreich. Sie haben den Nachteil, dass sie die Anbahnung einer konkreten einmaligen Beratungsbeziehung erschweren. Da hilft es eher, wenn BeraterInnen nicht schematisch vorgehen, sondern aus einem größeren Fundus von Fragen und Vorgehensweisen schöpfen, und zwar so, wie es gerade heute und gerade bei diesem Klienten gut passt.
Hier einige Anregungen zum ungewöhnlichen Fragen zur beliebigen Auswahl:

❍ Wie war das, als Sie zum ersten Mal daran gedacht haben, eine Beratung in Anspruch zu nehmen? Was haben Sie da gerade erlebt/gemacht?
❍ Als Sie hier hereingekommen sind: Was genau war da Ihr erstes Gefühl/Ihr erster Eindruck?
❍ Wer weiß noch, dass Sie jetzt hier sind? Was denken diese Leute darüber?
❍ Angenommen, Sie haben einen idealen Berater/einen Schutzengel in sich: Was sagt der zu Ihrem Hiersein?
❍ Stellen Sie sich vor, Sie kommen eines Tages hier zur Tür herein und sagen: *„Herr/Frau..., jetzt passt es, ich glaube, ich muss nicht mehr kommen."* Wie geht es Ihnen an diesem Tag?
❍ Was müsste ich tun, damit Sie von mir enttäuscht sind?

➪ Fragen
➪ Zirkuläres Fragen

Methoden, Texte, Papers von A – Z **Einstieg**

# Erstkontakt – Fragen-Set
*zusammengestellt von Eva Scala*

**Fragen zum Auftrag**
- Wie kam es zu dieser Supervisionssitzung?
  Wer hatte die Idee zum Kontakt?
  Wie haben Sie den Weg hierher gefunden?
- Warum wurde gerade ich ausgewählt?
  Stehen noch andere zur Disposition?
- Wie wird die Rolle des Supervisors definiert?
  (Fachfrau, Verantwortlicher für Lösungen, Hilfe zur Selbsthilfe...)
- Welche Ideen gibt es darüber, warum diese Gespräche/die Supervision nützlich sind?
  Wer teilt diese Ideen, wer nicht?
- Welche Verantwortung tragen die TeilnehmerInnen, welche der Supervisor?
- Ist für die Ziele überhaupt Supervision das geeignete Mittel (oder besser Krisenintervention, Moderation...)?
- Wer wünscht am meisten Supervision, wer am wenigsten (evtl. Rangreihe erstellen)?
  Wer hat am meisten Sorgen?
- Wie lange haben Sie schon auf diese Sitzung gewartet?
  Was ist in der Wartezeit passiert?
- Was ist bisher schon unternommen worden?
  Lösungsversuche? Welche Ergebnisse?
- Gibt es schon Supervisionserfahrung und warum wird gewechselt?
- Wie stehen Leitung, Team und Institution zur Supervision?
- Was ist der Anlass für diese Supervision?
- Warum brauchen wir jetzt Supervision und warum ist sie uns jetzt wichtig?
- Was sollte der Gegenstand der Supervision sein und was nicht?
- Woran würden Sie merken, dass die Supervision erfolgreich war bzw. keine Supervision mehr nötig wäre?
- Ziele: kurzfristig – mittelfristig – langfristig
- Zeit, Häufigkeit, Dauer, Zeitspanne zu klären. Honorar. Absageregelung. Teilnahmeverpflichtung, Du-Sie, Schweigen.

**Erwartungen erfragen**
- Was möchte er/sie, was hier passieren soll?
- Wer will hier was von wem?
- Wer ist optimistisch, wer skeptisch?
- Was könnte hier passieren, um das Ziel zu erreichen? (Ihr Beitrag)
- Wie könnte ich das Ziel verhindern?
  Wie könnte ich die Probleme verschlimmern? (Mein Beitrag)
- Was müsste ich (müssten wir) tun, um die Erwartungen zu erfüllen?
- Was müsste ich (müssten wir) tun, damit es ein Misserfolg wird?

⇨ Vertragsgrafik

## Ich bin du
## – einander vorstellen

In Teams (oder Supervisionsgruppen, in der die TeilnehmerInnen einander schon kennen) können Namenskärtchen gezogen werden und dann stellt der Erste seine gezogene Person vor – zu folgenden möglichen Kriterien:
**Variation 1:** Wie glaube ich, würde sich die Person hier und heute am Beginn zu Wort melden...
**Variation 2:** Was würde die Person heute zu zwei bis drei der folgenden Fragen (am Flipchart vorher aufgeschrieben) sagen?
○ Wie zufrieden bin ich gerade in meiner Arbeitssituation?
○ Was schätze ich an unserem Team?
○ Was ist mein aktueller Beitrag zur Teamsituation?
○ Was sind meine aktuellen Kraftquellen – was nährt mich gerade?
○ Wie sorge ich für mich?
○ Was ist mir heute wichtig?
○ Was sollte hier nicht geschehen – was nicht behandelt werden?

Das Vorstellen kann in zwei Arten passieren:
a) Die vorgestellte Person bleibt zunächst ungenannt und die Beteiligten erraten, wer gemeint sein könnte – danach folgt ein Feedback zum Vorstellen, wie passt das Gesagte/Vermutete zur vorgestellten Person, was sieht sie anders, was will sie ergänzen...
b) Der vorstellende Teilnehmer geht zu der entsprechenden Person, stellt sich hinter sie, legt seine Hände auf ihre Schultern und beginnt das Vorstellen in ihrem Namen: *„Ich bin die Michaela und..."* – danach wiederum ein Feedback zum Vorstellen, wie passt das Gesagte/Vermutete zur vorgestellten Person, was sieht sie anders, was will sie ergänzen...

## Intuition nützen:
## Vermutungs-Triaden / Paare

Je drei einander eher unbekannte Personen (Beratungs- bzw. Supervisionsgruppenmitglieder) gehen zusammen. Das Besondere: je zwei Personen (B und C) sprechen miteinander über die dritte Person (A) – sie hört zu, ohne ins Gespräch einzugreifen.
Das Thema sind Vermutungen zur unbekannten Person A: persönliche Lebensumstände, die Arbeit der letzten Zeit, persönliche Vorlieben und Fähigkeiten, Lernwünsche zur Beratung o. Ä. Dann sprechen A und B über C usw.
Danach reagieren alle drei auf die gehörten Vermutungen und fügen ihre Selbstbeschreibungen hinzu. Es folgt eine Runde zum Erfahrungsaustausch.

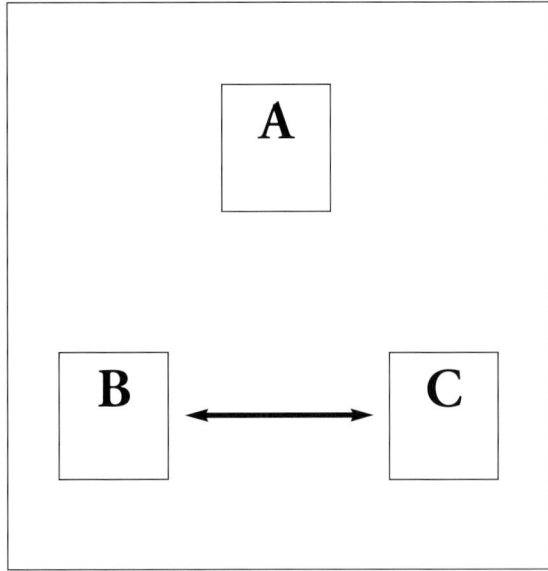

In kleineren Gruppen oder wenn es schneller gehen soll, ist dies auch **paarweise** möglich: Ein Partner fantasiert über den anderen zu dessen Lebensumständen, Arbeitssituation, Einstellungen und Gefühlen zum Beratungsthema, zu Lösungen.

## Weitere Einstiegsimpulse

- Bilder auswählen
- Bild malen
- Fragen / Fünf Fragen – Kurzberatung
- Feedback / Feedbackbriefe
- Feedback / Feedback-Partner
- Organisationen / Ich in meiner Organisation
- Runde
- VerMUTen
- Wetterbericht
- Zeitlinien-Arbeit

# E-Mail

Die E-Mail ist eine für viele BeraterInnen und KlientInnen neue hilfreiche Ergänzung der Beratungsarbeit. Man kann heute noch nicht sagen, wohin die Entwicklung genau gehen wird, aber jetzt schon nützen manche ihre speziellen Vorteile:

1. Die KlientInnen müssen das, was sie gerade bewegt, aufschreiben. Das Aufschreiben alleine führt schon zu einer manchmal hilfreichen inneren Distanzierung.
2. Für den Berater ist eine E-Mail zumutbarer als ein Telefonat. Es macht weniger Druck, immer und jederzeit erreichbar sein zu sollen. Es lässt dem Berater auch mehr Zeit für seine Antwort.

Wichtig ist natürlich, die Spielregeln für E-Mail-Kontakte genau festzulegen bzw. sie immer wieder mal zu überprüfen, weil manches am Anfang noch nicht genau abschätzbar ist.

Es gibt auch bereits BeraterInnen, die ausschließlich Beratung via E-Mail anbieten, und das natürlich gegen Bezahlung. Wenn Sie in eine Internet-Suchmaschine den Begriff „Coaching" oder „Psychosoziale Beratung" o. Ä. eingeben, werden Sie die jeweils neuesten Entwicklungen entdecken.

# Energien: Vier Energien des Führens
*Quelle: Fritz Hendrich, Die vier Energien des Führens, Signum Verlag*

Zum sinnlichen Beschreiben, Erklären, Bewerten (Diagnose) einer Leitungs-Situation und Erfinden von Handlungsmöglichkeiten eignen sich die Energie-Metaphern
**Erde – Luft, Feuer – Wasser.**

An den vier Wänden des Beratungsraums (bzw. an vier Sessellehnen) hängen Sie die Energiebeschreibungen/-verknüpfungen auf. Sie laden die Klientin ein, die vier Energien abzugehen und zu überlegen, in welcher Beziehung diese gerade zu ihren Gefühlen stehen.
Dabei kann die Klientin auf einer Scala von 0-10 die jeweilige Energie in der Situation skalieren, verdeutlichen, beschreiben. Die Quellen bzw. Einengungen der jeweiligen Energien können beschrieben und entdeckt werden.
Dann kann die Klientin die demnächst (in der zukünftigen Situation) nötige Energieverteilung konstruieren und mithilfe der Beraterin die dazu passenden Ressourcen und Strategien (wovon mehr/wovon weniger) erarbeiten.

⇨ Team / Energien des Teams
⇨ Team / Teamkultur-Elemente

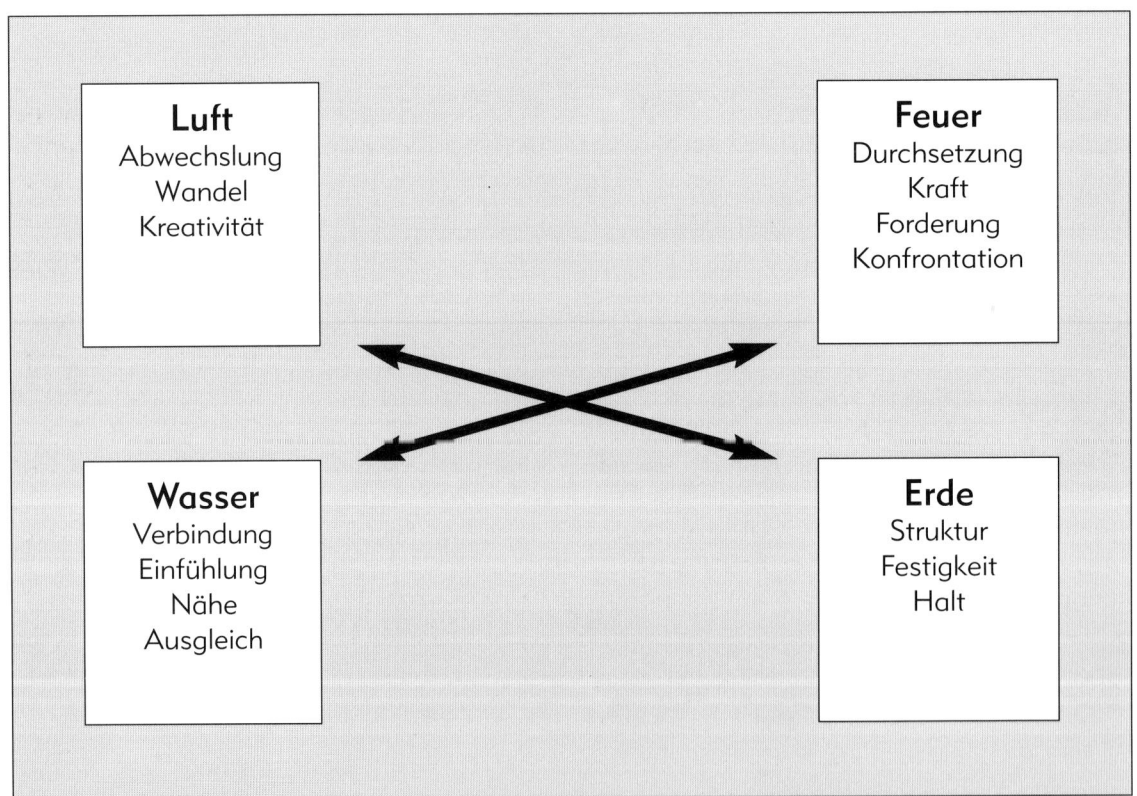

# Entscheidungen

*"Wie soll, darf, muss, kann, könnte ich mich entscheiden?"* – ein häufiges Anliegen in der Beratung. Und dieses „soll, darf, muss, kann, könnte" ist bereits eine erste wichtige Differenzierung im Beratungsprozess, die das Dilemma verdeutlicht und mögliche Lösungen bzw. Nicht-Entscheidungen ermöglicht. Denn auch die „Nicht-Entscheidung" gehört als eine Alternative dazu, gesehen, ins Spiel gebracht!

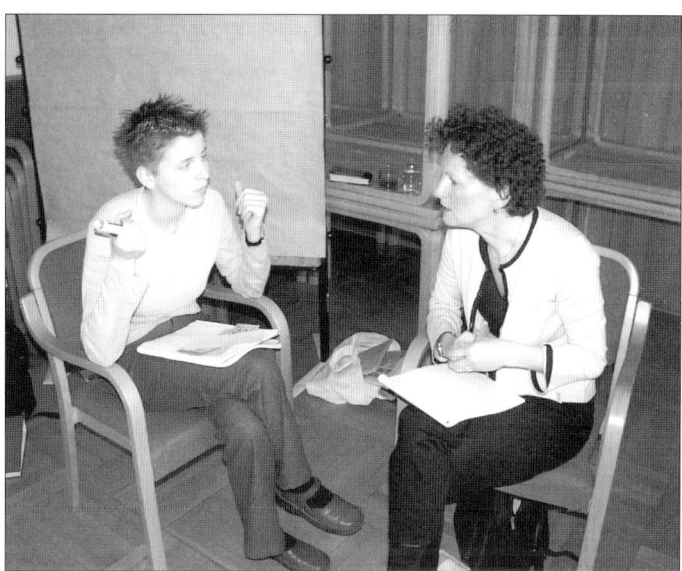

### 1. Was passiert, wenn Sie nichts tun, nicht entscheiden?

Dies könnte eine kontextklärende Frage sein. Wer braucht die Entscheidung, für wen wird was besser, was schlechter, was bliebe gleich – speziell für die Klientin. Was ist, wenn ein anderer entscheidet?

### 2. Wer hat was von einer Entscheidung?

Für wen, in wessen Interesse glaubt sie sich entscheiden zu müssen? Wie sieht die Kosten-Nutzen-Bilanz jetzt und nach möglichen Entscheidungen aus? Handelt die Klientin für sich, in ihrem Interesse – oder in Loyalität zu jemandem? Es ist in Ordnung und ehrenwert, wenn es nicht zu Verwicklungen und Schäden führt.

### 3. Welche Alternativen gibt es – genug, zu wenig, zu viele?

Laden Sie die Klientin ein, die bisher gedachten, erwogenen Entscheidungsmöglichkeiten zu benennen und veranschaulichen Sie (bzw. die Klientin) die genannten Alternativen mittels Kärtchen, Symbolen oder Sesseln im Raum.

Gibt es **genügend Alternativen**? Wenn nicht, erfinden Sie gemeinsam noch einige, z. B. durch zirkuläres Umschauen: Welche Entscheidung würde eine beste Freundin, eine Konkurrentin, ein Elternteil wählen, vorschlagen?

Wenn es **zu viele Entscheidungsvarianten** sind, unterstützen Sie eine Fokussierung auf einige wesentliche: *„Welches sind für Sie die drei wichtigsten? Die beliebteste, die gefürchtetste, die neutralste?"*

### 4. Möglichkeiten sichtbar, erfahrbar machen.

Laden Sie Ihre Klientin ein, die einzelnen Alternativen einzunehmen (Positionen im Raum einnehmen, sich auf die jeweiligen Sessel setzen) und die Auswirkungen wahrzunehmen (Kosten-Nutzen).

Falls die Klientin zu sehr „drin steckt", ist es besser, die Alternativen als Gegenstände/Kärtchen in genügender Distanz gut unterscheidbar aufzubauen und von dort die einzelnen Alternativen auf ihre Kosten-Nutzen-Bilanz zu überprüfen.

### 5. „Ich kann ja nicht einfach...!"

Und „Man kann doch nicht..." – diese und ähnliche Satzanfänge zeigen meist eine verworfene, unerlaubte Möglichkeit auf, in der Chancen liegen.

Folgen Sie dieser gelegten Spur, fragen Sie nach: „Was ist/wäre, wenn Sie gerade das täten?" „Was würde mit Ihnen oder mit anderen passieren?"

### 6. Entweder-oder, sowohl-als-auch, weder-noch?

Finden Sie mit Ihrer Klientin heraus, welche Entscheidungsmodelle leitende, bestimmende Qualität haben. In Stresssituationen überwiegt meist die „**Entweder-oder-Idee**". Ich muss das eine oder das andere tun. Hier kann die „**Sowohl-als-auch-Idee**" erweiternd, entspannend, lösend wirken. Aha, ich kann von dem einen und von dem anderen etwas nehmen, wählen, probieren, integrieren in eine neue Entscheidungsidee.

„**Weder-noch**" bedeutet, die momentanen Alternativen als unpassend zu bewerten bzw. den Zeitpunkt (Zeitdruck) der Entscheidung zu verneinen – und mich jetzt nicht zu entscheiden bzw. zu entdecken, dass ich gar nicht an der Reihe bin mit Entscheiden, sondern andere. Kunstvoll geformt wurde dies im „Tetralemma".

⇨ Tetralemma

# Entspannen

⇨ Zentrieren – Atmen

# Er-finden

„Wer beschreibt, erfindet."

Sowohl Problem- als auch Lösungsbeschreibungen von KlientInnen sind selbst gewählt und daher – anders gesagt – erfunden. Dieses Verständnis erleichtert und erlaubt Beweglichkeit im Umgang mit Themen und Situationen. Die meisten Methoden in diesem Buch nützen dieser Sichtweise.

Näheres dazu im Kapitel „Den Prozess gestalten" (S. 19ff).

> „Jeder Mensch erfindet sich eine Geschichte, die er
> – oft unter großen Opfern – für sein Leben hält."
> (Max Frisch)

# Erfolg

## Erfolgs-Statue – 3 Positionen – Bewegungsfluss
*Quelle: R. Rabenstein, traditionell*

Zum Thema Erfolg, einem Aspekt davon und dem Gegenteil von Erfolg lassen sich sehr gut Statuen/Skulpturen formen und daraus Bewegungsimpulse entwickeln.

**Einzelberatung**:
Zum Thema Erfolg oder einem Aspekt davon laden Sie den Klienten ein, sich selbst zu einer Statue/Skulptur zu formen und dann z. B. zu deren Gegenteil, an einer anderen Position im Raum.
In der jeweiligen Haltung interviewen Sie den Klienten über seine Empfindungen und Gedanken zu sich und anderen. Regen Sie Prägnanz an. Es ist nützlich, einen körperlichen Ausdruck zu übertreiben: Was verändert sich jetzt?

Dann regen Sie den Wechsel in die andere Position und Haltung an und interviewen den Klienten erneut.
Was passiert, wenn der Klient öfter zwischen Erfolg und dem genannten Gegenteil wechselt: Was wird stärker, was verringert sich, was kommt neu dazu?

Nach einigem Wechseln laden Sie den Klienten in die 3. Position ein, im gleichschenkeligen Abstand zu den zwei bisherigen.
Was passiert, wenn sich der Klient in den beiden Haltungen sieht?
Welche neue, dritte Haltung entsteht hier, eine, die beide Polaritäten vereint, vielleicht eine neue Lösung darstellt?
Regen Sie den Wechsel zwischen den drei Positionen an – was passiert?

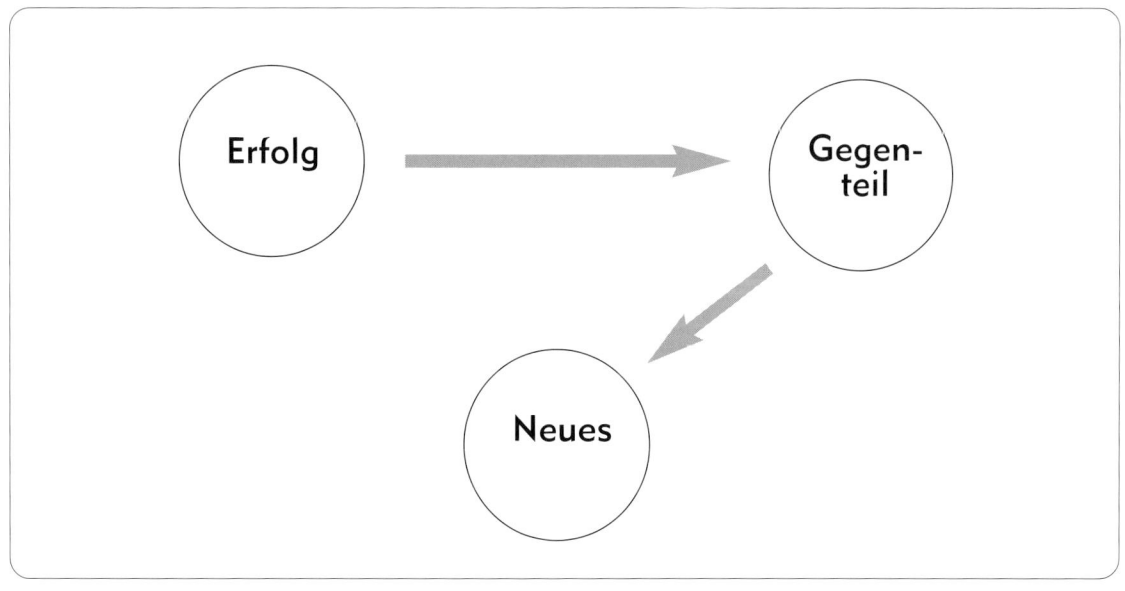

**Variation:**
Aus den drei Haltungen kann sich ein Bewegungsfluss ergeben. Regen Sie diesen an, ähnlich einem Tai-Chi-Tanz.
In der Einzelberatung können Sie den Tanz mitmachen, um so den Einklang der Bewegungen zu fördern und dem Klienten von „innen", aus der Bewegung heraus, ein Feedback geben zu können.

**In der Gruppenberatung:**
Die obige Sequenz können Sie als Partnerarbeit anregen und moderieren.

**Gruppenstatuen:**
Einzelne können mit/aus der ganzen Gruppe eine Erfolgsstatue formen. Das Feedback erfolgt von der Statue. Andere formen Ergänzungs- oder Kontrastbilder.
Ebenso können Statuen zum „Gegenteil" geformt werden.

⇨ Skulpturen

## Erfolgs-Interview

⇨ Lernen / Lernen aus den Erfolgen

## Goldene Regeln des Scheiterns und Gelingens

⇨ Sketch-Diagnose

## Erfolgs-Thermometer / Merkmale meines Erfolgs
*Quelle: R. Rabenstein, R. Reichel*

„Erfolg ist, wenn ich"s merke (merken darf)!" Dieser Grundidee folgt der Beratungsimpuls, ein „Thermometer", eine Skala von „Merkmalen meines Erfolgs" zu entwickeln. Zu den besprochenen Lebensbereichen (Beruf, Beziehungen, Freizeit) des Klienten lassen Sie ihn jeweils auf einer Skala mit 0-100 Grad in Zehngradsprüngen (oder nur 0-10) Merkmale von Erfolg sammeln und in die jeweilige Skala eintragen:
„Woran merke ich 0 Erfolg, woran 10 Grad Erfolg, 20, 30 usw.?"
Dies zu beschreiben kann schon eine wichtige (vielleicht erstmalige) Verdeutlichung sein.
Diese beschriebenen Kriterien können Sie mit Ihrem Klienten durcharbeiten im Hinblick auf genügend Differenzierung und genügend „Erlaubnis" zum Erfolg.

**Wichtige Fragen:**
○ Was beschreibe ich als Erfolg?
○ Was nehme ich als Erfolg wahr?
○ Welchen Erfolg darf ich haben?

**Systemisch bedeutsam** – im Bezug auf Loyalitäten in meinen (Familien-)Beziehungen – sind die Fragen:
○ Wen beschäme ich?
○ Wen beglücke ich durch meine Erfolge?
○ Wer wäre unglücklich, wer zufrieden, wenn ich ihm meine Erfolge zeige?

**Eine weitere Möglichkeit:** Die Skala am Boden auflegen und die einzelnen Erfolgsschritte durchgehen. Dabei merken/spüren, wie sich welche Erfolgsschritte auswirken. (s. Fragen oben)

## Das Erfolgs-Thermometer

| Situation 1: | Situation 2: | Situation 3: |
|---|---|---|
| 100 | 100 | 100 |
| 90 | 90 | 90 |
| 90 | 90 | 90 |
| 70 | 70 | 70 |
| 60 | 60 | 60 |
| 50 | 50 | 50 |
| 40 | 40 | 40 |
| 30 | 30 | 30 |
| 20 | 20 | 20 |
| 10 | 10 | 10 |
| 0 | 0 | 0 |

# Erstkontakt

⇨ Einstieg

# Familien-Brett

⇨ System-Brett

# Familien-Geschichte – Genogramm – Stammbaum
*Quelle: Systemisch*

In Situationen, wo der Klient Verwirrung, Unerklärliches, Gebundenheit an die Erwartungen/Vorschriften der Eltern oder Geschwister oder eine starke Bindung an das Schicksal von Familienmitgliedern zeigt, kann ein Genogramm, ein Stammbaum eine erste Klärung, eine Übersicht und eine Einsicht mit Abstand bringen – für KlientIn und BeraterIn.
Als Vorbereitung für eine Familienaufstellung ist ein Genogramm besonders nützlich.

Interviews über (unbekannte, wenig genannte, verschwiegene) Familienmitglieder können diese Arbeit anregen und bereichern. Dieses Sprechen über die eigene Familie ist an sich schon eine Intervention. Die Neugierde eines Familienmitglieds für die Familiengeschichte kann sich anregend bis verstörend auf die Familie des Klienten auswirken.

Auf einem Plakat im Querformat werden auf drei Generationsebenen dargestellt:

1. die Großeltern mit deren Partnern,

2. die Eltern mit ihren Geschwistern und Partnern,

3. der Klient mit seinen Geschwistern, Partnern und Kindern systematisch und übersichtlich, mit Linien verbunden.

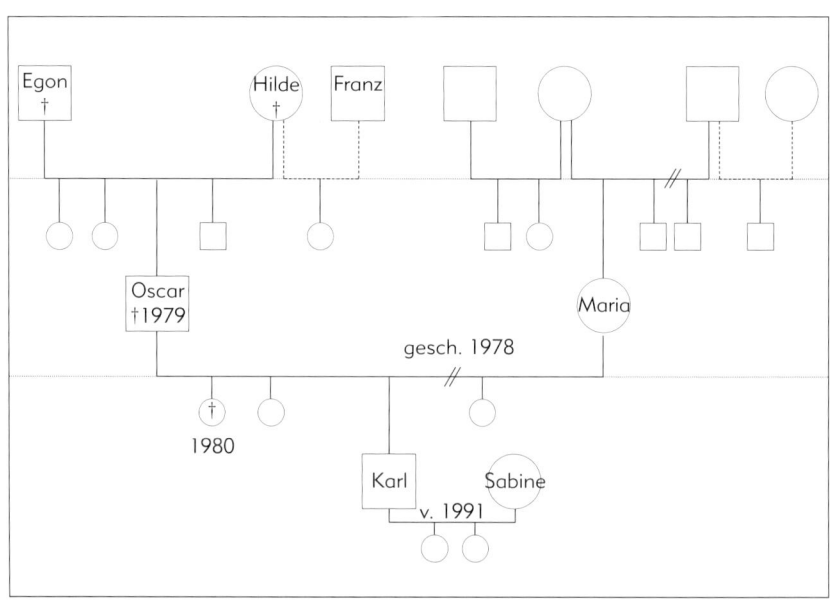

# Feedback

*Quellen: vielfältig überliefert, traditionell*

Wir wissen nicht, wie wir sind. Wir haben ein Selbstbild, andere haben von uns ein (Fremd)Bild und diese Bilder stimmen manchmal mehr und manchmal weniger überein. Wenn es uns gelingt, diese Bilder aneinander anzugleichen, dann erleichtert und fördert das die Kommunikation und das Wohlfühlen in Berufs- und Privatleben.

Der Vorgang des Austauschs von Selbst- und Fremdbild, insbesondere die Mitteilung des Fremdbilds („So sehe ich dich…") ist in unserer alltäglichen Kommunikationskultur schwierig und gestört:

- Er findet zu selten statt, dadurch entstehen Angst vor und zugleich Sehnsucht nach Klärung; beides führt leicht zu Überbewertung.
- Er findet oft zur falschen Zeit statt; angemessene Aufnahme ist unmöglich, der Nachgeschmack ist schlecht.
- Er findet meist nur in Konfliktfällen statt, wertschätzendes Feedback ist noch seltener.
- Feedback wird verwechselt mit Beurteilungen („So bist du:…"), denn das sind wir von klein auf gewohnt.

Schon vor vielen Jahren wurden so genannte Feedback-Regeln aufgestellt und verbreitet (Schwäbisch, Siems 1974). Sie sind sehr hilfreich, wenn sie nicht zu oft zwanghaft ritualisiert eingesetzt werden. Viele Menschen empfinden das sonst als unnatürlich und verkrampft und wehren sich dann gegen den gesamten Feedback-Vorgang.
Immer, wenn in Gruppen Eindrücke und Bilder übereinander ausgetauscht werden, sollte der Berater die wichtigsten Aspekte betonen:

- Feedback bezieht sich nur auf das Jetzt. Es ist in Bewegung und kann sich ändern.
- Feedback ist subjektiv. Mein Bild von anderen wird durch eigene Übertragungen und Projektionen beeinflusst, daher ist nur ein Teil des Feedbacks für den Empfänger relevant: Er selbst muss entscheiden, welcher Teil das ist.
- Welches Ziel hat das Feedback? Abrechnung („mal die Meinung sagen") oder Verbesserung? Dann ist die Verknüpfung mit Wünschen für die Zukunft förderlich.

### Digital oder analog

Die direkte Mitteilung („*So hab ich dich erlebt: …*" –
„*So hast du auf mich gewirkt: …*" –
„*Das hast du bei mir ausgelöst: …*" usw.) ist vor allem dann bedeutsam und angemessen, wenn etwas aktuell in der Luft liegt und schon nach Ausdruck drängt.
Manchmal macht es aber Sinn, Feedbacks auch außerhalb drängender Aktualität auszutauschen. Da eignet sich die Wahl von Analogien besser, weil Metaphern den Beurteilungsaspekt besser vermeiden helfen als digitale Sprache:
 „*Wenn euer Team (eure Gruppe) ein Zoo wäre, wer wäre dann welches Tier?*"
Ähnliche Metaphern könnten sein: Wer stellt welche Pflanze im Garten dar? Wer übernimmt welche Rolle auf einem Schiff?

↳ Metaphern
↳ Schiff

Die Feedbacks können auch durch symbolische Gegenstände vermittelt werden (ist das nicht bei vielen Geschenken ohnehin im Spiel?), etwa bei einem gemeinsamen Spaziergang, bei dem sich die Mitglieder der Gruppe oder des Teams Gegenstände aus der Umwelt ins Auge fallen lassen und einander als Feedback schenken.

⇨ Symbole

## Drei-Bitten-Feedback verhandelbar machen
*Quelle: traditionell*

Feedback ist besonders wirksam, wenn es konkret und wertschätzend ist.
Das Drei-Bitten-Feedback strukturiert die gegenseitigen Beschreibungen und Bewertungen speziell für Menschen, die zusammenarbeiten.
Hier ein „Raster":

---

An:..................................................................................................................
(Name der Kollegin/des Kollegen)

Damit ich hier weiterhin gut arbeiten und leben kann, bitte ich dich:

**behalte bei** (Verhaltensweisen und Einstellungen):




**zeige mehr von** (Verhaltensweisen und Einstellungen):




**zeige weniger von** (Verhaltensweisen und Einstellungen):

**Anwendungsvarianten:**
Je zwei Kooperationspartner geben sich nach persönlicher Absprache so ein Feedback. Danach verhandeln sie, welcher der Bitten sie entsprechen wollen. Natürlich kann es auch keine sein!

**Teamklausur:**
Für jedes Teammitglied wird ein derartiges Plakat angepinnt. Die Teammitglieder gehen von Plakat zu Plakat und schreiben zu den drei Bitten ihre Anliegen dazu, und zwar mit Namenskürzel!
Danach arbeitet jedes Teammitglied sein Plakat durch und nimmt am Flipchart dazu Stellung: Was spricht mich wohltuend an, was fordert mich heraus, was ist noch unverständlich (Nachfrage und Klärung) und welcher Bitte will und kann ich in nächster Zeit entsprechen – unbedingt etwas Konkretes vereinbaren!

**Zwiebel: Innen- und Außenkreis**
Jeweils zwei Teammitglieder sitzen sich gegenüber und geben einander auf obige Art ein Feedback. Jedes Teammitglied kann sich Beeindruckendes notieren.
Es folgt ein kurzes Verhandeln, dann wechseln alle gleichzeitig den Partner.

⇨ Feedback / Feedback-Zwiebel

# Feedbackbriefe
*Quelle: traditionell*

Neben der geregelten, in der Beratung geleiteten Mitteilung (analog oder digital) ist die schriftliche Form manchmal die, die am ehesten zum Ziel führt. Wenn ich meine Mitteilungen in ein Briefchen verpacke, dann denke ich genauer nach (das führt zu mehr innerer Distanzierung) und die Leserin hat Zeit, sie muss nicht direkt reagieren – das entkrampft.
Feedbackbriefe können in Gruppen und Teams zur Entwicklung, zur Vertiefung des Vertrauens und zur Konkretisierung der Zusammenarbeit beitragen:

**Variation 1**: Jeder zieht einen Namen (auf einem Kuvert oder Blatt geschrieben) eines anderen Teammitglieds und nimmt sich nun Zeit, ihm einen Feedbackbrief zu schreiben (manchmal kann es nützlich sein, auf ein gemeinsam vereinbartes Teamthema zu fokussieren).
Danach werden die Briefe ausgeteilt, gelesen und die Teammitglieder nehmen Stellung zum Feedback und der aktuellen Auswirkung.

**Variation 2**: Für alle Teammitglieder stehen Kuverts/Blätter zur Verfügung und jeder schreibt jedem einen Feedbackbrief. Diese Variation erweist sich vor allem als günstig zum Abschluss von Arbeitseinheiten/Zeiträumen, aber auch einfach zwischendurch oder zur Belebung der Teamsupervision.

⇨ Briefe

## Feedback-Partner: spontan, systematisch
*Quelle: R. Rabenstein*

### Überraschung:
Die Namenskärtchen der Teammitglieder liegen verdeckt in der Mitte. Jeder zieht den Namen eines anderen Teammitglieds und achtet in der nächsten Zeit (Teamsitzung, nächste Woche, während eines Tages – Zeitraum für alle gleich vereinbart!) auf dieses Teammitglied. (Manchmal kann es nützlich sein, auf ein gemeinsam vereinbartes Teamthema zu fokussieren).
Am Ende des vereinbarten Zeitraumes bekommen die jeweiligen Partner das Feedback. Danach können die Teammitglieder Stellung nehmen zum Feedback und zur aktuellen Auswirkung.

### Systematisch:
Je zwei oder drei Teammitglieder wählen einander als Feedbackpartner. Sie achten in der nächsten Zeit (Teamsitzung, während eines Tages, einer Schicht, nächste Woche – Zeitraum für alle gleich vereinbart!) auf dieses Teammitglied. (Manchmal kann es nützlich sein, auf ein gemeinsam vereinbartes Teamthema zu fokussieren). Am Ende des vereinbarten Zeitraumes geben die Feedbackpartner einander die Rückmeldungen über Verhaltensweisen und vermutete Einstellungen. Danach können die Teammitglieder Stellung nehmen zum Feedback und zur aktuellen Auswirkung.
Wenn Sie drei Feedbackpartner vorziehen empfehlen wir die Kommunikationsform der „Feedback-Triaden."

⇨ Feedback / Feedback-Triaden

**Zum Einstieg in eine Teamberatung** hat sich die Überraschungsvariante bewährt – die Kommunikation wird dichter und konkret, Begegnungen werden so angeregt. Der Feedback-Zeitraum fällt dann in die letzten ein bis drei Wochen.
Wollen Sie dieses Partner-Lernen in einem Team einer Organisation als Lernritual einführen, dann lesen Sie nach bei

⇨ Bilder auswählen
⇨ Lern-Partner

## Feedback-Triaden
*Quelle: traditionell*

Je drei Personen (Team- oder Supervisionsgruppenmitglieder) finden sich zusammen. Das Besondere: Je zwei Personen (B und C) sprechen miteinander über die dritte Person (A) – diese hört zu, ohne ins Gespräch einzugreifen. Thema ist die Arbeit der letzten Zeit, die Beteiligung bei der Beratung bzw. Beobachtungen zu den aktuellen Gruppen- oder Beratungsthemen.

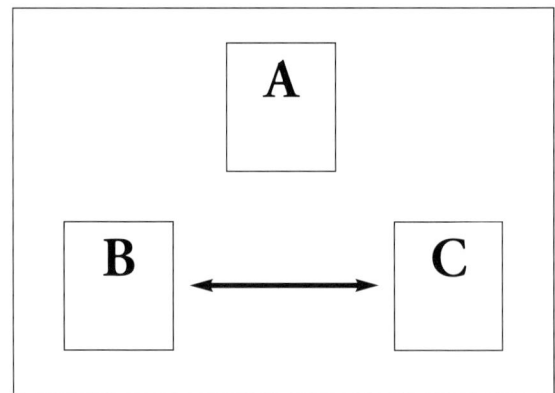

Dann erfolgt ein Rollenwechsel innerhalb dieser Dreiergruppe und nach dem zweiten Gespräch ein weiterer. Danach reagieren alle drei auf das gehörte Feedback.

Zum Schluss erfolgt eine Runde zu den Feedbacks in der ganzen Gruppe. Dabei kann es interessant sein, auch die Erfahrungen beim Sprechen über die anderen mitzuteilen: Wie leicht oder schwer ist mir das gefallen.

# Feedback-Zwiebel: Innenkreis – Außenkreis
*Quelle: traditionell, R. Rabenstein*

Jeweils zwei Teammitglieder sitzen einander im Innen- und Außenkreis gegenüber.
Sie geben einander Feedback zu aktuellen Verhaltensweisen und vermuteten Einstellungen, eventuell wird das Thema vorgegeben. Jedes Teammitglied kann sich Beeindruckendes notieren; es folgt ein kurzes Verhandeln.
Dann wechseln alle gleichzeitig zum nächsten Partner, z. B. rutschen alle im Außenkreis einen Platz nach links.

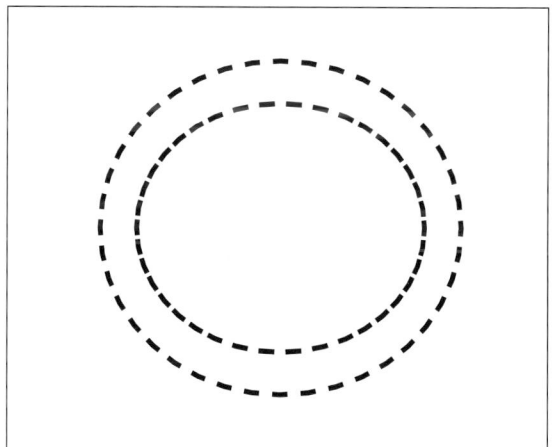

Die Feedback-Zwiebel ist auch für große Arbeitsgruppen geeignet: Es schafft hier einen intimen, verbindlichen Rahmen.

Sehr gut lässt sich hier das **„Drei-Bitten-Feedback"** anwenden:
*„Damit ich hier gut arbeiten kann, bitte ich dich, behalte bei..., zeige mehr von..., zeige weniger von..."*

In ungeübten Gruppen/Teams ist es nötig, vorher die Feedbackqualitäten und Regeln einzuführen: Zuhören statt verteidigen und erklären, so konkret wie möglich, Beobachtungen von Vermutungen und Verallgemeinerungen unterscheiden, Störungen, z. B. Ärger, als Ich-Botschaften übermitteln, kurzes Stellungnehmen über die Auswirkungen am Ende des Feedbacks.

- ⇨ Bilder auswählen
- ⇨ Einstieg / Ich bin du
- ⇨ Feedback / Drei-Bitten-Feedback
- ⇨ Gruppen-Einblick / Team-Einblick
- ⇨ Team / Team-Metaphern

# Fotos

⇨ Bilder auswählen

# Fragen

Fragen sind besonders wichtig und nützlich, um die Balance von problem- und lösungsorientiertem Intervenieren zu erleichtern. Fragen regen zum Beschreiben von Situationen (und deren Ausnahmen), zum Hypothesenbilden und Lösungserfinden an. Nachfolgend stellen wir Ihnen Fragen-Sets und -Ansätze vor, die Sie beim Erfinden und Anwenden von Fragen unterstützen.
Fragen sind ein Diagnose- (Informationsgewinnung beim Fragenden) und Interventionsinstrument (Informationserzeugung beim Befragten).

**Fragen**
○ lösen Suchbewegungen aus,
○ machen Unterschiede deutlich,
○ bringen eine Außenperspektive herein und können dadurch
○ Veränderung in den Sichtweisen bewirken.

**Das Ziel**: möglichst viel vom Gesprächspartner zu erfragen. Daher sollten BeraterInnen nicht schon alles im Voraus zu wissen glauben oder moralische Urteile fällen, sondern mit der Einstellung herangehen, eine „Expedition in eine andere Welt" zu unternehmen. Alle Reaktionen außer dem Zeigen von Verständnis drängen den Befragten in die Defensive.

⇨ Beratung – Landkarte
⇨ Interventionen / Systemische Interventionen

## Fünf Fragen – Kurzberatung
*Quelle: R. Rabenstein – Systemische Tradition*

Ein Kurz-Beratungsmodell, in dem einige nützliche Fragen konzentriert sind. Es bewirkt meist eine erste Erleichterung und ein Lösen aus der Problemtrance. Diese einfach erscheinenden Fragen ermöglichen auch „AnfängerInnen" in Gruppen oder Seminaren, einander partnerschaftlich zu interviewen, zu unterstützen und zu begleiten. Im professionellen Beratungssetting kann in kurzer Zeit (z. B. Coaching, Supervision) ein Thema bearbeitet werden.

Methoden, Texte, Papers von A – Z  **Fragen**

1. Schildere kurz die Situation...

   .................................................................................................................
   .................................................................................................................
   .................................................................................................................

2. Was daran ist *dein* Problem?

   .................................................................................................................
   .................................................................................................................
   .................................................................................................................

3. Nenne drei bis fünf erfolgreiche Möglichkeiten, wie *du* die Situation verschlimmern kannst...

   .................................................................................................................
   .................................................................................................................
   .................................................................................................................

4. Wie durch ein Wunder ist das Problem gelöst: Wie sieht die nächstmögliche Situation aus, was tust du, was die anderen? (Was würde fehlen?)

   .................................................................................................................
   .................................................................................................................
   .................................................................................................................

5. Welches wären die ersten (kleinen) Anzeichen dafür, dass es in diese Richtung geht? Gibt es sie bereits?

   .................................................................................................................
   .................................................................................................................
   .................................................................................................................

# Fragen zum Erstkontakt

↪ Einstieg

## Fragen zur Möglichkeitskonstruktion
*zusammengestellt von Eva Scala*

### 1. Verbesserungsfragen
Wie oft (wie lange, wann) ist das Problem nicht aufgetreten?
Was haben Sie und andere in diesen Zeiten anders gemacht?
Wie haben Sie es geschafft, in diesen Zeiten das Problem nicht auftreten zu lassen?

### 2. Ressourcen
Was möchten Sie bewahren, wie es ist?
Was machen Sie gern/gut?
Was müssten Sie tun, um mehr davon zu machen?
Welche zusätzlichen Informationen haben Sie jetzt gewonnen und wie könnte sich das auswirken?

### 3. Wunderfrage
Wenn das Problem plötzlich verschwunden wäre:
Was würden Sie als Erstes anders machen? Und was danach?
Wer wäre am meisten überrascht davon?
Was würden Sie am meisten vermissen, wenn das Problem plötzlich weg wäre?

### 4. Verschlimmerungsfragen
Was müssten Sie tun, um das Problem zu behalten oder zu verewigen
oder zu verschlimmern?
Wie könnten Sie andere dabei unterstützen? Wie könnte ich Sie dabei unterstützen?
(Angenommen, Sie wollen weiterhin, dass Ihnen mit Misstrauen begegnet wird,
wie müssten Sie sich dann verhalten?)

### 5. Kombination lösungsorientierter und problemorientierter Fragen
Wofür wäre es gut, das Problem noch eine Weile zu behalten oder es gelegentlich einmal einzuladen?
Was würde schlechter, wenn das Problem weg wäre?
Wie lange werden Sie dem Problem noch einen Platz gewähren?
Und es wann vor die Tür setzen?
Wenn Sie das Problem schon längst verabschiedet hätten, es aber noch einmal einladen wollten: Wie könnten Sie das tun?

# Fragen zur Supervision für Supervisoren
*zusammengestellt von Eva Scala*

Wie belastend, konfus, unverständlich... ist das Problem für dich?
Auf einer Skala von 0-100:

0 |____|____|____|____| 50 |____|____|____|____| 100

Was ist dein Ziel für die Supervision des Falles und woran würdest du merken, dass du es erreicht hast?

Angenommen, die Situation würde so bleiben, wer hätte welche Vorteile und welche Auswirkungen hätte das?

Gibt es etwas zwischen dir und X, was du aus anderen Beziehungen kennst?

Wann kannst du effektiv mit X umgehen?

Angenommen, deine supervisorischen Vorbilder würden mit X arbeiten, was würden sie (anders) machen?

Welche zusätzlichen Ressourcen oder Informationen hast du jetzt gewonnen und wie könnten sie sich auswirken?

Wie schätzt du jetzt das Problem auf einer Skala von 0-100 ein?

0 |____|____|____|____| 50 |____|____|____|____| 100

**Fortsetzung: Fragen zur Supervision für Supervisoren**

## Provokative Techniken

Warum gibst du den Fall nicht auf?

Mach noch mehr von dem, was du jetzt mit X machst. Was hätte das für Auswirkungen?

Wenn du wirklich könntest, wie du wolltest, und es einmal machen würdest, was käme dann aus dir heraus?

Angenommen, du würdest das Spiel zwischen dir und X als Spiel oder Comic sehen, welcher Titel wäre passend?

Was glaubst du, wäre, wenn du einige Monate mit X oder in diesem System leben müsstest?

Was müsstest du tun, um dein Scheitern zu garantieren?

Welche Themen oder Tabus müsstest du aufgreifen, sodass du X möglichst schnell los wirst?

Was könnte für X wirklich überraschend wirken?

Statt dich um den Supervisanden zu bemühen, lass ihn arbeiten und dich unterhalten. Unterbrich und produziere eine Vielzahl von Bildern.

Verkleinere das Problem.

Finde idiotische Lösungen.

Sei freundlich und mache ihm klar, dass von dir keine direkte Hilfe zu erwarten ist.

Denke verrückter als der Supervisand.

# Fragen zur Teamsupervision

⇨ Einstieg

## Zielorientiert und problemorientiert fragen (Problemkontext)

Mit unserer „Beratungs-Landkarte" stellen wir Ihnen ein Bild für Ihr Fragen zur Verfügung. Eine Landkarte, die das Suchen, Erfinden und Konstruieren von Fragen anregen hilft.

Die Idee ist, dass ein fruchtbarer Wechsel zwischen problem- und lösungsorientiertem Fragen Bewegung in der Interaktion zwischen KlientIn und BeraterIn und zwischen gewohnten und neuen Beschreibungen der KlientInnen bringt. Nur problemorientiertes Fragen scheint ein Anhaften an der Problembeschreibung der KlientInnen zu fördern. Deshalb können wir problem- und lösungsorientierte Fragen erfinden, die es den KlientInnen erleichtern, nützliche Unterschiede zu ihren bisherigen Beschreibungen zu entdecken. Darauf kommt es an.

⇨ Beratung – Landkarte

---

Manchmal ist es anregend, im Kreis von BeraterkollegInnen, einige derartige Fragen zu erfinden:

**problemorientiert:** ⟵⟶ **lösungs-, zielorientiert:**

| problemorientiert | lösungs-, zielorientiert |
|---|---|
| ○ Was ist daran dein Problem? | ○ Woran wirst du merken, dass dir diese Beratung gut getan hat? |
| ○ Was ist deine größte und deine kleinste Schwierigkeit, in der Situation zu dem zu kommen, was du brauchst? | ○ Wann gibt es eine Ausnahme? |
| | ○ Wann ist das Problem gar nicht da? |
| | ○ Wann ist es schwächer? |
| ○ Was kannst du tun, dass es sicher schlimmer wird? | ○ Was ist dein Traum von dieser Situation? |
| ○ Wie kannst du den Problemzustand absichtlich herbeiführen? | ○ Wie durch ein Wunder ist das Problem verschwunden – wie würde dein morgiger Tag ausschauen? |
| ○ Woran musst du dabei denken – was musst du dabei tun – was unterlassen? | ○ Was tust du/tut ihr bereits, dass es trotzdem klappt, in die gewünschte Richtung geht? |
| ○ Für wen ist das Problem größer, für wen kleiner, für wen gar nicht da? | |
| ○ Wie würde dein guter Geist, deine beste Freundin, ein Narr, eine Weise das Problem erklären? | ○ Wie denkst du über die Situation an einem guten, kraftvollen, entspannenden Ort (sinnlich abfragen!)? |
| ○ Mit welcher Erklärung kannst du dich ganz nach unten bringen, mit welcher wird dir leichter? | ○ Was fällt dir als Regisseurin, als Närrin, als Weise für eine Lösung ein? |

## Fragen zur persönlichen Power

⇨ Selbstcoaching

## Fragen zur Problemlösung

⇨ Fragen / Fragen zur Möglichkeitskonstruktion
⇨ Problem-Lösungs-Struktur
⇨ Selbstcoaching

## Fragen-Set zur Teamsupervision

⇨ Team

## Fragen zum Problemkontext eines „Problemverhaltens"

⇨ Problemverhalten
⇨ Zirkuläres Fragen

# Freak-Beratung
*Quelle: R. Rabenstein, NLP-Idee*

Als „Freak" bezeichnen wir hier den Bereich von Tätigkeiten und Fähigkeiten, die mir persönlich gut und gerne zur Verfügung stehen. Lösungen zu erfinden in der „Freak-Position" ist originell und manchmal wirksam:

1. Ein Gruppenmitglied nennt ein Problem/Konfliktthema bzw. die Gruppe wählt ein Gruppenthema, das gelöst werden soll.
2. Jede Person wählt eine Tätigkeit: „Was ich gut und gerne mache." Dazu können wir auch „Freak-Position" sagen: Schwimmen, Kochen, Ski fahren, Tanzen...
Freak-Tätigkeiten, die möglichst weit vom Problem entfernt sind, sind günstiger!
3. Kurz rundum die Freak-Tätigkeiten abfragen.
4. Die Beraterin (ein Gruppenmitglied) moderiert und interviewt die Problemerzählerin (bei Gruppenthemen die Gruppe): „Was ist das/dein Problem?" (ca. 5 Min.)
5. Jetzt gehen alle in ihre „Freak-Position" und schildern aus dieser Rolle heraus die Problemsituation (Problemsicht beim Kochen, Ski laufen, Schwimmen... ca. 10 Min.)
6. Die Problemerzählerin hört sich diese metaphorischen Situationsschilderungen an; eventuell nimmt sie nach dieser Runde Stellung und wählt aus, gibt ein Feedback, was sie besonders anspricht. (ca. 5 Min.)

7. Die Gruppenmitglieder schildern nun wieder reihum Lösungsideen aus der Freak-Position, in der Freaksprache. Die Moderatorin schreibt eventuell Stichworte mit.
8. Die Problemerzählerin wählt die für sie ansprechenden Bilder aus und nimmt das Blatt mit den Lösungsmetaphern mit – Dank an die Erfinder.
9. Die Beteiligten nehmen kurz zum Prozess Stellung, ohne ihn zu zerreden!

Wenn die Problemerzählerin will, kann sie selbst auch mit ihrer eigenen Freak-Metapher in jeder Phase mitmachen.

**Bei Gruppen- oder Teamthemen** sind alle Problemschilderer und Freak-Löser:
1. Einigung auf das Gruppenthema.
2. Wählen der Freakposition.
3. Schildern der Freak-Problembeschreibungen.
4. Merkmale und Unterschiede der Problembeschreibungen sammeln.
5. Schildern der Freak-Lösungsbilder.
6. Merkmale und Unterschiede sammeln und Lösungsansätze auswählen.
7. Wirken lassen oder „Wer macht was mit wem?" vereinbaren.

# Freak-Position ins Spiel bringen

⇨ Positionen nützen

# Führen

⇨ Energien

# Gefährtin – mir selbst Gefährte werden

⇨ Beistand, innerer
⇨ Tagebuch

# Gerichtsverhandlung
*Quelle: R. Reichel*

Ein häufiger Aspekt von inneren Problemen und Leidenszuständen sind Schuldgefühle. Manchmal sind sie die eigentliche Quelle des Problems. Schuldgefühle machen oft entweder übereifrig („Schuld abarbeiten") oder lähmen.

Eine Möglichkeit, all das zu differenzieren und auf ein angemessenes Maß zu bringen, ist die Inszenierung einer Gerichtsverhandlung, in der die Klientin sämtliche Rollen selbst spielt. Sie spielt also

1. den Ankläger,
2. den Verteidiger,
3. den Angeklagten (sie wird vom Richter gefragt, ob sie selbst noch etwas zu sagen hat)
4. und urteilt als Richter und verhängt ggf. die angemessene Strafe.

Unter Umständen wird die Festlegung der Strafe vertagt, weil die Verhandlung schon sehr belastend war. Dies bestimmt der Berater, der den ganzen Vorgang moderiert, d. h. Regie führt.

Unter sehr günstigen Umständen kann eine solche Gerichtsverhandlung auch **in der Gruppe** gespielt werden, wodurch die Rollen von anderen Mitgliedern übernommen werden. Das wäre etwa bei einer geleiteten Selbsthilfegruppe (z. B. Rückfall in einer Suchtgruppe) denkbar. Hier ist das „Entrollen", also das Aussteigen der Mitspielerinnen aus ihrer „Gerichtsrolle" und die Rückkehr in ihre eigene Identität, besonders wichtig.

⇨ Dramatisieren / Monodrama

# Grafiken

Manchmal sind die Zusammenhänge, die ein Klient mit seinem Problem mitbringt, sehr kompliziert, besonders in beruflichen Situationen oder in komplizierten Verwandtschaftsverhältnissen. Manchmal gelingt es Klienten auch nicht, sich auf das Wesentliche zu konzentrieren, sie „ufern aus".

Dann kann es hilfreich sein, ein A4- oder A3-Blatt und einen Stift (eher dick) zur Hand zu nehmen und den Klienten zu bitten: *„Zeichnen Sie mir das kurz auf."*

Das Prinzip, eine Situation aufzuzeichnen, kann für jede spezielle Problematik passen. Weil es
○ dem Berater beim Verstehen hilft,
○ den Klienten zwingt, sich auf das für ihn Wesentliche zu konzentrieren,
○ dem Klienten eine Distanzierung, den „Überblick" ermöglicht.
Manches wird dadurch schon klarer.

⇨ Medienwechsel
⇨ Organisationen / Organigramm
⇨ Organisationen / Ich in meiner Organisation

# Gruppen-Einblick / Team-Einblick
*Quelle: Klaus Vopel*

In einer Gruppenberatung oder einer Teamsupervision kann es nicht um „dienstliche" Entscheidungen gehen, also nicht um Abstimmungen, die außerhalb der Beratungssituation zu direkten Konsequenzen führen (ein Beratungsprozess ist kein Entscheidungsprozess!), aber Stimmungsbilder zur Verdeutlichung eines Meinungstrends sind natürlich wichtig zur gemeinsamen Orientierung. Dafür eignet sich neben der „Runde" (S. 108) der Gruppen- oder Team-Einblick: Dazu müssen alle im Kreis sitzen; ein Glas oder Ball o. Ä. markiert den Mittelpunkt.

Alle nehmen einen kleinen, persönlichen Gegenstand (Ring, Schlüsselbund, Kugelschreiber...) zur Hand. Jemand formuliert das Thema, um das es geht, in eine Frage, die eine graduelle Antwort zulässt, also etwa:
○ „Wie zufrieden bin ich zurzeit mit dem Klima unter uns?"
○ „Wie effizient sind unsere Besprechungen für mich?"
○ „Wie motiviert bin ich zurzeit für meine Mitarbeit hier?"
○ „Wie wichtig ist mir meine Arbeit zurzeit?" usw.

Wenn eine Frage gestellt ist, denken sich alle eine Linie (Skala) zwischen ihrem Platz und dem Mittelpunkt und legen ihren kleinen Gegenstand auf diese gedachte Linie: Je mehr sie die Frage bejahen, umso dichter an der Mitte liegt der Gegenstand. Wenn ich also sehr zufrieden bin mit dem derzeitigen Gruppenklima, dann lege ich meinen Gegenstand ziemlich weit in die Mitte, sonst lasse ich ihn näher bei mir. Dieses Hinlegen soll möglichst gleichzeitig von allen erfolgen. Jetzt ist der Gruppentrend als Bild erkennbar.

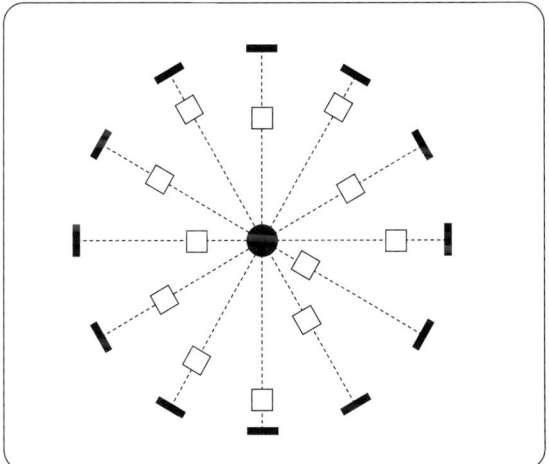

Die TeilnehmerInnen können jetzt – wenn sie es wollen – ihre Position kommentieren. Der Berater achtet darauf, dass das nicht zu Rechtfertigungen führt, weil jemand glaubt, seine vom Trend abweichende Position erklären zu müssen. Rechtfertigungsdruck führt sofort dazu, dass ab der nächsten Frage die Ehrlichkeit eingeschränkt ist, und damit verliert die Methode ihren Wert. Es geht vorwiegend um einen schnellen Überblick über den „Stand der Meinungen".

Es hilft anfangs, wenn der Berater die erste/n Frage/n formuliert, dann aber sind alle eingeladen Fragen zu stellen, um den Trend der Gruppe abzulesen.

Auch der Berater kann diese Methode nützen, wenn es ihm um eine schnelle Auswertung des Prozesses geht.
zum Beispiel durch Fragen wie:
- In welchem Maß habe ich mich an dieser Sitzung beteiligt erlebt?
- Wie anregend war diese Beratung für mich?
- Wie zuversichtlich gehe ich hier weg?

⇨ Runde

# Gruppen-Metapher

⇨ Schiff – Rollenklärung in Teams
⇨ Team / Team-Metaphern

# Guter Ort – Ort der Kraft

⇨ Ressourcenort

# Helferkonferenz
*Quelle: systemisch*

Manche Beratungssysteme (Klient und Beraterin) sind umgeben von weiteren Beratungs- bzw. Helfersystemen. In dieser Situation könne Rivalitäten, Doppelgleisigkeiten u. a. entstehen.

Die Helferkonferenz versucht VertreterInnen der unterschiedlichen Berater- und Helfersysteme zusammenzuführen und einen Austausch darüber zu ermöglichen, welche Interventionen welche Auswirkungen zeigen. Dabei ist eine deutliche Moderation nötig.

○ Erfahrungsgemäß ist eine Würdigung der unterschiedlichen Helfersysteme nötig, damit die Hilfen konstruktiv wirken und ein nötiges Verringern oder Zurücktreten eines Helfersystems möglich wird.
○ Die Achtung der zeitlichen Reihenfolge (wer kam zuerst, wer zuletzt) ist dabei wichtig.
○ Gemeinsamkeiten und Unterschiede in den Problembeschreibungen, Hypothesen und Lösungsideen werden geklärt und weiterentwickelt.
○ Die nächsten Schritte werden – wenn möglich – verhandelt.

# Ich in meiner Organisation

⇨ Organisationen


# Ideenbriefe

⇨ Briefe


# Identifizieren

*„Großer Manitou, hilf mir, niemanden zu verurteilen,
ehe ich nicht zwei Monde in seinen Mokassins gegangen bin."*

Manche meinen, das wäre der markanteste Unterschied zwischen Mensch und Tier: Die Fähigkeit „aus sich heraus zu gehen" und sich von außen zu betrachten, manche nennen das Exzentrizität oder Reflexivität.
Das ist auch die Grundlage dafür, dass wir uns in andere und anderes einfühlen können, uns identifizieren können. Diese Fähigkeit kann sehr viel Spaß bringen, sie ist auch sehr hilfreich in Problemsituationen. Sie ist eine der Voraussetzungen für Kreativität. Das gilt in gleicher Weise, ob wir *uns selbst* mit etwas oder jemandem identifizieren oder ob wir *andere* mit etwas oder jemandem identifizieren.
In der Beratung können wir drei Richtungen des Identifizierens unterscheiden:
○ die freie Identifikation
○ die strukturierte Identifikation (Personen als Tiere, als...)
○ die Identifikation mit inneren Teilen (Gestaltarbeit, Situationen aus der Sicht anderer erzählen, auch „zirkulär")

## Freie Identifikation

Die Klientin blickt gedankenverloren zum Fenster hinaus. *„Was fällt Ihnen auf, wenn Sie da hinausschauen; wo bleibt Ihr Auge hängen?"* – *„Ich sehe, wie der Rauch aus dem Schornstein aufsteigt und verschwindet."* – *„Geht's Ihnen auch manchmal so... so wie diesem Rauch?"* – *„Ja, alles was ich mache, löst sich in Nichts auf!"*...
Hier führt die freischwebende Identifikation direkt zu einer zentralen Erlebensqualität, die anders vielleicht gar nicht oder viel mühsamer erreicht worden wäre.
In der Testpsychologie arbeitet der Rorschachtest mit seinen Klecksen mit dieser Identifikationsfähigkeit (allerdings geht es dort um Diagnose und nicht um Beratung).

## Strukturierte Identifikation

Strukturierte Identifikation kennen viele von uns in Zusammenhang mit der Diagnose von Familien, wenn z. B. die einzelnen Mitglieder als Tiere identifiziert werden sollen. Grundsätzlich sind Beziehungsmuster so komplex, dass sie durch Identifikation eher erfasst werden können als durch direkte Beschreibung. Zum einen sind auch analoge Identifikationen komplex, d. h. vielschichtig und mehrdeutig, zum anderen sind viele Identifikationen nicht von vorne herein in positiv und negativ eingeteilt; diese Zuordnung ist der Beziehungsklärung meist abträglich. Also eher „Hund und Vogel" als „Nikolaus und Krampus"!
Es gibt viele Gruppenspiele, die durch das Identifizieren Spaß machen und gleichzeitig interessante Feedbacks liefern, wie etwa: *„Was wäre die Person als... (Urlaubsland, Wetter, Nachspeise, Automarke...)?"*

Sehr anregend in **Gruppen und Teams** ist eine Runde zum Thema *„Ich wäre gern..., aber ich bin..."*
Dafür wählt jeder zwei Tiere aus dem Gedächtnis oder aus vorbereiteten Tierfotos aus und beschreibt sich in seinem derzeitigen Spannungsfeld von Wunsch und Wirklichkeit.
In der Teamsupervision ist die Metapher Schiff („Wir sitzen alle im selben Boot") und die Identifikation mit den Rollen der Schiffscrew eine der ergiebigsten Methoden.

⇨ Bilder auswählen
⇨ Metaphern
⇨ Schiff
⇨ Symbole

## Identifikation mit inneren Teilen

Dies ist ein Vorgang, den viele aus dem Psychodrama, der Gestaltarbeit oder der systemischen Aufstellungsarbeit kennen:
Im Psychodrama und in der Gestaltarbeit werden alle Menschen (und manchmal auch Gegenstände oder Institutionen), die für mich gerade wichtig sind, verkörpert und in eine Szene gestellt. Im *Monodrama* spielt der „Protagonist" (der Klient) alle Rollen nacheinander selbst, im *Psychodrama* wie in der systemischen Aufstellungsarbeit werden alle Rollen (zunächst) von anderen Gruppenmitgliedern gespielt. Erst später kann der Protagonist sich selbst oder auch fallweise eine andere Rolle übernehmen.
Zum Unterschied zu den freien oder strukturierten Identifikationen verlangt diese Arbeit sehr spezifische Fähigkeiten und Fertigkeiten des Beraters, da hier fallweise sehr intensive Erlebnisse in Gang kommen können, die ausreichend Zeit und Beratungskompetenz brauchen.
Etwas einfachere Formen sind dem „zirkulären Fragen" verwandt. Hier erfolgt die Einladung an den Klienten, das Problem, das er etwa mit seinem Chef hat, z. B. aus der Sicht der Sekretärin oder der Putzfrau zu erzählen, oder der Berater fantasiert: *„Angenommen, ich sitze im Zug und lerne im Abteil Herrn Haberlechner (den Chef) kennen. Er erzählt mir von seiner Arbeit... Kommen Sie, spielen wir die Szene im Abteil!"* In der Regel bewirkt ein solcher Wechsel der Identifikation in die „Antagonisten-Rolle" eine Weitung der Sicht beim Problem.
Kontraindiziert ist dieser Vorgang bei deutlich depressiven Menschen mit starken Schuldgefühlen. Hier sind andere Methoden besser, die das Selbst, das Selbstwertgefühl und die aktive Selbstverantwortung stärken.

⇨ Aufstellungen

# Identität

➪ Diagnose-Modelle / Diagnose Modell „Stützen der Identität"

# Innerer Beistand

➪ Beistand, innerer
➪ Tagebuch

# Inneres Team – Modell der Selbstorganisation
*Quelle: Systemische Therapie*

Stellen Sie sich vor, die Tendenzen, Bedürfnisse, Ansprüche und Befürchtungen von Ihnen selbst und von Ihrer Klientin wären so wie einzelne Personen, Gestalten – anders gesagt, wie Teammitglieder meines „Inneren Teams" organisiert.

Im Bezug zum konkreten Anliegen Ihrer Klientin kann sie diese Inneren Teammitglieder benennen, ihre Eigenschaften beschreiben und ihre speziellen Beziehungen zueinander darstellen.

Die Gestalt der Teamleiterin oder Inneren Vorsitzenden gehört speziell beachtet und (wenn bisher nicht beschrieben) eingeführt. Ziel ist es, ein Verhandeln zwischen Teamleiterin und eventuell widerstreitenden Teammitgliedern anzuregen und der Teamleiterin zu ihrem Leiten zu verhelfen. Die einzelnen Teammitglieder brauchen einen geachteten Platz im Inneren Team, dann können sie fruchtbar mitwirken, die jeweilige Situation zu gestalten.

Vereinfacht und auf drei spezifische Rollen gebracht könnte ein „Systemisches Modell der Selbstorganisation" so aussehen:

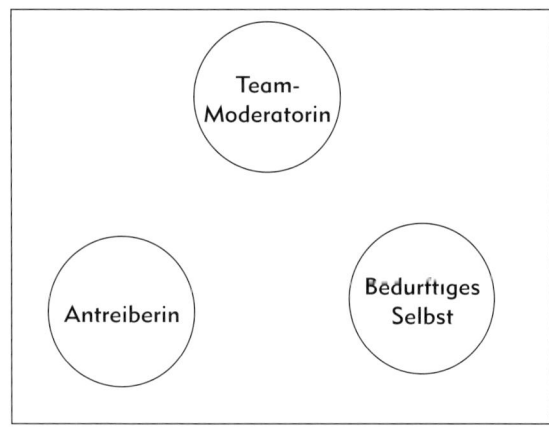

Stresssituationen oder Krisen, in welchen Symptome auftreten, könnten dann so gesehen und gedeutet werden:

Die „Antreiberin" übt in Stresssituationen (Beratungsanlass) zu viel Druck auf das „bedürftige Selbst" aus. Das bedürftige Selbst scheint wenig geschützt, setzt sich kaum zur Wehr oder ist in Streit mit der Antreiberin verwickelt und beide verbrauchen viel „Kampfenergie".

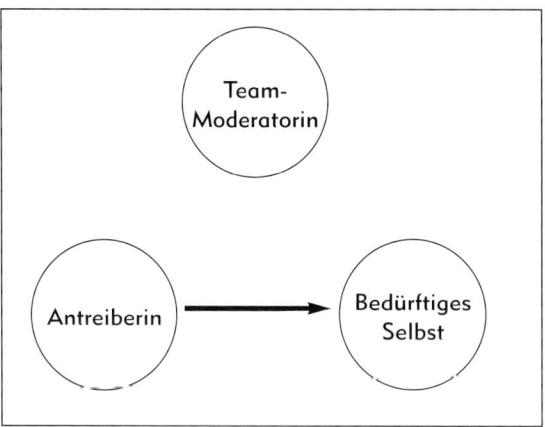

Die „Teamleiterin/Moderatorin/Vorsitzende" hält sich raus, leitet nicht, moderiert nicht, beschwichtigt vielleicht.
In dieser Situation könnte sich ein „Symptom" (Panikattacken, Migräne, Alkoholismus, Fehler, Vergessen) hilfreich zwischen Antreiberin und bedürftigem Selbst „einschieben":

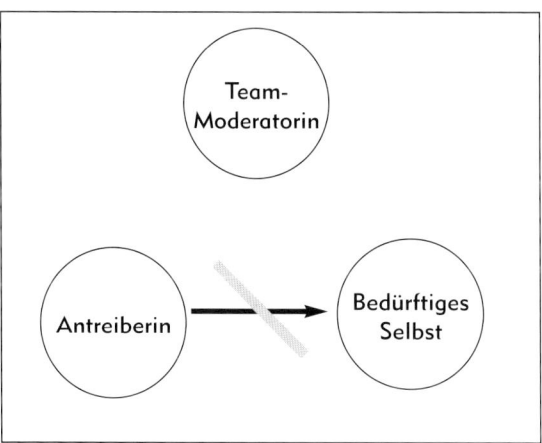

So wird der Streit unterbrochen oder eine Kampf-/Arbeitspause ermöglicht bzw. direkt das bedürftige Selbst geschützt, die Antreiberin vielleicht sogar blamiert (äußere Fehlleistungen, Krankenstand, unerklärbare Panikattacken, „Ausfall" durch Alkohol etc.).

Die Beraterin regt die Klientin zu Dialogen zwischen den unterschiedlichen „Inneren Gestalten", „Inneren Positionen" an. Am Besten mit drei bis vier Sesseln, die die Klientin zuerst ihrem inneren Bild nach stellt, dann darauf Platz nimmt, die Wahrnehmungen in dieser Position schildert und Dialoge zu den jeweils anderen beginnt. Ein häufiger Wechsel ist wichtig! Die Beraterin achtet vor allem auf die Stärkung und Handlungsfähigkeit der Teammoderatorin/ des vorsitzenden Selbst und auf ein wechselseitiges Kommunizieren und Verhandeln! Ziel ist: Die Teammoderatorin/-chefin/-vorsitzende leitet umsichtig beide.

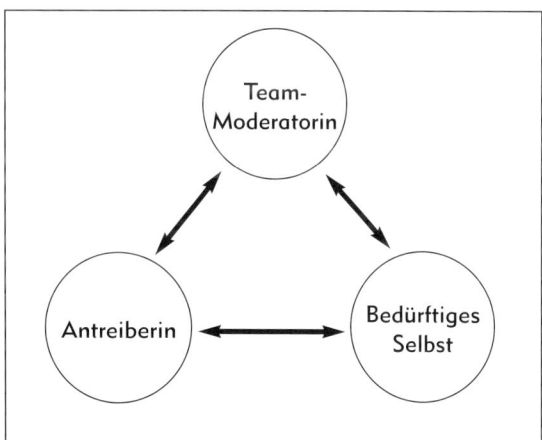

Dieses Modell (das als Bild auch manchem Klienten helfen kann) stellt eine *systemische Hypothese* dar zum Entstehen und Verschwinden von Symptomen – speziell bei „unerklärlichen" Panikattacken, Kopfschmerzen und Alkoholmissbrauch.

# Instrument der Kraft
*Quelle: traditionell*

Der Klient wird eingeladen, in seiner näheren Umgebung bzw. im Beratungsraum ein „Instrument der Kraft" zu finden. Der Klient versucht durch Herumgehen im Raum etwas geeignetes zu finden bzw. sich selbst von einem solchen Gegenstand finden zu lassen.
Dann nimmt er das „Instrument" in die Hände, stellt es vor sich hin und stellt ihm drei Fragen:
○ „Wie ist dein Name?"
○ „Welche magische Kraft/Macht besitzt du?"
○ „Was ist dein persönlicher Nutzen für mich?"

Anschließend kann der Klient das Instrument in einer guten Nähe zu sich hinlegen, aus den Antworten auf die drei Fragen einen Nutzen für die Bearbeitung der nächsten Aufgabe ableiten und das Instrument mit nach Hause nehmen, damit es ihm zur Verfügung steht, wann immer er es will.

# Intuition

⇨ VerMUTen

# Interview

⇨ Fragen
⇨ Lernen / Lernen aus den Erfolgen

# Interventionen

## Paradoxe Interventionen

Wir können menschliches Fühlen, Verhalten, Denken und die damit verbundenen Interaktionen ambivalent und eigentlich multivalent beschreiben, vielgestaltig, widersprüchlich – dazu können wir auch „paradox" sagen. Ich will etwas und wünsche mir zugleich auch etwas anderes und manchmal erscheint es (vor allem durch unsere linearen Bewertungen) gegenteilig, unvereinbar. Ich will gesund werden – und möchte nichts ändern, scheue den Aufwand und den Schmerz, stemme mich dagegen – und auf einmal ist viel Energie da (in die scheinbar falsche Richtung des als „Verhindern, Vermeiden und Festhalten" bewerteten Verhaltens). Die Bewertung erzeugt das „Unvereinbare"!

Paradoxe Interventionen
○ erlauben daher das bisher Unerlaubte,
○ erklären bisherige Deutungen anders,
○ schreiben bisher Unterlassenes vor,
○ erscheinen verrückt und verrücken scheinbar Unverrückbares.

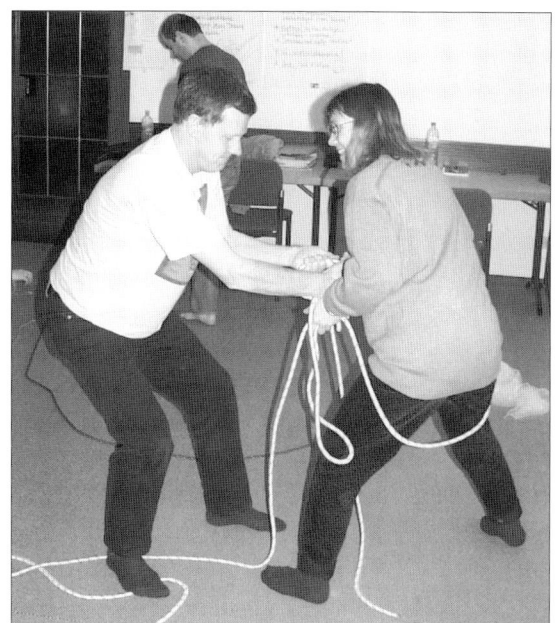

Daraus entsteht die nötige Verblüffung, Verstörung und Entspannung – manchmal Lösung.
Paradoxe Interventionen folgen einer Hypothese und sprengen den Rahmen bisheriger Bewertungen – und wirken unberechenbar.

## Systemische Interventionen

⇨ Problemlösungs-Zwiebel

## Weitere Interventionen

⇨ Zirkuläres Fragen
⇨ Diagnose-Modelle
⇨ Problemlösungs-Zwiebel
⇨ Ressourcen-Rad

# Intervision

⇨ Beratungsmodell, kollegiales

# Komplexität managen
## – Landkarte, Beratungs- und Arbeitsmodell

### Komplexität: erweitern – verringern
*Quelle: R. Rabenstein*

Diese „Landkarte", dieses Prozessmodell beschreibt vereinfacht, wie die Kommunikation in einer Gruppe, einem Team o. Ä. zwischen Komplexität erweitern und verringern pulsiert bzw. in einer dieser Dimensionen stockt, verharrt. Hier helfen Moderation und Beratung bzw. Feedback zur Selbststeuerung.
In dieser Landkarte können konkrete Arbeitsthemen positioniert werden, um gemeinsam zu sehen, wie die Komplexität gerade eingeschätzt wird und *was gerade nützlich ist: erweitern oder verringern?*
Das Feedback in einem Team, einer Gruppe zueinander kann sich ebenfalls darauf beziehen, wer (gerade) Komplexität erweiternde und wer verringernde Beiträge leistet, und was jetzt nützlich erscheint.

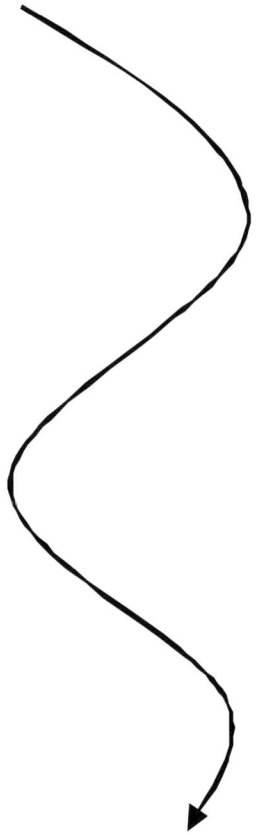
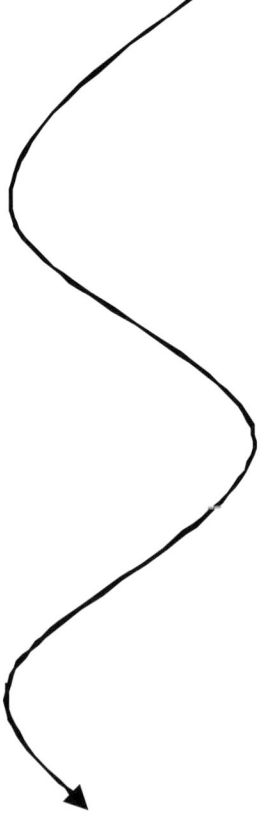

**Komplexität
erweitern:**
Themen, Ideen sammeln

**verringern:**
konkretisieren
eindeutig machen
bewerten
handeln wollen, müssen

**erweitern:**
verallgemeinern
vieldeutig bewerten
**Alternativen sammeln**
offen
beraten

**verringern:**
Auswahl treffen
Prioritäten setzen
**Entscheiden**

# Konflikt

Viele der in diesem Buch vorgestellten Methoden eignen sich dafür Konfliktsituationen zu beschreiben, zu erklären, zu bewerten und Lösungsideen zu erfinden.

In der Konflikt-Lösungs-Beratung scheinen einige Kernfragen nützlich, die sich durch die Konfliktlösungsmodelle als roter Faden ziehen:

- Wer zeigt sich betroffen? Wer ist involviert?
- Für wen ist der Konflikt wie aktuell, bedeutsam, brennend? Sind die richtigen hier? Ist es der richtige Rahmen, der richtige Zeitpunkt?
- Welche Konfliktthemen werden genannt? Worum geht es? Welche Positionen, Gefühle und Bedürfnisse werden genannt und gegenseitig verstanden (!)? Sprechen die Beteiligten in der Ichform (statt „man" oder „wir")? Wird konkret statt verallgemeinernd beschrieben? Wie wird der Konflikt bewertet?
- Welche Lösungsversuche sind bereits unternommen worden, was gelingt? Welche Ressourcen haben die Beteiligten, die sie hier nützen (könnten)!?
- Wie sieht das gute Ergebnis der Konfliktbehandlung aus, was ist danach besser? Woran erkennen die Beteiligten, dass ihnen die Konfliktberatung gut getan hat? Was sind die Ziele, die Bedürfnisse? (Sehr bald abfragen!)
- Was ist das Nützliche am derzeitigen Konflikt? Was kostet er?
- Wie könnten die Einzelnen den Konflikt verschlimmern? Was geschieht, wenn nichts geschieht? Was wäre das Schlimmste, was kommen könnte?
- Wie kommen die Beteiligten vom „Verteidigen der Positionen" zum „Verhandeln von Bedürfnissen"?
- Wie gelingt es vom „Entweder-oder" zum „Sowohl-als-auch" zu kommen?
- Welche Lösungsideen werden erfunden, vorgeschlagen? Welche vertrauensbildenden Angebote können einander gemacht werden? Welcher Lösung können alle Beteiligten zustimmen? Was sind die ersten Schritte einer neuen Vereinbarung? Was wird sie bringen, was wird sie kosten?

**Konflikt**  Methoden, Texte, Papers von A – Z

Hier folgen einige speziell konflikt-lösungs-orientierte Beratungsmethoden:

# Konflikt-Aufstellung
*Quelle: systemisch traditionell*

Die Beteiligten werden gebeten, zum strittigen Thema, zur konflikthaften Situation die am Konflikt beteiligten Personen zu verkörpern:

## Betroffenheits-Aufstellung
Die Klienten werden eingeladen, sich entlang einer Linie oder in vier Gruppen je nach ihrer Betroffenheit aufzustellen:
*Wie sehr sind Sie vom Konflikt betroffen: sehr – mittel – wenig – gar nicht*
Der Austausch darüber klärt meist schon Wesentliches.

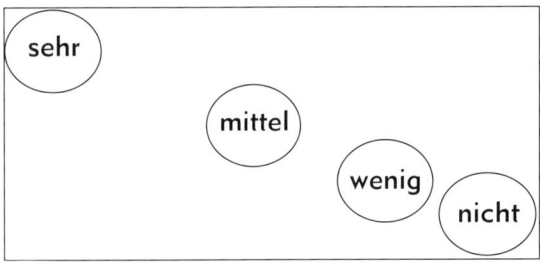

## Inneres Bild stellen
**Variation A:**
**Jemand aus dem Team/der Gruppe stellt alle anderen auf.**

○ Er wählt aus der Gruppe die Personen aus, nimmt sie mit beiden Händen und führt sie zu den Positionen, die seinem inneren Bild von der Situation entsprechen. Die Beziehung zu den anderen und die Blickrichtung sind wichtig.

○ Danach nimmt jeder in seiner Position Stellung: „Was fühle ich, wohin kann ich sehen, was ist gut, was fehlt, was brauche ich?" Hier moderiert der Berater aufmerksam und zugleich flüssig (sonst kann der Prozess schwerfällig werden). Er interviewt jeden!

○ Nächster Schritt: Jeder geht dorthin, wo er es besser wähnt – in Zeitlupe.
Wieder Interview.

So werden auch Lösungsbilder einzelner Zuschauer oder Beteiligter aufgestellt und durch Interviews befragt: Welche Lösung hat welchen Nutzen und welchen Preis?
Der Berater unterstützt ein Lösungsbild, das für alle akzeptabel ist – besonders achtet er darauf, dass jeder geachtet ist in der neuen Lösung.

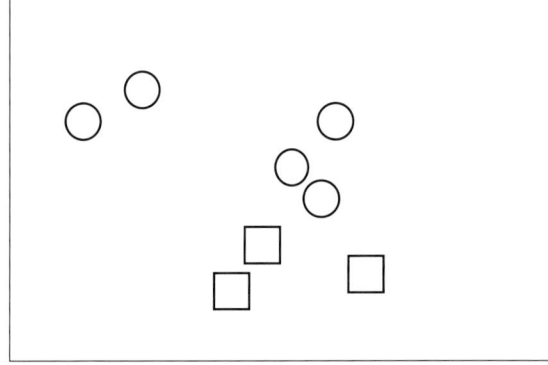

**Variation B:**
**Alle stellen sich selbst auf.**
- Jede/r aus dem Team/der Gruppe wählt persönlich (ohne vorherige Absprache oder auch nach dem Sammeln der Konfliktfaktoren) einen Konfliktaspekt/Konfliktbeitragenden, nennt die Rolle und stellt sich in den Raum, in Bezug zu den anderen Darstellern positioniert.
- Dann nehmen alle Stellung. Fragen: Sind alle relevanten Aspekte gezeigt? Wer/was fehlt?
- Zeitlupen-Wandel zur Lösung. Jede geht langsam - sodass alle mitsehen können - zu dem Platz, wo sie es besser hat. Jetzt wieder Stellungnehmen bzw. Interviews durch den Berater....

Die Positionierungen dieser „Bilder" bzw. Landkarten können dann auf Kärtchen geschrieben und angepinnt werden.

## Was gehört dazu – was nicht?
*Quelle: R. Rabenstein*

In ein bezeichnetes Feld am Boden oder auf einem Flipchart werden Personen oder Beiträge gestellt bzw. geschrieben, die zum Problem/Konflikt gehören – ins Außenfeld wer/was nicht dazugehört.
Bei strittigen Themen können in das Feld Beispiele dafür und außerhalb Beispiele dagegen gelegt werden.

Dieses Sortieren bringt einen Überblick (eine Einsicht, ein Verstehen)
- welche Person
- welches Thema
- welche Verhaltensweisen
- welche Werte/Einstellungen

zum Konflikt (zum umstrittenen Thema) gehören und welche nicht.
Dieser Dialog wirkt sich meist klärend aus.

Ebenso können passende Beiträge und Ideen ins Feld „Lösung" oder „Nicht-Lösung" sortiert werden. Dieses Zuordnen und Diskutieren macht die unterschiedlichen Bewertungen sichtbar, regt eine Vielfalt von Lösungsideen an uns hilft beim Auswählen.

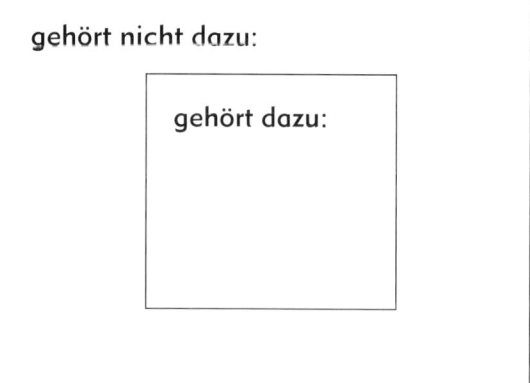

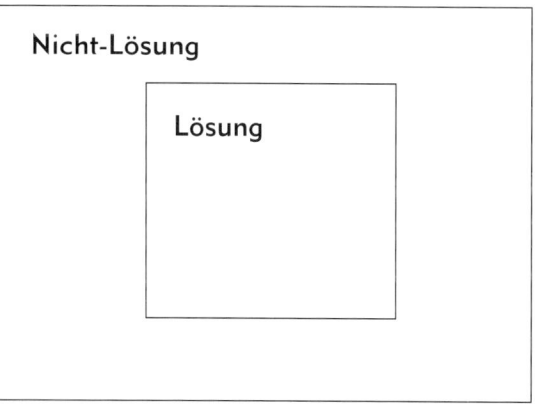

## Vier Fragen zu Konflikten in Gruppen/Teams
*Quelle: Paul Eichinger*

1. Was ist dein Traum von diesem Team (bzw. Gruppe, Zusammenarbeit...)?

2. Was ist deine größte und was deine kleinste Schwierigkeit hier zu dem zu kommen, was du brauchst.

3. Was tut ihr bereits, damit es trotzdem klappt?

4. Welche Ideen gibt es jetzt für die nächste Zeit?
   Was wollt ihr in nächster Zeit probieren?

## Fragen zu Konflikt-Auswirkungen

**Konfliktbeschreibung in Kurzform:**

- Was kostet mich der Konflikt?
- Was nützt er mir?
- Für wen ist der Nutzen höher als für mich?
- Für wen sind die Kosten höher als für mich?
- Wie ist es, wenn der Konflikt gelöst ist?
- Was kann ich tun, dass der Konflikt sicher schlimmer wird?
- Was kommt auf mich zu nach der Lösung?

## Konfliktkalkül: Kosten-Nutzenbilanz
*Quelle: Friedrich Glasl*

| Kosten des Konflikt (-Verhaltens) | Nutzen/Gewinn des Konflikt (-Verhaltens) |
|---|---|
| derzeit: | derzeit: |
| künftig bei „so weiter": | künftig bei „so weiter": |
| künftig bei „verändert": | künftig bei „verändert": |

## Schritte/Fragen zur Konflikt-Regelung
*Quelle: systemisch, traditionell*

- Thema: was ist los, worum geht"s?
- Wer ist beteiligt – gibt es Parteien? (Wer beschreibt welche?)
- Was haben wir bereits probiert? (Was haben Sie bereits probiert?)
- Was hat genützt – was weniger?
- Was ist noch nicht probiert? Wenn wir versuchen XY zu tun, was könnte passieren? (Szenarien – möglichst mehrere!)
- Das probieren wir ab jetzt... Wen/was brauche ich dazu? Was haben wir schon?
- Reflexion nach kurzer Zeit – neue Entscheidung.

## Weitere Stichworte zum Thema Konflikte

- Konfliktmoderation mit Teams/Gruppen
- Positionen nützen / Drei Positionen
- Feedback / Drei-Bitten-Feedback
- Inneres Team
- Polaritäten balancieren
- Problemlösungs-Zwiebel
- Tetralemma

## Konflikt-Zitate

Hier finden Sie einige Zitate, die sich gut zum Auswählen von Konflikteinschätzungen, von Konfliktbewertungen und Konfliktchancen eignen und Leitsätze für die Konfliktbearbeitung darstellen.

*Wer ein Problem hat, hat eine Lösung.*
Gunther Schmid

*Ich kann nicht alle Probleme lösen, aber ich kann aufhören, mich von ihnen hypnotisieren zu lassen.*
Klaus Vopel

*Das kleine Wort „lebbar" erscheint mir wichtiger als „lösbar!"*
Waldefried Pechtl

*Ein Problem wird mit der gleichen Liebe gelöst, die es auch aufrecht erhält. In die Lösung fließt die gleiche Kraft, nur mit etwas mehr Einsicht.*
Bert Hellinger

*Je planmäßiger die Menschen vorgehen, desto wirksamer trifft sie der Zufall.*
Friedrich Dürrenmatt

*No risk, no fun.*

*Konflikt ist, eine Meinung in einer Weise für wahr halten, dass die Meinung der anderen unwahr ist und sich ändern muss.*
nach Humberto Maturana

*Wir irrten uns aneinander. Es war eine schöne Zeit.*
J. W. v. Goethe

*Für jedes noch so komplexe Problem gibt es eine ganz einfache Lösung – und die ist falsch.*
Umberto Eco

*Ein Zusammenprall von Meinungen ist keine Katastrophe, sondern eine Gelegenheit!*
A. N. Whitehead

*Man muss zu weit gehen, um herauszufinden, wie weit man gehen kann.*
Heinrich Böll

*Ziel von gelungener Konflikthandhabung ist, mit mehr Unterschieden/Gegensätzen leben zu können, als vorher.*
Fritz Glasl

*Probleme sind Möglichkeiten in Arbeitskleidung.*
John Kaiser

# Konfliktmoderation mit Teams/Gruppen – ein Modell

*Quelle: Eva Scala, angeregt durch Alexander Redlich, Konfliktmoderation, Windmühle Verlag*

**Grundidee des Vorgehens:**
Moderation bedeutet, einen Kommunikationsprozess eröffnen, ausweiten, mit Ideen und Alternativen bereichern, verdeutlichen, entscheiden konkretisieren und beschließen.

⇨ Komplexität managen

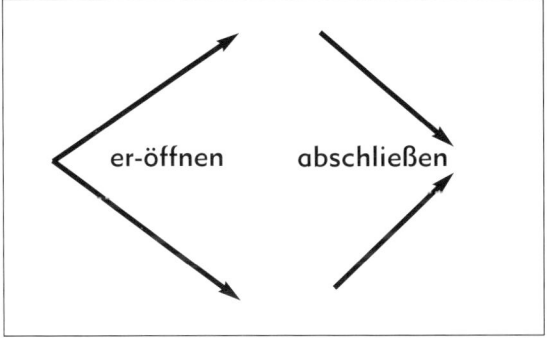

**Kontrakt mit Auftraggeber klären:**
Was sind seine Ziele? Steht er/sie dahinter?

1. **Einstieg: Kontakt schaffen –** „Wüste der Fassaden bewässern"
   a) *Bereitschaft der Konfliktparteien* erheben: Besteht ein grundsätzlicher Glaube an eine Verständigung?
   b) *Rolle des Moderators* erklären: Er schafft einen passenden Rahmen, ist kein Schiedsrichter!
   c) *Hoffnungen und Befürchtungen* der TeilnehmerInnen erheben, auf Flipchart oder Pinwand aufschreiben.

2. **Auftrag klären:** „festen Boden gewinnen"
   Anliegen sammeln und klären, was bearbeitet werden kann.

3. **Sichtweisen klären:** „Dickicht der Argumente lichten"
   Parteien auseinander setzen: Die Moderatorin spricht zuerst mit der einen, dann mit der anderen Partei und schreibt das Wesentliche auf (spiegelt es vorher). Die zeitliche Balance muss beachtet und oft zwischen den Parteien gewechselt werden! Nach Abschluss der Interviews die Gegenpartei nach Reaktionen fragen.
   Eventuell zum Abschluss:
   ⇨ Reflecting-Team

4. **Verhandeln: Lösungsmöglichkeiten –** „Positionen in Bewegung bringen"
   Die Streitparteien erarbeiten Lösungsideen (eventuell getrennt).
   Darauf aufmerksam machen, dass es zunächst die Bearbeitung von Dissens ist, keine Lösung.

5. **Umsetzung: Auswahl der passenden Lösungen –** „Auf den Punkt bringen"
   a) *Auswahl und konkretes Vorgehen:* Was wird wie, bis wann, von wem geregelt?
   b) *Kontrolle*

6. **Abschiedsstimmungsbild:**
   Bezieht sich auf 1c.

**Merkmale:**
- eine angemessene Ungewöhnlichkeit der Gesprächsgestaltung
- kein Druck auf eine schnelle Lösung, um der unangenehmen Situation zu entkommen
- durch Verzögerungseffekte Erweiterung des Reflexions- und Handlungsrahmens
- kein Unterbrechen und Aufschaukeln: Übliche Handlungsmuster werden unterbrochen
- Haltung des Moderators: interessiert, distanziert, nicht wissend
- jede Partei kann die andere im Gespräch mit dem Moderator erleben

# Kosten-Nutzen-Analyse

⇨ Konflikt / Konfliktkalkül
⇨ Organisationen / Unsere Organisation als...
⇨ Öko-Check


# Kraft

⇨ Instrument der Kraft
⇨ Selbstcoaching
⇨ Ressourcenort

# Leiten

⇨ Energien
⇨ Rollen klären

# Lernen

## Lern-Modell – systemische Sichtweise
*Quelle: systemisch, R. Rabenstein*

Lernen können wir als einen Interaktionsprozess zwischen System und Umwelt begreifen. Jedes System organisiert sich in sich „autonom", d. h. nach seinen (strukturellen) Möglichkeiten. System und Umwelt sind aneinander gekoppelt – lose bis ganz fest.
Die Interaktionen mit der Umwelt wirken bestätigend und verstörend, beunruhigend. Dies wirkt sich auf die innere Selbstorganisation des Systems aus, löst Krisen und Reorganisation aus: *„Ich muss mir ein ganz neues Bild von... machen!"* Das können wir als Lernen verstehen.

Eine wichtige systemische Hypothese: Das System lernt, man kann es nichts „lehren". Man kann es beeinflussen – jeder beeinflusst jeden. Trotzdem sind manche dieser Einflüsse relevant – manche wirken, andere nicht.
Dies ist bei geplanten Interventionen wichtig: Was wirkt, „entscheidet" das System – und nicht die Absicht/der Berater/der Chef.

*„Ich komme mir vor wie ein Eichhörnchen auf einem Elefanten."*
(Klaus Voltron, Erfolgsmanager)

Deshalb erscheinen Feedback und andere Kommunikationsstrukturen so wichtig.

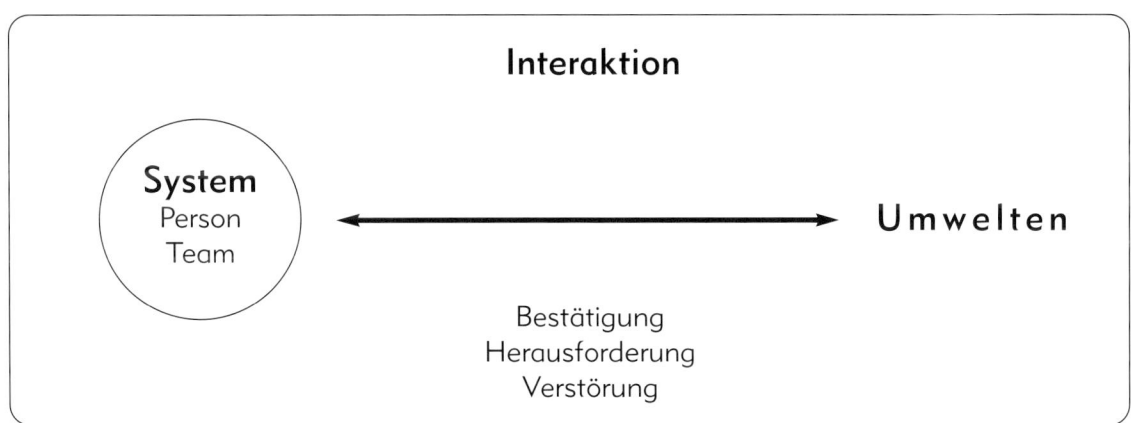

# Lernen aus den Erfolgen – Interview und Gruppenarbeit
*Quelle: Bruck/Weber*

*„Der beste Weg, die Zukunft vorherzusagen, ist, sie zu erschaffen."*
(P. Drucker)

Am Beginn einer Klausur oder einer Strategiesitzung bringt es positive Energie, sich mit persönlichen Erfolgen und nährenden Organisationsgeschichten zu versorgen.
Dazu: Paarinterviews (je 45 Minuten)

### Tipps für den Interviewer:
- Einfühlsam und aufmerksam zuhören. Keine eigene Meinung zu den Erfahrungen des anderen äußern.
  Fragen, die weiterhelfen:
  *„Erzähl mir mehr darüber!"* –
  *„Warum war das wichtig für dich?"*...
- Notizen machen: z. B. über inspirierende Geschichten und bildhafte Zitate.

Im Anschluss daran werden im Plenum unter eine Zeitleiste die besten Zitate und Geschichten angebracht:
*„Galerie der Inspirationen"*

Mögliche Schritte werden veröffentlicht, verglichen und in Projektgruppen weiterverfolgt (*„Erfolgsschritte"*).

*Anregung aus: Bruck/Weber: Der Zukunftsgipfel – Appreciative Inquiry Summit – ist der nächste Schritt der Evolution in der Arbeit mit großen Gruppen. In: R. Königswieser/M. Keil: Das Feuer großer Gruppen. Klett-Cotta 2000, S.164-178.*

# Interviewleitfaden zu „Lernen aus den Erfolgen"

Die vorgegebenen Fragen sollen eine Anregung sein, die folgenden Abschnitte (1-4) sollten aber eingehalten werden.

1. **Wertschätzung der eigenen Arbeit und Person**
   Wenn du über das, worauf du stolz bist, nachdenkst...
   Was schätzt du an deiner Arbeit, ...an deinem Arbeitsplatz?
   Ohne bescheiden zu sein: Was schätzt du am meisten an dir selbst als Mensch?

2. **Herausragende positive Erfahrungen**
   Denke an die Arbeit in der Vergangenheit. Offensichtlich hast du Höhen und Tiefen erlebt. Für den Moment erinnere dich an eine herausragende positive Erfahrung erfolgreicher Arbeit oder Zusammenarbeit, in der du dich voll einbringen und Sinnvolles bewirken konntest.
   Was ist passiert?
   Warum war das wichtig für dich?
   Was war besonders in der Zusammenarbeit?
   Gibt es andere Beispiele, an die dich diese Zusammenarbeit erinnert?
   Wodurch wurde das möglich?
   Was könnten wir daraus lernen?

3. **Was könnte sich noch besser entwickeln?**
   Schließe für einen Moment die Augen und stell dir vor, in deiner Arbeit/Zusammenarbeit mit anderen geschieht über Nacht ein Wunder. Wenn du morgen früh erwachst, hat sich eine noch bessere Möglichkeit der Arbeitsbedingungen/Zusammenarbeit ergeben. Stell dir die Situation klar vor.
   Was sind die ersten drei Dinge, die dir auffallen?
   Was tust du, was tun deine Arbeitskollegen, deine Kunden...

4. **Deine möglichen nächsten Schritte**
   Inspiriert durch dieses Interview:
   Welche drei Dinge könntest du in den nächsten drei Wochen/Monaten tun, um zu experimentieren, mehr Freude an der Arbeit zu bekommen oder...

Danke für das Gespräch und Wechsel.

# Lern-Partner

Lernpartnerschaften sind eine nützliche Quelle von Entwicklung und Vernetzung in einem Team oder einer Organisation. In der Beratung können solche Partnerschaften angeregt, gegründet und reflektiert werden.

### Variation 1: Zeitorientiert
Über einen Zeitraum von etwa einer Woche bis zu einem Monat vereinbaren zwei bis vier MitarbeiterInnen, einander zu beobachten und sich regelmäßig, spätestens nach Ablauf der vereinbarten Zeit, Feedback zu geben.
Dieses aufeinander Schauen regt sowohl die Aufmerksamkeit wie auch die Zuwendung an. Die Feedbacks sollen möglichst Bestätigendes (Anerkennendes) wie auch Kritisches enthalten; in dieser Mischung fördern sie das Lernen.

### Variation 2: Themenorientiert
In einem Team oder einer Organisation werden Lernthemen deutlich – z. B. Autorität, Kundenorientierung, Teamgeist, Konfliktfähigkeit, Pünktlichkeit usw. Zu diesen formulierten Themen bilden sich Lernpartnerschaften (zwei bis fünf Personen), die einander zu diesen Themen beobachten: Wie wirken diese Themen auf die Personen und die Organisation und welche Reaktionen lösen sie aus?

Von Zeit zu Zeit sollten die Lernerfahrungen (das Wie und Was) unter allen MitarbeiterInnen ausgetauscht werden. Das gelingt besser mit Begleitung des Beraters.
Zurzeit wird dieser Vorgang als ein Aspekt von „Wissensmanagement" beschrieben.

# Lösungen erfinden

- ⇨ Bild malen / Problembild – Lösungsbild malen
- ⇨ Brainstorming
- ⇨ Briefe / Ideenbriefe
- ⇨ Fragen / Fragen zur Möglichkeitskonstruktion
- ⇨ Freak-Beratung
- ⇨ Nicht-Lösen
- ⇨ Problemlösungs-Zwiebel
- ⇨ Zielarbeit

# Lösungsorientierte Checkliste

*Quelle: nach Steve de Shazer*

**1. Stunde:**
- Was bringen Sie heute ein?
  (Zuhören und Anerkennen)
- Angenommen, ein Wunder passiert:
  Was wird das Erste sein, das morgen früh anders ist?
  Wie geschieht das?
- Gibt es Zeiten, in denen Teile des Wunders schon stattfinden?
  Wie geschieht das?
- Auf einer Skala von 1–10 Richtung Wunder:
  a) Wo sind Sie heute? (Ausgangslinie)
  b) Was wäre ein kleines Zeichen, dass Sie auf dieser Skala um einen Punkt nach oben rutschen? (ein kleines Ziel)
  c) Wie bereit sind Sie zu…? (Motivation)
- Ich unterbreche jetzt hier – gibt es sonst noch irgendetwas?
- BeraterIn fasst die Beratung zusammen:
  a) Komplimente und Anerkennung,
  b) Brücken schlagen,
  c) Eine Hausaufgabe geben.

**2. Stunde:**
- Was hat sich verbessert? Was würden andere als Verbesserung sehen?
  Falls Klagen kommen:
  Welcher war der beste Tag? Was war der beste Teil dieses Tages?
  Bei Rückschlägen:
  Was haben Sie gelernt? Was hat Ihnen geholfen, weiterzumachen (es weiter zu versuchen)?
  Wie ist es Ihnen gelungen, das zu bewältigen?
- Wann, wo und wie ist das vor sich gegangen?
- Enorm! Unglaublich! Erstaunlich! Tatsächlich?
- Was war sonst noch besser?

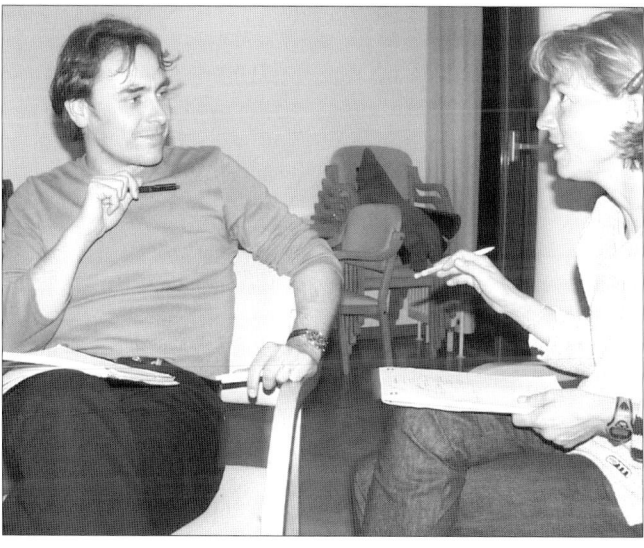

# Marktplatz meiner Strategien

⇨ Strategien zur Problemlösung

# Medienwechsel

Die Anregung für die KlientInnen, ihr Thema in einer anderen Ausdrucksform darzustellen, ist ebenso einfach wie ergiebig. In unserer Sprachkultur wird das leider viel zu wenig genutzt.

Alle Menschen können mehrere Ausdrucksmittel (Medien) benutzen, auch solche, die ihnen schon lange fremd geworden sind. Wenn der Berater bestimmt und ermutigend in seiner Anregung ist, dann können auch z. B. Pubertierende oder ältere Herren wieder

- ein Bild malen,
- einen anderen Menschen nachspielen,
- sich aus der Umgebung ein Symbol aussuchen,
- ein Gefühl in einer Körperhaltung ausdrücken,
- mit einer Puppe sprechen,
- Bausteine, Münzen oder Knöpfe arrangieren...

Drei Aspekte prägen den erfolgreichen Einsatz des Medienwechsels:

1. Der Berater muss selbst eine gute Beziehung zur vorgeschlagenen Vorgangsweise haben, also selber gern kreative Medien einsetzen, sonst kommt sein Vorschlag nicht ermutigend an.
2. Je ungewohnter der Medienwechsel für den Klienten ist, desto griffbereiter müssen alle Materialien (falls notwendig) sein, denn der Schritt vom Denken zum Tun ist noch einmal eine Hürde, die den kreativen Prozess stört.
3. Bedeutsam ist auch die Klärung für den Berater, in welcher Phase des Beratungsprozesses der Medienwechsel vorgeschlagen wird:
   - zur Klärung: „Worum geht's?"
   - zum „Spielen mit Lösungsideen"
   - zum Bilanz ziehen

Dazu gehört auch das gute Timing: Es muss genug Zeit für die Arbeit mit dem neuen Medium sein und genug Zeit, um nachher das Ganze in alltägliche Sprache umzuwandeln.

Grundsätzlich gelten alle diese Hinweise für alle Settings: für die Arbeit mit Einzelnen, mit Gruppen und mit Teams.

Manchmal hat der Medienwechsel gerade in Gruppen oder Teams – speziell bei Supervision – noch einen besonderen Nebeneffekt: Beratung findet oft statt, wenn viele Beteiligte ziemlich gestresst oder erschöpft von der Arbeit sind: Medienwechsel befreit eine Zeit lang von ermüdenden Gruppengesprächen, bringt Lebendigkeit und Wachheit ins Geschehen!

⇨ Metaphern
⇨ Münzen-/Knöpfe-Soziogramm
⇨ Symbole

# Mehrperspektivität

*Quelle: H. G. Petzold, R. Frühmann, A. Schreyögg*

Beratung findet – wie fast jede Kommunikation – immer auf mehreren Ebenen gleichzeitig statt. Diese Vielschichtigkeit hat Chancen und Gefahren, z. B. das „Aneinandervorbeireden".

Speziell in Gruppen- oder Teamsupervision, aber auch beim Coaching mit Führungskräften geraten die Ebenen manchmal durcheinander. Da kann es hilfreich sein, diese Ebenen optisch bewusst zu machen, um Distanz und Ordnung in das „Kuddelmuddel" zu bringen:

Astrid Schreyögg (1994) hat für diesen mehrperspektivischen Überblick die Metapher „Brillen" vorgeschlagen, eine hervorragende Idee. Einige dieser Brillen stellen wir Ihnen hier vor:

---

**Brillen für die Beratung**

- Die augenblickliche körperliche Befindlichkeit:
  Wie gesund/krank, wohl/unwohl, müde/wach... fühle ich mich gerade?

- Mein Thema:
  Was ist für mich gerade im Vordergrund? Ist es das Thema, um das es hier gerade geht? Oder bin ich mit den Gedanken innerlich abgelenkt?

- Bei Gruppen oder Teams:
  Welche Beziehungsqualität oder Gruppendynamik herrscht hier gerade? Wer unterstützt/bekämpft wen? Wie viel Klarheit gibt es über die Beziehungen?

- Wie klar ist das gemeinsame Ziel oder der Auftrag? Gibt es darüber Konsens?

- Stimmen die Rahmenbedingungen der Beratung (Ort, Zeitpunkt, Zeitmaß)?

- Wie passend ist derzeit die Beziehung zum Berater? Wird er angenommen/abgelehnt? Wird er überschätzt/unterschätzt?

- Passt die Vorgehensweise (der Kommunikationsstil, die gewählten Methoden)?

---

Bearbeiten Sie diese Liste durch Ergänzen und Umformulieren und präsentieren Sie diese Übersicht Ihren KlientInnen/SupervisandInnen – auf Plakat oder auf kopierten Papers – zum gemeinsamen Überprüfen: Welche Brille ist für uns jetzt wichtig? Durch welche Brille haben wir bisher zu wenig geschaut?

⇨ Metakommunikation

# Meinen Platz finden

⇨ Platz finden, meinen

# Merkmale beschreiben

⇨ Lösungsorientierte Checkliste
⇨ Einstieg / Mein gutes Ergebnis
⇨ Zielarbeit

# Metakommunikation

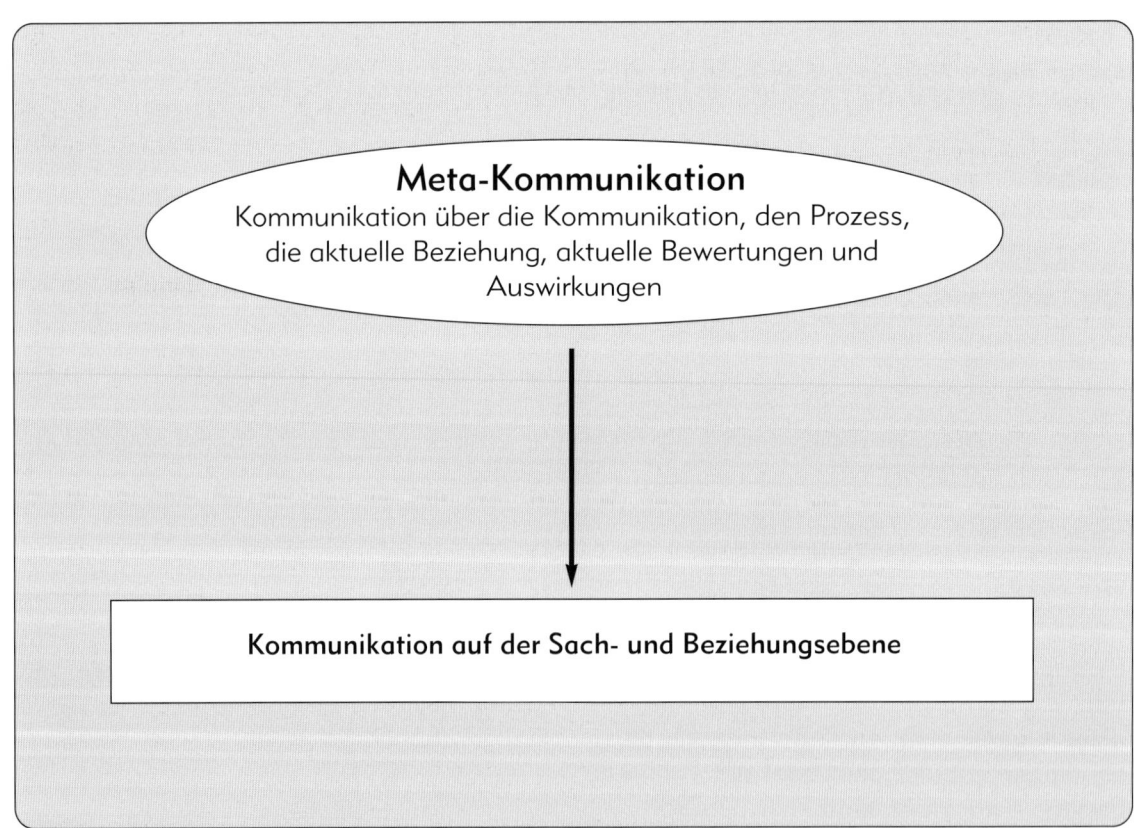

Beratung ist immer Reflexion. Professionelle Beratung schließt auch die Reflexion der Reflexion mit ein, also die Metakommunikation.
Das kann in zwei Richtungen geschehen:

### Die Metakommunikation innerhalb des Themas:

Sie haben den Eindruck, ein Klient, ein Paar oder ein Team ist plötzlich völlig verstrickt in ein Gespräch, wie in einem „Hamsterrad" oder in einer Sackgasse. Sie laden den oder einen der Klienten ein, mit Ihnen gemeinsam aus der Szene (z. B. dem Kreis) herauszugehen, stellen sich außerhalb mit ihm hin und blicken auf die „Szene":

❍ *Wenn Sie jetzt hier von außen schauen, was da gerade war, wie Sie da gesessen und gesprochen haben: Was kommt Ihnen da in den Sinn? Was empfinden Sie dabei? Welches Spiel wird hier gespielt?*
Auf diese Weise ermöglichen Sie dem Klienten eine Distanzierung; es ist sehr wichtig, dass diese Distanzierung tatsächlich auch körperlich geschieht, also durch ein „Aussteigen" aus der verrannten Situation.

❍ *Was denken Sie, könnte demjenigen gut tun?*
Auf diese Weise ermöglichen Sie dem Klienten, eigene Lösungsansätze in sich zu entdecken.

### Die Metakommunikation über die Beratung:

Vielleicht ist es gerade an der Zeit (Zwischen)Bilanz zu ziehen, vielleicht haben Sie aber auch ein Gefühl von Unklarheit, ob die Beratung so, wie sie läuft, für Ihre KlientInnen gut passt. In diesem Fall muss die Klärung darüber in den Prozess eingeschoben werden durch Fragestellungen wie etwa:

❍ *Kommen Sie eigentlich gern hierher?*
❍ *Was hat Ihnen unsere Arbeit bisher gebracht?*
❍ *Was hat Ihnen unsere Arbeit bisher nicht gebracht?*
❍ *Wie zufrieden sind Sie mit sich selbst in dieser Beratung? Inwiefern?*
❍ *Haben Sie den Eindruck, dass ich für Sie hilfreich bin? Inwiefern?*
❍ *Was wünschen Sie sich für die Weiterarbeit?...*

Das Kunststück besteht für Sie darin, den Zeitpunkt und das Maß dieser Metakommunikation gut zu wählen. Zu wenig ebenso wie zu viel an solcher Reflexion kann den Beratungsprozess stören.

⇨ Blitzlicht
⇨ Gruppen-Einblick / Team-Einblick

# Metaphern

Die grundsätzliche Bedeutung der beiden Gehirnhälften ist Ihnen sicher bekannt. Die verstärkte Nutzung der rechten Gehirnhälfte hat für die Kreativität eine entscheidende Bedeutung: hier wirkt die Kraft der Analogien, der Bilder, der Atmosphären, der ganzheitlichen Eindrücke, der Metaphern – wie immer Sie das nennen wollen.

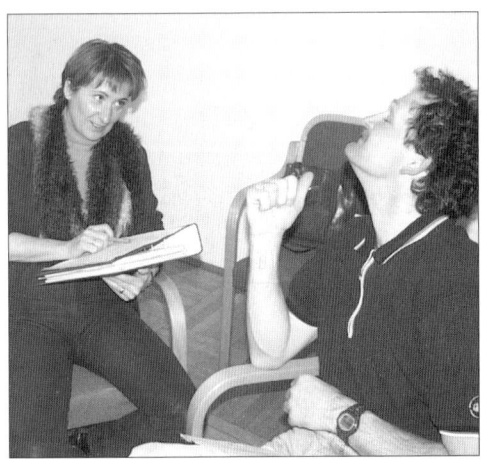

In der Beratung lassen sich Metaphern doppelt nützen:
- Der Klient, die Gruppe, das Team wird eingeladen, zur Beschreibung des Themas oder zum Fantasieren einer Lösung ein Bild zu er-finden – entweder frei durch entspanntes Nachdenken oder durch kurzes Spazieren gehen oder durch Auswählen aus einem vorgegebenen Angebot von Fotos (Tiere, Landschaften o. Ä.):
  *„Bei diesem Thema geht es mir wie..."*
  *„Eine Lösung wäre für mich wie..."*
- Die Beraterin lässt ihre eigene rechte Gehirnhälfte mitwirken und teilt ihre Ergebnisse mit:
  *„Wenn ich Ihnen so zuhöre, dann sehe ich vor mir, wie..."*

Häufig stellt sich das Thema oder die Lösung jetzt anders dar als zuvor – als versucht wurde durch logisches Denken das Problem zu analysieren und zu lösen.

Das Finden einer guten Metapher ist oft befreiend, aber allein noch keine Klärung oder Lösung. Die Metapher muss noch „entschlüsselt"/„digitalisiert" werden, um in konkrete Handlungsperspektiven geformt zu werden:

*„Was kann mir/uns dieses Bild/diese Geschichte sagen?"*

⇨ Identifizieren
⇨ Organisationen /
  Unsere Organisation als...
⇨ Schiff
⇨ Symbole
⇨ Titel finden

# Münzen-/Knöpfe-Soziogramm
*Quelle: traditionell*

Diese Vorgangsweise ist in allen Settings von Supervision und Coaching vielfach bewährt und beliebt:

Der Klient stellt sein Thema bzw. die Problemsituation, um die es geht, dar, indem er auf dem Tisch oder auf dem Boden die beteiligten Personen und Institutionen mit Münzen oder Knöpfen arrangiert. Ähnlich wie beim „Organigramm" oder bei „Ich in meiner Organisation" beschrieben, nur geht es hier um eine spezifische Situation in subjektiver Wahrnehmung.

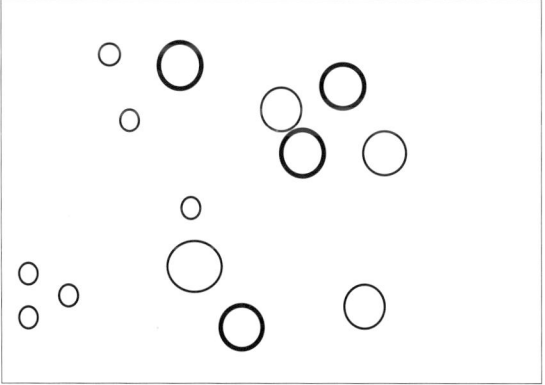

**Die besonderen Qualitäten dieser Darstellungsform liegen**
- in der Einfachheit,
- in der Vertrautheit (Geld ist ja kein fremdes Medium),
- in der Möglichkeit, sich durch das Darstellen und Draufschauen zu distanzieren,
- in der Komplexität der Situation, die dem Klienten und dem Berater (in der Gruppen- oder Teamsupervision auch den anderen) deutlich und leichter verstehbar wird,
- in der besonderen Chance, Veränderungen durch kurzfristiges Verschieben der Münzen und Knöpfe auszuprobieren. So können Gedanken wie „Ich müsste da mal aus der Enge raus!" sofort umgesetzt werden, indem der Klient die Münzen oder den Knopf, der für ihn steht, so verschiebt, dass er sich besser fühlt.

Dieses Ausprobieren von Lösungsmöglichkeiten muss dann entsprechend konkretisiert werden, also etwa: *„Wie würde diese neue Position morgen aussehen?"* – *„Woran würden Ihre KollegInnen diesen Veränderungsschritt erkennen?"* usw.

⇨ Organisationen / Organigramm
⇨ Organisationen / Ich in meiner Organisation

# Nicht-Lösen

Eine Quelle für Erfindungen sowie für Niedergeschlagenheit ist das Wahrnehmen und Bewerten von Verhalten und Einstellungen unserer KlientInnen, die wir als „Nicht-Lösen" beschreiben.
„Nicht-Lösen" ist eine Unterscheidung zu Verhaltens- und Einstellungsbeschreibungen und Bewertungen, die wir mit „Lösen" zusammenfassen.
Die Beunruhigung, die die Beschreibung „Nicht-Lösen" bei uns BeraterInnen hervorruft, kann – wie die meisten Beunruhigungen – kreativ genützt werden:

## Nutzen von „Nicht Lösen"

- Ich komme (neuerlich) mit meinen Ansprüchen in Kontakt und bin auf die Begegnung dieser sich stets wandelnden Gestalten neugierig: „Aha, da seid ihr – wie schaut ihr heute aus?"
- Ich entdecke meine Merkmale des „Lösens" und „Nichtlösens".
- Ich eröffne einen Dialog mit meiner „nicht-lösenden" Klientin über ihre Merkmale von „Lösen" und „Nichtlösen".
- Ich fokussiere die Bewertungsprozesse zwischen mir und meiner Klientin: Auf welche Bewertungen haben wir uns „geeinigt", welche sind unbeachtet – und wirken.
- Ich erarbeite mit meiner Klientin (vielleicht erstmals) Merkmale für gelungene (und vielleicht auch misslungene) Beratung.
- Ich nehme mir und der Klientin den Druck, ein ganz bestimmtes Ergebnis zeigen zu müssen – es dürfen auch andere Auswirkungen sein, die beschrieben und als „Ergebnis" bewertet werden.
- Ich erlaube mir, einmal so und einmal anders wirksam zu sein.
- Mein „Anstehen", Ärgern etc. nehme ich auf mich und verbinde es mit meinem Wollen, Anhaften und Festhalten an Erfolgsvorstellungen und nehme die Lösung (Los-Lösung davon) wieder in meine Verantwortung.
- Ich fühle mich in diesem Loslösen meiner Klientin gleichwertig verbunden – auch ich habe etwas zu lösen und erfahre, wie leicht oder schwer das geht.
- Ich entlaste mich im kollegialen Austausch, Intervision.
- Ich nütze die Supervision bzw. ein Coaching.

# Organisationen: beschreiben, erklären, bewerten – verändern

## Einfaches Diagnose-Modell: „Weg von – hin zu!"
*Quelle: Friedrich Glasl*

In Teams und Organisationen ist es ein leichter und emotional griffiger Einstieg, in Veränderungsphasen mit der Abfrage: *„Weg von... hin zu..."* zu arbeiten. Dies ist nach der Eröffnung des Arbeitsprozesses zunächst in Einzelarbeit oder Kleingruppenarbeit möglich. Danach erfolgt ein Austausch in der Großgruppe.

In überschaubaren Gruppen (bis 16 Personen) kann das auf Zuruf und zum Mitschreiben auf einem Flipchart oder auf zwei Pinnwänden passieren. Diese „Entwürfe" werden dann genauer ausgewählt, sortiert und in Arbeits- bzw. Strategiegruppen weiterentwickelt.

Ähnlich praktisch kann mit dem Diagnose- und Interventionsmodell „Genug – zu wenig – zu viel" gearbeitet werden.

➩ Diagnose-Modelle /
   Genug - zu viel - zu wenig

| Weg von: | ➝ Hin zu: |
|---|---|
| | |

## Ich in meiner Organisation
*Quelle: R. Reichel*

Es handelt sich hier um eine gezielte Vermischung des „Sozialen Atoms", eine grafische Darstellung, in der die wichtigsten Mitmenschen wie Elementarteilchen um den Klienten (Atomkern) kreisen (von J. L. Moreno) mit einem „Organigramm".

Auf einem Plakat (Flipchart-Bogen) gestaltet der Klient die Organisation, in der er tätig ist als Grafik, wobei er sich selbst in den Mittelpunkt zeichnet! Es geht also nur am Rande um die „objektiven" Strukturen und Vernetzungen und vielmehr um die Bezogenheiten, in denen sich der Klient erlebt. Mit Pfeilen, Kreisen und anderen einfachen Symbolen, durch Nähe und Distanz gestaltet er – ausgehend von sich selbst – das Arbeitsumfeld. Auch die wesentlichen Außeneinflüsse gehören dazu.

Nach der Zeichnung wird eine kurze Pause gemacht (Bewegung!) und bevor die Grafik der Gruppe oder der Beraterin erläutert wird, lassen alle das Plakat optisch auf sich wirken. Welche Atmosphäre ist hier spürbar? Welche Assoziation kommt da auf?

Erst jetzt – mit diesen atmosphärischen Eindrücken im Hintergrund – erklärt der Klient sein Plakat. Und auch jetzt – beim Zuhören – achten alle auf ihre atmosphärischen Eindrücke, die von der Stimme und der Körpersprache ausgehen. Oft ergeben sich hier wichtige Zusatzinformationen zum Problem. Manchmal wird hier schon das Wesentliche deutlich. Und dann könnte man den Klienten fragen: „Mach mal Stopp! ... spür mal, was dir jetzt am liebsten wäre..."
Was immer jetzt kommt, ist eine Spur von Lösung.

⇨ Grafiken
⇨ Organisationen / Organigramm

## Ich bewege mich – meine Organisation bewegt sich
*Quelle: Eva Scala*

### Übung für Paare
**(auch für KlientIn und BeraterIn).**

Ein Klient (A) macht seinem Partner (B) die Bewegung/Gangart seiner Organisation/seines Teams vor. B macht diese Bewegung/Gangart mit, übernimmt sie, zeigt sie A und geht damit vor ihm her.
Nun entwickelt A seine eigene Bewegung/Gangart in der Organisation und begegnet so B, der in der Organisationsbewegung auf die Interaktionen mit den Bewegungen von A reagiert.
Laden Sie zum Experimentieren ein!

Nach einiger Zeit wird die Übung abgebrochen und die Teilnehmer tauschen sich über ihre Erfahrungen aus. Es folgt ein Rollenwechsel (in der Gruppen-/Teamberatung).

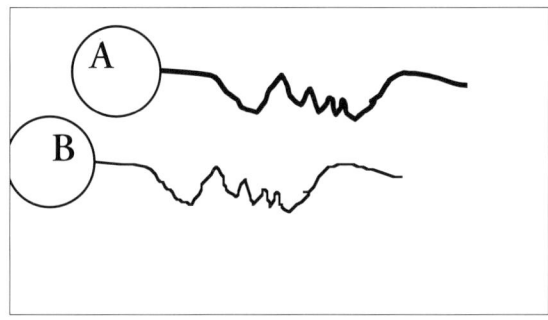

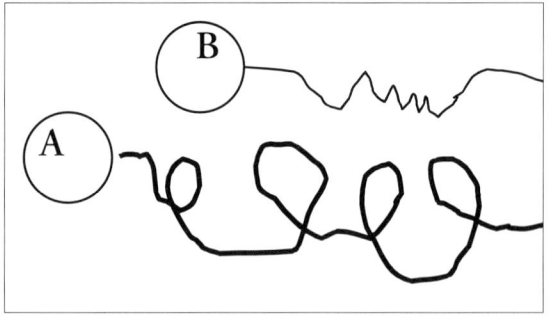

# Organigramm – Möglichkeiten der Darstellung und Gestaltung
*Quelle: R. Rabenstein, traditionell*

Systematische Beschreibungen von Organisationen helfen BeraterInnen, Leitenden und MitarbeiterInnen, die formalen (und manchmal auch die informellen) Aspekte wie
- Aufbau,
- Gliederung,
- Funktionen, Aufgaben,
- Zuständigkeiten,
- Kommunikations- und Arbeitsabläufe,
- Wirkfaktoren

zu verdeutlichen, zu verstehen und zu gestalten.

Manchmal ist die Arbeit mit Organigrammen auch der Ausgangspunkt für
- erstmalige oder neue Stellenbeschreibungen,
- Reorganisation von Teams und Abteilungen,
- Auflösen oder Einführen von Leitungsebenen,
- Einführung einer Projektorganisation, Matrixorganisation,
- Entwicklung von Kommunikationsstrukturen wie z. B. Mitarbeitergespräche, Open-Space-Treffen, Besprechungen u. a.,
- Ausrichtung des Betriebs nach dem Kundennutzen,
- die Umsetzung von Leitbildern, Leitmotiven.

In einem kunden- und umweltorientierten Organigramm werden die betreffenden Umwelten und Kunden der Organisation auch sichtbar gemacht!

**Ein Beispiel als Rahmenmodell:**

# Organisations-Aufstellung (OA)
*Quelle: Zusammenfassung von Eva Scala, systemische Tradition*

In einer Aufstellung werden vernetzte Beziehungsgefüge externalisiert. Sprache kann ein Geschehen nur nacheinander beleuchten. Ein gutes Lösungsbild aktiviert den Möglichkeitssinn und eröffnet neue Lösungswege. OA werden häufig nicht beendet, aber auch das löst Suchprozesse aus. Die sozialen Systeme Familie und Organisation haben unterschiedliche Gesetzmäßigkeiten:

**Organisation:**
- gemeinsame Aufgabe ist wichtig
- keine Schicksalsgemeinschaft, keine stabilen Musterbildungen, loseres System
- unterschiedliche Zugehörigkeitsarten (Praktikant, freier MA...)
- Austauschbarkeit der Systemelemente: Personen repräsentieren etwas
- Familie: allen soll es gut gehen, in Organisationen gibt es unauflösliche Widersprüche
- Funktionen werden gestellt, nicht Personen

**Methodische Anregungen:**
- Ein Strukturebenenwechsel bei der Aufstellung kann als OA beginnen und zum Familienbild wechseln. (Autoritätsprobleme haben häufig einen familiären Hintergrund)
- Am besten die OA mit KlientInnen aufstellen oder auch mit symbolischen Gegenständen in der Einzelsupervision. Innerhalb der Organisation sind OA nur bedingt einsetzbar.
- Die OA eignet sich nicht für mehr als 5-7 Personen (oder Personengruppen); außerdem sollte die Komplexität reduziert werden. Es hängt von der Fragestellung ab, wen man hereinnimmt, welche Aufstellungsart gewählt wird (Entscheidungs-, Problemaufstellung...).
- Eine Aufstellung ist nie als eine direkte Handlungsanweisung zu verstehen.
- Umstellung: Suchen nach der kraftvollen Bewegung. Welcher Schritt ist dazu günstig: Vorhandene Tendenzen verstärken oder fehlende, lösende Bewegungen und Sätze wiedereinbeziehen, Ordnung schaffen (s. Grundprinzipien), Alternativen durchspielen.
- Sind die Schwierigkeiten Ausdruck von Beziehungs- oder strukturellen Fehlern?
- Die Personen mit Vorrang stehen rechts von der nächsten Person.
- Der Protagonist (Themenbringer) soll am Ende auf einem kraftvollen Platz stehen.

**Grundprinzipien:**
Einige Grundprinzipien haben sich zurzeit herauskristallisiert:
- Das Gegebene muss anerkannt werden. Jedes Systemmitglied hat ein gleichwertiges Recht auf Zugehörigkeit.
- Der Ausgleich zwischen Geben und Nehmen ist wichtig (innere Kontenführung) und möglich durch Austausch, Rückgabe und Weitergabe.
- Vorrang des länger Dazugehörenden (bei Gleichgestellten). Vorrang des höheren Einsatzes (commitment) verdient Anerkennung. Vorrang der höheren Fähigkeit.
- Die Leitung hat Vorrang, sie muss genügend Abstand halten (Überblick) und Einsamkeit aushalten.
- Altes und Neues: Altes muss gewürdigt werden, dann hat ein neuer Firmenteil Vorrang.

⇨ Aufstellungen
⇨ System-Brett
⇨ Szenario-Technik

# Unsere Organisation als... Haus, Tier, Mensch, Pflanze, Maschine

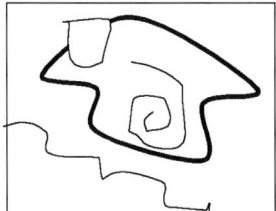  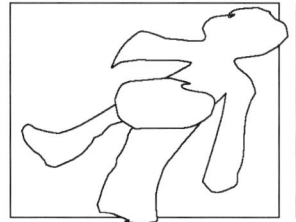 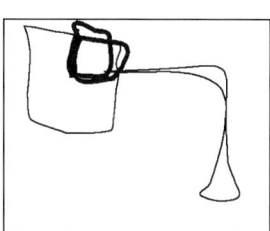

Die Vieldeutigkeiten einer Organisation können sehr gut in Metaphern sichtbar gemacht werden:

Kleinere Gruppen erarbeiten jeweils das Ist-Bild der Organisation in Form eines Tieres, eines Hauses, eines Menschen, einer Pflanze, einer Maschine... und malen dies großformatig.

Die Bilder werden von den einzelnen Gruppen aufgehängt: Alle haben zuerst die Möglichkeit zum jeweiligen Bild ihre Assoziationen zu nennen – dann kommen die AutorInnen zu Wort mit ihrer eigenen Interpretation des Bildes.

Nachdem alle Bilder derart interaktiv präsentiert wurden, stellen die AutorInnen eine knappe **Kosten-Nutzen-Analyse** zu ihrem Bild zusammen:

○ Was sind die Kosten unserer Sichtweise, unseres Modells, was der Nutzen?
○ 1-3 Vorschläge für die Zukunft.

Ähnlich wird dann mit den *Zukunftsbildern* verfahren.

| Kosten-Nutzen-Analyse zum Bild... | |
|---|---|
| Nutzen für uns: | Kosten für uns: |
| Nutzen für unsere Kunden: | Kosten für unsere Kunden: |
| Vorschläge: | |

# Fünf Stützen unserer Organisation
*Quelle: nach „5 Stützen der Identität" von Petzold/Heinl. R. Rabenstein, E. Scala*

| Leib: | Soziales Netz: | Arbeit und Leistung: | Materielle Ausstattung: | Werte: |
|---|---|---|---|---|
| Organe, Glieder, Aufbau, Funktionen, Zuständigkeiten, Aufgaben, Entscheidungen | Kommunikationsstrukturen, Gruppierungen, Vernetzungen, Informationsflüsse, Entscheidungen | Aufgaben einfach/komplex, bekannt/klar? Qualität der Arbeit, Kooperationsfähigkeit, Zeit-, Qualitätsmanagement | Budget, Ausstattung, Ressourcen, Räume, Zeit, Personal, Lohn-/Preisniveau, Umsatz, Controlling? | Leitbild? Kundennutzen, Mission, Sinn, Strategien, formelle und informelle Werte, was zählt, Wichtigkeiten, Spiritualität, großer Rahmen |

„Leib", „Soziales Netz", „Arbeit und Leistung", „Materielle Ausstattung/Sicherheit" und „Werte" sind die fünf Stützen der Identität. (Die personenorientierte Beschreibung finden Sie bei ➪Identität). Diese fünf Stützen eignen sich auch sehr gut für die Darstellung und Diagnostik einer Organisation, eines Teams.

Die einfachste Beschreibung und Bewertung ist in Form von **5 Qualitätssäulen mit einer Skala von 0-10** möglich. Ein Beispiel:

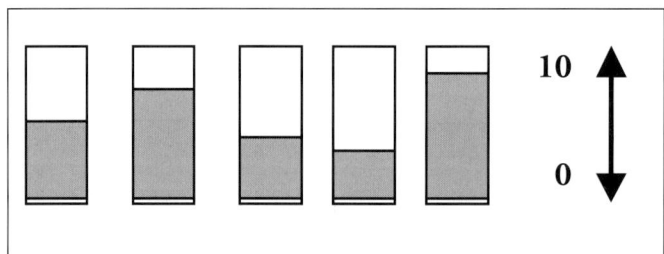

Einzelne Teammitglieder oder Arbeitsgruppen in einer Organisation beschreiben und bewerten die 5 Stützen ihrer Organisation/ihres Teams und stellen ihre Ergebnisse in Form dieser Bewertungssäulen dar und zur Diskussion. Die Unterschiede in den Bewertungen und deren Erklärungen sind besonders bedeutsam.

| Weg von: | → | Hin zu: |
| --- | --- | --- |
| ................................ | | ................................ |
| ................................ | | ................................ |
| ................................ | | ................................ |
| ................................ | | ................................ |

Wenn hier ein **Veränderungsbedarf** entsteht, können Arbeitsgruppen zu den jeweiligen Stützen mit dem Modell „Weg von – hin zu..." arbeiten:
Mittels *Szenariotechnik* kann hier weitergearbeitet werden: Entweder zu den unterschiedlichen Stützen oder zum Gesamtbetrieb/Team werden zu vereinbarten Zeitschritten (1 Jahr, 3 Jahre, 5 Jahre) jeweils
○ eine bestmögliche,
○ eine realistische und
○ eine schlimmstmögliche
Zukunftsbeschreibung/Hypothese erarbeitet. Diese werden einander vorgestellt und daraus die nächstmöglichen Ziele (Merkmale der Zielerreichung!), Strategien und Schritte geplant, vereinbart, umgesetzt und eine Zeit danach kontrolliert.

## Umwelten unserer Organisation

Zum Verständnis, zur Orientierung, Entwicklung und Vernetzung eines Teams/einer Organisation trägt das Wissen und das Beschreiben der (relevanten) Umwelten bei. Die Aufgaben und der Sinn eines Teams beziehen sich auf konkrete Umwelten: auf die Kunden/Klienten, Auftraggeber, Förderer, Mitanbieter/Konkurrenten, Lieferanten u. a. Mittels einer Landkarte der relevanten/bedeutsamen Umwelten kommt ein Team in die Lage, Nähe und Distanz, Verbundenheit und Isoliertheit, Ähnlichkeit und Einzigartigkeit in der „Landschaft" der umgebenden Umwelten zu beschreiben und zu entdecken.

Auf Kärtchen notieren die Teammitglieder – oder ein Mitglied in ihrem Namen – die aktuellen Umwelten ihrer Organisation und legen diese Kärtchen auf das Plakat (s. Grafik). Dabei können jeweils verschiedene Kriterien berücksichtigt werden, z. B.:
Beachtung (= nah) oder Nichtbeachtung (= weiter weg),
Abhängigkeit (= weiter oben) oder Unabhängigkeit (= weiter unten) usw.
Dann achten Sie darauf, welche Bewertungen die Teammitglieder vornehmen, welche Hypothesen sie ableiten und welche Perspektiven sie daraus entwickeln wollen.
Oft ist es bereits hilfreich, diese Landkarte erstellt zu haben, sie an einem für das Team gut sichtbaren Ort anzupinnen und sich von Zeit zu Zeit darauf zu beziehen.
Ebenso können Sie daraus die Stakeholder Ihrer Organisation benennen:

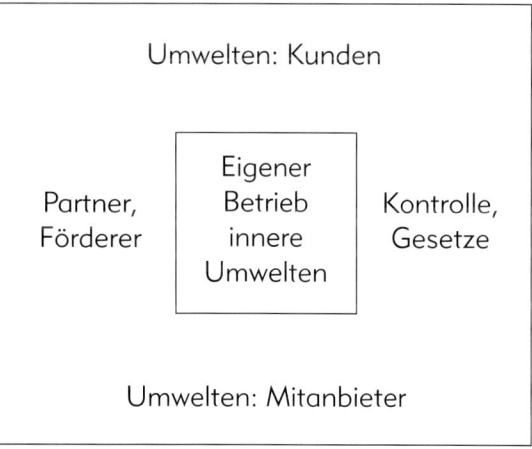

## Stakeholder als Mitwirkende – Stakeholder-Value

Teams erarbeiten Konzepte und Lösungen für ihre Arbeitsaufgaben und Problemstellungen. Vor der Umsetzung kann ein ⇨ Öko-Check nützlich sein, um mögliche Auswirkungen in den Blick zu rücken. Für diesen Öko-Check („Umweltverträglichkeitsprüfung für Teamlösungen") können die Figuren der so genannten „Stakeholder" eingeführt und abgefragt werden.
Stakeholder meint Menschen und Gruppen, die ein vitales Interesse an der Arbeit des Teams und der Organisationen haben: Sie achten darauf, ob und wie ihnen die Arbeit des Teams den erwarteten (sozialen, ideellen, materiellen) Nutzen bringt und die möglichen (sozialen, ideellen, materiellen) Kosten ausgleicht.

Für ein Team ist es förderlich, diese Stakeholder ihrer Arbeit ins Team-Bewusstsein zu rücken und die eigenen Lösungsideen und Konzepte diesen Stakeholdern (persönlich bzw. stellvertretend) vorzustellen und ihre Auswirkungen wahrzunehmen:

○ In Beratungssituationen sind die Stakeholder selten dabei – sie können mittels freier Stühle ins Bild kommen und stellvertretend zu ihrer Stellungnahme interviewt werden, indem jeweils ein Teammitglied auf dem Stakeholder-Stuhl Platz nimmt und vom Berater oder Teammitgliedern interviewt wird.
○ Diese Interviews kann auch nur der Berater führen: Die Teammitglieder hören zu oder sind jeweils in den Stakeholder-Rollen.
○ Der Berater kann selbst hypothetische Stellungnahmen von Stakeholdern formulieren und die Auswirkungen aufs Team werden Thema.

⇨ Öko-Check

## Veränderung: Druck – Bereitschaft
*Quelle: R. Rabenstein nach dem Modell der Beratergruppe Neuwaldegg, Wien*

Dieses Modell zeigt die aktuelle Dynamik in einer Organisation/einem Team, ermöglicht die unterschiedlichen Einschätzungen zum Thema Veränderung sichtbar zu machen und zu diskutieren.

**1. Schritt**: Sie stellen das Modell am Flipchart vor und installieren es am Boden des Beratungsraumes (s. Grafik).

**2. Schritt**: Ein Teilnehmer beschreibt seine Einschätzung der Veränderungsbereitschaft der Organisation, in der er arbeitet ( eine Firma, ein Jugendamt...).
Sie laden die Klientengruppe ein, die Koordinaten von Veränderungsdruck und -bereitschaft im *Bezug auf ihre Organisation* abzugehen und sich dort zu positionieren, wie es ihrer aktuellen Einschätzung entspricht.
Stellung nehmen – Wahrnehmen der Unterschiede und Übereinstimmungen.

**3. Schritt**: Jeder Teilnehmer drückt seine eigene Veränderungsbereitschaft aus, wie er sie derzeit wahrnimmt. Alle stellen sich ihrer *Selbsteinschätzung* entsprechend auf.
Wo stehe ich im Bezug zur Position, die ich meiner Organisation in der ersten Runde zugedacht habe?
Stellung nehmen – Austausch – in übersichtlichen Gruppen Feedback zur Selbsteinschätzung.

**4. Schritt**: Hier vergleiche ich den 2. und 3. Schritt und reflektiere den Unterschied. (Das ist meine Sicht der Veränderungsmöglichkeiten und hier oder dort liegen die Anteile). Jeder Klient wechselt öfter aufmerksam zwischen der Position, die er der Organisation zugedacht hat, zur Position der Selbsteinschätzung. Was passiert? Austausch.

**5. Schritt**: Was bedeutet das für uns, welche Perspektiven ergeben sich für uns und für die Einzelnen daraus?

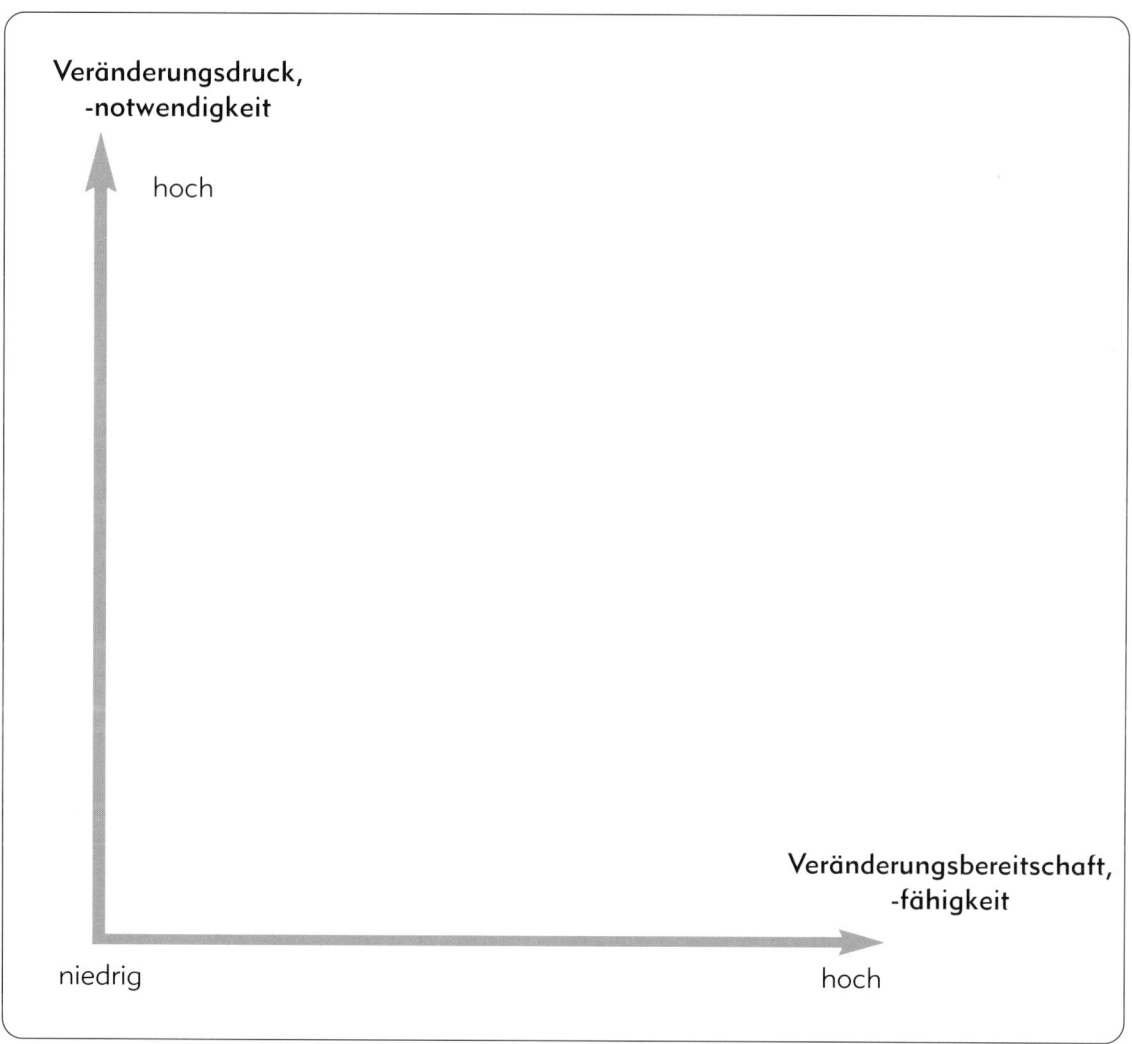

# Veränderung vermeiden in Organisationen
*Quelle: Organisations-Entwicklung*

> *„Anhaltende Erfolge sind ebenso kreativitätshemmend wie Misserfolg"*
> (Robert B. Diltz)

Organisationen vermeiden ähnlich wie Personen Veränderung. Manche Hypothesen meinen, dass sich Organisationen (wie Personen) überhaupt nicht freiwillig ändern, sondern nur über Notwendigkeiten.

Vielleicht ist das nicht entscheidbar. Es gibt Phänomene, die als Vermeidungsstrategien bewertet und beschrieben werden. Verhaltensweisen und Einstellungen werden gezeigt und kommuniziert, die zu vier typischen Bildern, Karikaturen geführt haben:

## Die vier „Vermeidungstypen"

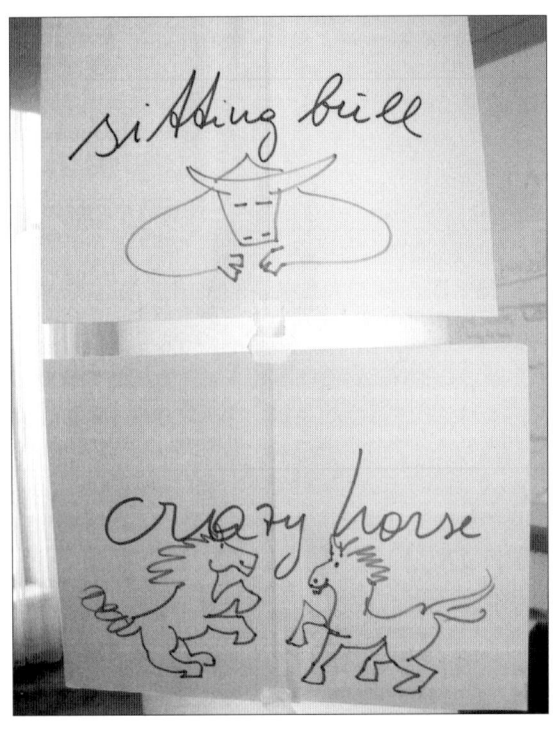

### Sitting bull
Die Organisation tut so, als ob Stabilität das Wichtigste wäre, die eigene Stärke wird betont, Veränderungsimpulse als „modisch" abgewertet, abgeschüttelt wie ein lästiges Insekt. „Wir sind wir!" Bisherige Erfolge gelten als Beweis für die Zukunft.

### Crazy horse
Manche Organisationen zeigen Überaktivität, Projektfeuerwerk, Ideenhektik, Strategienwechsel und erschweren so die Wandlungsfähigkeit.
Einige sind überaktiv, andere kommen nicht mehr mit oder werden durch die Überstürzung von Maßnahmen irritiert und skeptisch – das Gegenmodell zu „Sitting bull".

> *„Wer zu viel ändert, stört die Entwicklung."*
> (Waldefried Pechtl)

### Lame duck

Die Organisation zeigt sich eingeschüchtert, blind für ihre Möglichkeiten, lahm im Kommunizieren von Notwendigkeiten und Ideen. Es wird viel verschoben. Vielleicht geht es trotzdem gut! Man pendelt zwischen nicht Wahrnehmen, Selbstabwertung und Beschwichtigung/Schönfärberei.

### Pecking hen

Nervöses einander Anklagen und hektisches Vordrängeln und Kritisieren sind sichtbar. Die Stimmung ist aggressiv, gereizt, Fehler werden sofort als katastrophal und gefährlich angeprangert – statt sie als Quelle des Lernens zu verstehen.

(Bilder: R. Rabenstein)

## Anwendung:

1. Sie verwenden diese Metaphern/Beschreibungen zur Klärung der Dynamik ihrer eigenen Organisation. Sie machen sich ein Bild

2. In kleinen Teams, Gruppen:
   Die Bilder liegen angeordnet am Boden und jede Person stellt sich zu dem Bild, das ihrer Sicht von „Vermeidung in der eigenen Organisation" entspricht. Vorsicht vor Abwertung. Beleuchten Sie den Nutzen der jeweiligen „Strategie"!

3. In großen Gruppen:
   Die Bilder hängen gut sichtbar an den vier Wänden des Raumes. Paarweise/zu Dritt gehen die TeilnehmerInnen von Bild zu Bild und besprechen die Qualitäten (Kosten/Nutzen) der jeweiligen Vermeidungsart in der Organisation – und welche zur Zeit eher sichtbar, spürbar sind. Danach „siedeln": Jede einzelne stellt sich zu dem Bild, das ihrer Sicht momentan am ehesten entspricht. Dann Stellungnahmen mit konkreten Beispielen(!) der Personen zu den Bildern und Strategien. Was wäre noch möglich: Alternativvorschläge werden gesammelt.

# Öko-Check: auf Auswirkungen achten
*Quelle: NLP, traditionell, lösungsorientiert*

Öko-Check beschreibt eine wichtige Arbeitsphase während einer Lösungs- bzw. Zielarbeit: Lösungsideen eines Klienten werden nach ihren Auswirkungen in seiner Umgebung abgefragt:
- Wer wird als Erstes merken, dass du deinem Ziel nahe kommst?
- Wer wird den größten Nutzen, wer den kleinsten davon haben, wenn du das demnächst ausprobierst?
- Wer könnte sich dagegen sträuben – viel – weniger – gar nicht?
- Was wird dir diese Lösung nutzen, was wird sie dich kosten?
- Zahlt es sich aus – kannst du mit dieser Kosten-Nutzen-Bilanz leben?

So ein Öko-Check ist sowohl für **Einzelne**, **Paare** wie auch **Teams** wichtig und wertvoll. Diese Abfrage gibt den Betroffenen Auskunft, ob ihr persönlich durchaus stimmiges Ziel/Vorhaben in der Lebenswelt passend, nützlich, chanceneröffnend wirkt.

Wenn nicht, dann sind entweder Ziel-/Lösungskorrekturen wichtig oder eine neue Beschreibung von Auswirkungen der relevanten Umwelten möglich.

➪ Organisationen / Stakeholder als Mitwirkende
➪ Zielarbeit

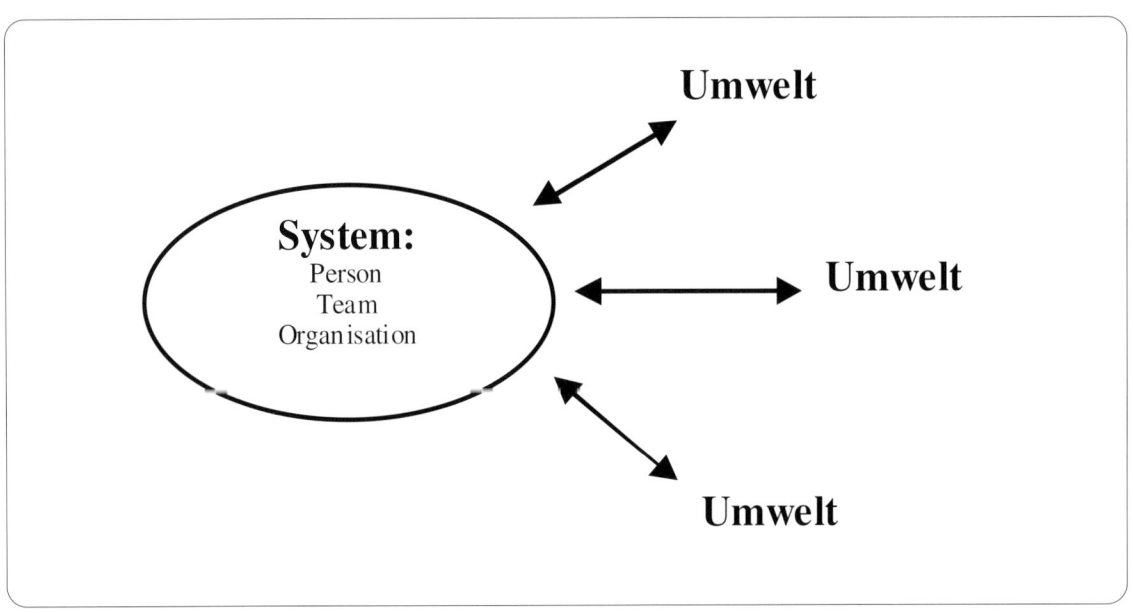

# Paar-Beratung

▻ Einstieg
▻ Partnergespräche
▻ Polaritäten balancieren


# Panorama-Arbeit
*Quelle: H. G. Petzold und MitarbeiterInnen*

Eher **für die Einzelberatung** oder **für erfahrene Gruppen** geeignet.

Mit „Panorama" ist hier ein Bild gemeint, das eine zeitliche Entwicklung, meist eine biografische, darstellt, entweder als Lebenspanorama allgemein oder fokussiert auf bestimmte thematisch relevante Aspekte, also etwa:
- mein Arbeitspanorama
- meine Lerngeschichte
- mein Sexualpanorama
- mein religiöses Panorama
- mein Körperpanorama...

Damit die Anleitung, ein solches Panorama zu malen, Sinn macht, sind einige Voraussetzungen zu erfüllen.
- Der Berater muss selbst mit dieser Technik „am eigenen Leibe" vertraut sein.
- Das Setting muss passen: für Einzelberatung ja, in Gruppen mit Vorbehalt (therapeutische Kompetenz!), in Teams nicht (zu persönliche Involvierung ist kontraproduktiv für ein Teamklima).
- Die Rahmenbedingungen müssen stimmen: genug Zeit, keine Störungen.

Wenn diese Bedingungen gegeben sind, kann der Berater den Klienten einstimmen, sich zu zentrieren und in seiner Fantasie sein Leben zu durchwandern mit dem inneren Focus, um den es hier gehen soll (s. o.). Das kann und muss der Berater in seinem persönlichen Stil gestalten: Manche fangen heute an und lassen die KlientInnen zurückwandern bis in die frühe Kindheit oder bis zur Geburt, manche beginnen gleich „am Anfang" und manchmal habe ich es auch als günstig erlebt, wenn der Klient eingeladen wird, bei irgendeinem Ereignis im Leben zu beginnen, das ihm als erstes in den Sinn kommt, dieses sich genauer auszumalen und erst dann noch weiter zurück oder näher zur Gegenwart zu wandern, um weitere Erfahrungen einzusammeln.

Anschließend führt der Berater den Klienten zurück ins hier und jetzt und stellt das Material zum Malen zur Verfügung.

Das gemalte Bild soll durch seine Stimmung wirken, bevor Einzelheiten erklärt werden. Beachten Sie die Veränderungen in Haltung und Stimme beim Klienten während des Erklärens. Sie haben durch das Bild und seine Präsentation jetzt eine Fülle von neuem Material für die weitere Arbeit.

Bei längeren Beratungsprozessen ergibt sich eine gute Ergänzung zwischen der Panorama-Arbeit und der Gestaltung der Stützen der Identität.

▻ Diagnose-Modelle / Diagnose-Modell „Stützen der Identität"

# Paradoxe Interventionen

⇨ Interventionen

# Partnergespräche – kreative Impulse

Das Prinzip, kurzfristig mit wechselnden PartnerInnen abwechslungsreiche Impulse zu gestalten und zu erleben, stammt aus der Animation und der Erwachsenenbildung. Es lässt sich auch in der **Gruppen- und Teamberatung** belebend und vielseitig einsetzen:

### 1. Zur kreativen Verwirrung: „Zwiebel, Kugellager"

Die TeilnehmerInnen bilden im Doppelkreis Paare: Sie diskutieren mit ihrem Gegenüber genau 1 Minute lang über das anstehende Thema; dann wird das Gespräch abgebrochen und die PartnerInnen wechseln im Außenkreis einen Platz nach links. Mit dem neuen Partner geht die Diskussion genau 1 Minute lang weiter.
Jetzt wird wieder einen Platz nach links gewechselt usw., bis alle wieder vor ihrem ersten Partner stehen: Mit diesem bespreche ich jetzt, was sich durch die eigenartigen Kurzgespräche bei mir geändert hat.

### 2. Zur kreativen Belebung: „Wechselnde Partner"

Die TeilnehmerInnen bilden Paare: Diese bekommen einen kreativen Impuls (s. Beispiele) für ca. 2 bis 5 Minuten. Dann verabschieden sie sich, bilden neue Paare und bekommen einen neuen Impuls usw.
Insgesamt sind mindestens fünf solcher Impulse günstig zur Belebung einer Gruppe oder eines Teams. Wenn weniger als 10 TeilnehmerInnen da sind, können sich auch Paare erneut treffen für einen weiteren Impuls.
Anschließend kehren alle zurück in die Runde und spüren, was sich in der Energie und Gefühlslage geändert hat.

**Beispiele für kreative Paarimpulse:**
- „Titel": Wenn über unser Thema ein Film gedreht würde: Welcher pfiffige Titel würde passen? (Auf ein Plakat schreiben.)
- Wie – glaubst du – denke ich im Innersten über unser Problem? Forme mich in eine Haltung, die diese Gesinnung deutlich ausdrückt. (Anschließend innerhalb der Paare kurz austauschen, was an der Haltung passt und was nicht.)
- „Logo": Wir zwei zeichnen gemeinsam ein Symbol oder ein schnelles Bild über das Thema. (Anschließend aufhängen, aber keine Diskussion.)
- Wenn wir zwei allein entscheiden könnten oder müssten: Was würden wir tun?
- Was täten wir gemeinsam jetzt lieber als hier über das Thema reden?
- Eine von uns spielt die Optimistin, eine die Pessimistin: 2 Minuten Diskussion über das Thema.
- „Text": Bitte einen kurzen Textbeitrag zur neuen Hymne über unsere Gruppe/ unser Team, vielleicht im gleichen Versmaß wie unsere Nationalhymne.

Erst wenn die Paararbeiten beendet sind, werden die Ergebnisse begutachtet und kommentiert. Vor allem ist es aber wichtig, auf die Veränderung der Stimmung zu achten, die durch solche Aktionen bewirkt werden.

⇨ Ansprüche
⇨ Erfolgs-Statue
⇨ Feedback / Feedback-Partner


# Perspektiven wechseln

⇨ Positionen nützen


# Platz finden, meinen
*Quelle: R. Reichel u. a.*

Ein Beispiel für die **Einzelberatung**:
Es ist immer wieder verblüffend für KlientInnen, wenn sie entdecken, welche Aussagekraft durch die Verkörperung von Gefühlen, Fragen oder Eindrücken entsteht. Und das geht manchmal ganz einfach:
Ein Mitarbeiter in einer Organisation hat einen Karrieresprung gemacht, fühlt sich aber neuerdings ziemlich unzufrieden. In der Einzelberatung (Coaching) wird er eingeladen, sich den Beratungsraum als seine Organisation vorzustellen:

*„Suchen Sie sich bitte den Platz im Raum, der Ihrer derzeitigen Position entspricht. Wir können einen Stuhl dort hinstellen oder Sie können stehen... wie es für Sie besser passt. Nehmen Sie möglichst genau eine Haltung ein, die zu Ihrer Position passt.*
*Nehmen Sie Ihre Körperempfindungen wahr... und spüren Sie: Da bin ich jetzt!*
*Gehen Sie jetzt mit Ihrer Erinnerung zu Ihrer früheren Position hier in dieser Organisation... Spüren Sie, wo damals Ihr Platz hier war...*

**Platz finden**

*Gehen Sie dorthin und nehmen Sie die dazu passende Haltung ein... Spüren Sie Ihre Körperempfindungen und Gefühle...
Gehen Sie langsam zum Platz Ihrer jetzigen Position und spüren Sie, was sich auf dem Weg in Ihnen verändert...*
(Dieses den Platz Wechseln kann mehrmals wiederholt werden).
*Fragen Sie jetzt Ihren Körper, wo ein für ihn guter Platz hier wäre... und welche Haltung würde hier gut passen?...
Probieren Sie den neuen, guten Platz und die neue, gute Haltung...
Kehren Sie zurück in Ihre jetzige Position und fragen Sie sich möglichst ohne Druck: Wie könnte ich diesem guten Platz und dieser guten Haltung näher kommen?*
(Auch hier ist mehrmaliges Ausprobieren durch einen Platzwechsel günstig.)
*Kehren Sie dann wieder in unseren Raum zurück...
Ich bin neugierig, was Sie innerlich erlebt haben."*

⇨ Wege gehen

Für die **Gruppen- und Teamberatung**, wenn Beziehungs- und Rollenklärung angesagt ist:
*"Lassen Sie sich durch den Raum gehen... Kommen Sie dabei mehr und mehr zu sich, d. h. richten Sie Ihre Aufmerksamkeit weg von den anderen und hin zu Ihrem Empfinden beim Gehen durch diesen Raum...
Wenn dieser Raum der symbolische Rahmen für die Gruppe ist, dann spüren Sie mal: Wo ist hier mein Platz?...
Probieren Sie mehrere Möglichkeiten und entscheiden Sie sich dann für einen Platz und eine Haltung!
Bleiben Sie jetzt – eingefroren – in Ihrer Haltung, während Sie der Reihe nach sagen, was dieser Platz und diese Haltung ausdrücken wollen..."*
Wenn alle ihre Position kommentiert haben, geht die Anleitung weiter:
*"Konzentrieren Sie sich wieder auf sich selbst...
Spüren Sie: Was ist mein nächster Schritt? Welcher Impuls ist in Ihnen, um Ihren jetzigen Platz zu verändern? Machen Sie das jetzt!
Nun kommentieren Sie wieder Ihre neue Position. Bitte nicht diskutieren, nur mitteilen und zuhören..."*
Dann wird das Ganze ein drittes Mal wiederholt. Für die Nachbesprechung gibt das reichlich Material.

Noch intensiver für die Einzelnen wird es, wenn jeder für sich noch einmal die drei Positionen in einer Bewegungsfolge (vielleicht mehrmals) nachempfindet und dann nachspürt, was diese Bewegung als persönliche Tendenz hier in der Gruppe bedeuten könnte.

⇨ Schiff

# Polaritäten balancieren

Viele Probleme und Konfliktbeschreibungen können wir mit dem Modell der Polaritäten erklären, verstehen und mit Lösungsbildern anreichern.
Verhaltensweisen, Einstellungen werden als unvereinbar erlebt, als gegensätzlich beschrieben, positiv-negativ bewertet. Das eine erscheint gut/erlaubt, das andere schlecht/verboten. Rasch werden dann die Interaktionspartner in die guten und die bösen eingeteilt. Ein heftiges Ringen um Richtig und Falsch lähmt, eskaliert, verhärtet Fronten, lässt nach Schuldigen suchen. Unterschiede werden so zu Unvereinbarkeiten, zu Gegnerschaften.
Sowohl in der Selbstbeschreibung Einzelner wie im Zusammenspiel zwischen Paaren und in Teams kann die Sicht auf und das Beschreiben von Polaritäten ein Handhaben dieser erleichtern.

## Dimensionen/Polaritäten der (Paar-)Beziehung: fixieren, polarisieren, balancieren
*Quelle: nach Hans Jelluschek, R. Rabenstein*

Drei Möglichkeiten können beschrieben werden, die polaren Bewegungen und Kräfte einer (Paar-)Beziehung zu nutzen, zu bewältigen, zu gestalten:
**fixieren, polarisieren, balancieren.**

### 1. Fixieren:

Die Beziehungspartner fixieren sich auf einen Pol. Der andere Pol, die andere Kraft wird (gemeinsam) vermieden und vielleicht sogar abgewertet.

## 2. Polarisieren:

Die Beziehungspartner besetzen jeweils die gegensätzliche Kraft, den gegensätzlichen Pol – sie spalten. Die Position des anderen wird als unvereinbar mit der eigenen beschrieben. Meist wird auch einer der gegensätzlichen Pole „besser" als der andere bewertet – und der Beziehungspartner mit dazu.

## 3. Balancieren:

Die Beziehungspartner wechseln im verstehbaren und mitfühlbaren Tempo zwischen den Polen, nützen die Verschiedenheit der Kräfte, die Unterschiede der Qualitäten. Die Ambivalenz von Bedürfnissen wird erkannt, geachtet, verhandelt.

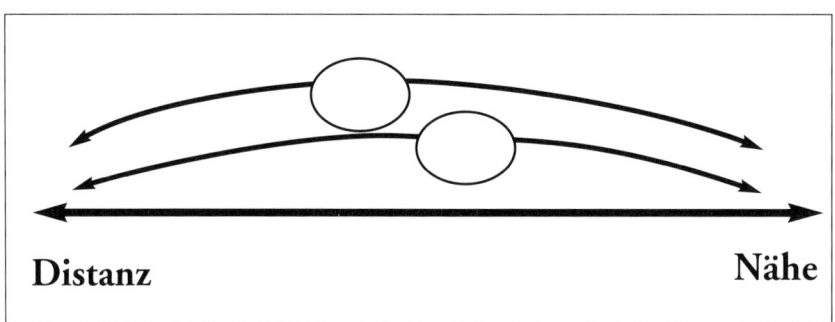

Ähnliches können wir in jedem Beziehungssystem beschreiben: Rund um Werte gruppieren sich Bewertungen – in Teams z. B.
Innenarbeit – Außenkontakte,
Verändern – Bewahren,
Ordnung – Improvisation,
Autonomie – Verbundenheit.

Auch **Teams** können hier mit Fixieren, Polarisieren/Spalten und Balancieren versuchen mit diesen Unterschieden fertig zu werden.

⇨ Team / Polaritäten/Dimensionen eines Teams

# Fünf Dimensionen der Paarbeziehung

Hans Jelluschek beschreibt fünf bedeutsame Dimensionen für eine (Paar-)Beziehung. Vom Gelingen des jeweiligen Balancierens – in den jeweiligen Beziehungsphasen unterschiedlich wirksam – wird die Beziehungsqualität beeinflusst und die Beziehung als eher zufriedenstellend oder unzulänglich empfunden und beschrieben. Paare können ihre Einschätzung vornehmen und sie einander vorstellen – einen Dialog über ihre Beziehung eröffnen und Lösungsbilder erfinden:

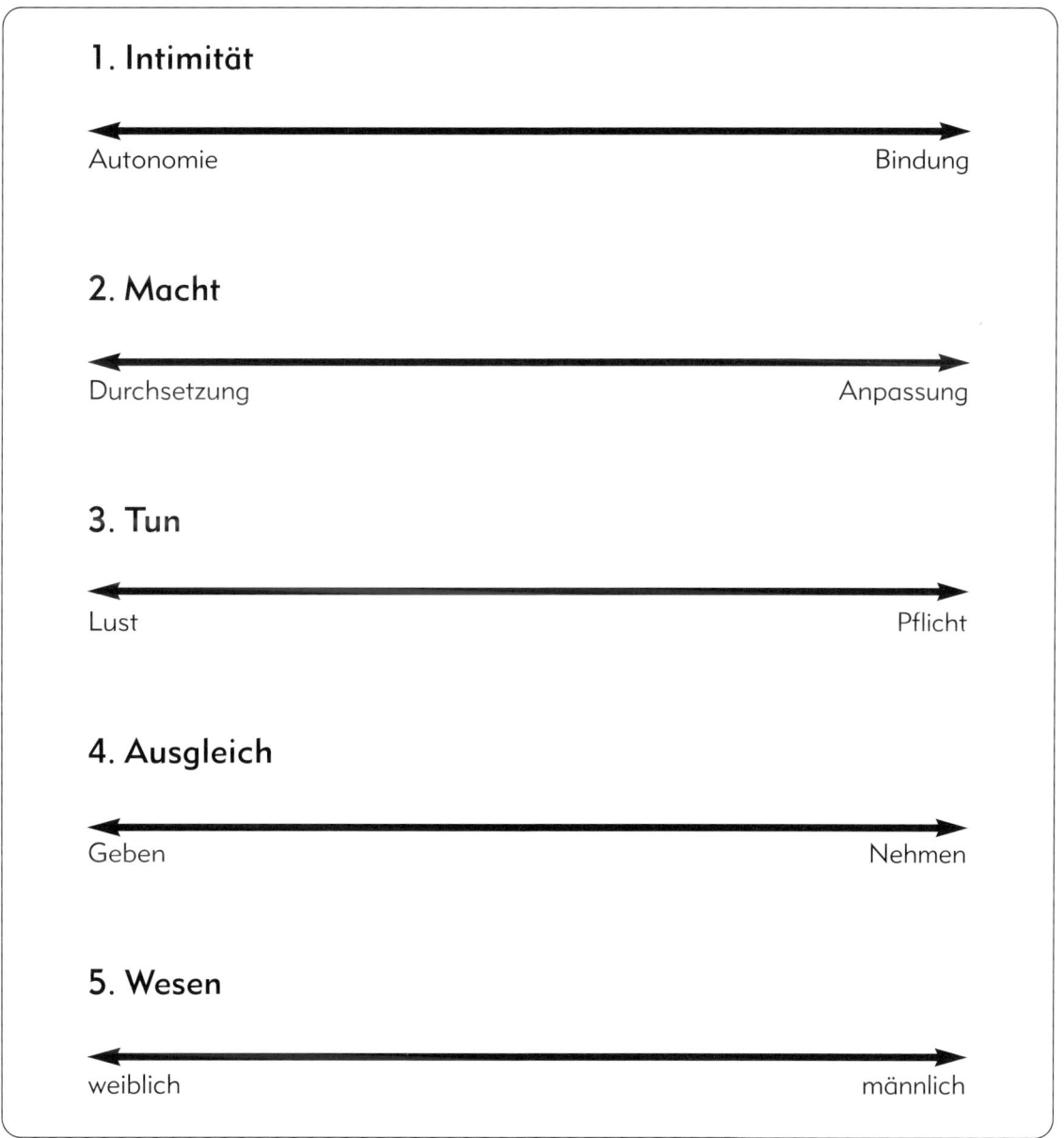

# Positionen nützen – Perspektiven wechseln

⇨ Aufstellungen
⇨ Ressourcen-Rad
⇨ Problem-Lösungs-Struktur

## Drei Positionen: Ich – Du – Meta
*Quelle: NLP*

Für viele soziale (Konflikt-) Situationen bringen die „Drei Positionen" wertvolle Sichtweisen und Ressourcen zu neuen bzw. zusätzlichen Handlungsmöglichkeiten.
Die Klientin benennt die Situation und die Person, mit der sie etwas klären will.
In einem Dreieck (s. Skizze) legt die Klientin am Boden drei Kärtchen so auf, dass sie sich später darauf stellen kann:

1. ICH
2. DU – die andere Person
3. META-Position – die Position, in der ich auf beide (1. und 2.) gleich gut und neutral sehen kann (gleichseitig entfernt zu 1. und 2. auflegen!).

Nun werden die Entfernungen überprüft – und die Arbeit kann beginnen.
1. Die Klientin stellt sich auf ICH, schaut zum DU hinüber, beschreibt, wen sie sieht und achtet auf ihre Gefühle und Einstellungen. — Kommen ihr Sätze in den Sinn? Aussprechen...
2. Dann wechselt die Klientin zu DU, schaut auf ICH und beschreibt, wie sie ICH sieht, welche Gefühle und Einstellungen kommen. — Sätze aussprechen; möglicherweise einige Male hin und her wechseln.
3. Danach wechselt sie auf die META-Position:

**Variante 1: Regieposition.**
Die Klientin achtet auf den „Regieblick":
*„Welche Beziehung sehe ich aus dieser Entfernung, in dieser Position? Welchen Tipp möchte ich den beiden als „Regisseurin" geben?"* – Die Regieanweisung wird zu beiden gesprochen.
Dann wechselt die Klientin wieder zum ICH und DU. – Sie spürt, wie die Regieanweisung ankommt, ob sie nützt.

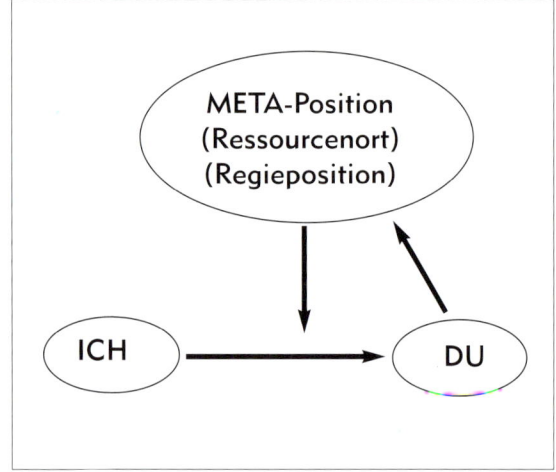

**Variante 2: Im Ressourcenort.**
In der Metaposition wird zunächst (und zusätzlich) ein guter Ort abgefragt: *„Wo, in welcher Situation, an welchem Ort warst du in letzter Zeit rundum zufrieden?"*
Die Klientin wird nach den sinnlichen Qualitäten gefragt: *„Was siehst du da, was hörst du, was spürst/tust du, was riechst, schmeckst du?"*
Wenn der Ort derart vergegenwärtigt ist, wird die Klientin eingeladen, von hier nach dort zu blicken – wo die beiden stehen – und aus diesem guten Gefühl darauf zu schauen, was die Beiden brauchen könnten, um in ihrer Situation/ihrem Konflikt weiterzukommen.
Nun kann die Klientin versuchen den beiden diese Qualitäten zukommen, zufließen zu lassen – als Farbstrom oder in anderer Form.
Jetzt stellt sie sich abwechselnd ins ICH und DU und überprüft, was sich verändert, wenn sie als ICH und als DU diese Qualitäten zusätzlich bekommt und annimmt.

# 3. Position – META-Position einführen

Diese Position, diese Perspektive lädt ein, distanziert, möglichst neutral, „gleich weit entfernt" zum Problem und zur Lösung, gleich weit entfernt zu verschiedenen Interaktionspartnern sich hinzustellen, hinzusehen, neu zu denken und zu fühlen.

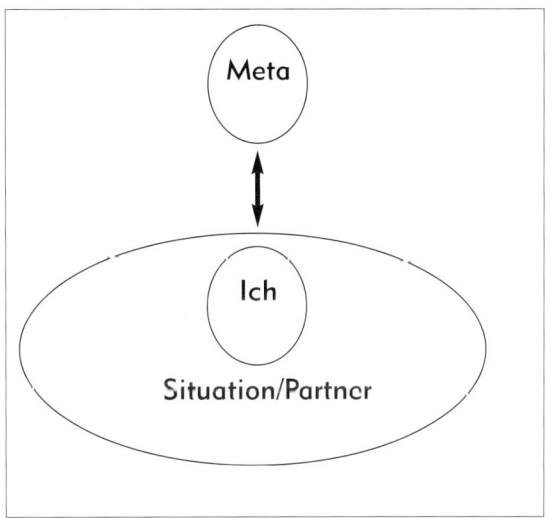

Je problematischer bzw. komplexer die Situation(sbeschreibung) ist, desto wichtiger ist es, dass Sie als Berater zeitgerecht und regelmäßig die Klientin einladen, diese 3. Position einzunehmen, aufzusuchen. Diesen Vorgang nennen wir „dissoziieren", Abstand zum jeweiligen Geschehen gewinnen. Ebenso nützlich ist es, wenn Sie als BeraterIn regelmäßig diese neutrale Perspektive, diese Metaposition einnehmen. Sie helfen damit der Klientin, selbst diese Position einzunehmen und erleichtern sich selbst die Arbeit: Neutralität als Quelle der Energie und Freiheit der Beratung.

Sie können dies so einführen:
*„Wenn ich Ihnen so zuhöre, kommt mir dieses Bild... Aus der Entfernung betrachtet könnte man auch sagen, sehen, denken... Ich stelle mir gerade vor, ich schwebe mit einem Ballon..."*
Diese Gedankengänge lösen Sie bei der Klientin aus durch Fragen wie:
*„Wenn Sie sich selbst zuhören, welches Bild zu Ihnen und Ihrer Situation könnten Sie sich machen? Aus einiger (zeitlicher, räumlicher) Entfernung betrachtet: Was könnten Sie auch sagen, sehen, denken...? Stellen Sie sich vor, Sie schweben mit einem Ballon und schauen auf... Ein Unbeteiligter (Name?): Was würde er sagen, denken, tun?"*

### Variante 1: Regie-Bühnen-Position.
Die Klientin achtet auf den „Regieblick": *„Wie ist es, wenn ich wie eine Regisseurin auf ein Geschehen auf der Bühne schaue? Welche Beziehung sehe ich aus dieser Entfernung, welche Ressourcen, welche Lösungsansätze, welche neuen Bewertungen kommen in dieser Position? Welchen Tipp möchte ich den Personen auf der Bühne als „Regisseurin" geben?"*
Die Regieanweisung wird zu beiden Positionen gesprochen. Dann wechselt die Klientin wieder auf die Bühne und merkt, wie die Regieanweisung ankommt, ob sie nützt.

### Variante 2: Im Ressourcenort.
In der Metaposition wird zunächst (und zusätzlich) ein guter Ort abgefragt.

⇨ Beratungs-Modelle
⇨ Positionen nützen / Drei Positionen

## Freak-Position ins Spiel bringen
*Quelle:*
*Christine Essen, Paul Eichinger – NLP*

In einer Problembeschreibung, in der Interaktionspartner vorkommen, kann die Einführung der Freakposition (Was ich gut und gerne tue!) zusätzlich zur Metaposition sehr nützlich sein. Die Grafik zeigt die Struktur: Sie laden die Klientin ein, die vier Stühle zu stellen zu den vier genannten Positionen in dieser gezeigten Art.
Danach regen Sie die Klientin an, der Reihe nach diese unterschiedlichen Stühle zu besetzen:
**Ich** – wie ist es hier, wie schaue ich zum Du, welcher Dialog kommt?
Dann wechseln zum **Du** – wie fühle ich hier, wie schaue ich zum Ich, welche Dialoge kommen?
Es folgt die **Meta**-Position – wie ist es hier, wie schaue ich aus dem Abstand zu den beiden, welche Ideen kommen, was möchte ich beiden sagen?
Zum Schluss zur **Freak-Position** – was ich gern, leicht und gut tue – welche Ideen kommen mir, wenn ich dieses Geschehen (als Köchin, Snowboarderin, Malerin etc.) betrachte?

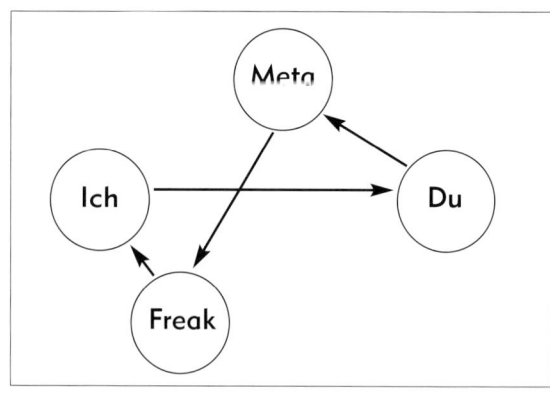

Die Klientin gibt dem Ich einen Tipp und wechselt danach in die Ich-Position. Hier spürt sie den Tipp und probiert ihn im ersten Dialog mit dem Du aus.
Nun wechselt sie wieder zum Du:
Wie kommt die neue Art an?

Abschließend steigt die Klientin aus den Positionen heraus; mit der Beraterin tauscht sie ihren jetzigen Zustand und die Auswirkungen der Übung aus.

## Ich bin du
*Quelle: traditionell, Paul Lahninger*

**Für Teams, Gruppen und Paarberatung**:
Einfühlender Dialog: Zwei Partner stehen/sitzen einander gegenüber. Der eine versucht als Gegenüber die momentane Situation/das Beratungsthema des jeweils anderen zu beschreiben.
Erika: *„Ich bin Paul und fühle mich gerade... tue... denke... möchte... wünsche mir... werde ausprobieren."*
Es folgt ein kurzes Feedback von Paul.
Danach werden die Rollen getauscht.
Paul: *„Ich bin Erika, ich..."*
Abschließend gibt Erika ihr Feedback.

⇨ Dramatisieren / Monodrama
⇨ Einstieg / Ich bin du

## Problem, Sichtweise, Experte, Hofnarr
*Quelle: Paul Gschwandtner*

Eine einfache Möglichkeit, in einer Problemschilderung neue Positionen zu nützen. Der Klient wird eingeladen – nach einer ersten Beschreibung seiner Anliegen und des Problems – folgende Positionen mittels Stühlen oder Kärtchen am Boden zu markieren:
○ das Problem
○ meine derzeitige Sichtweise
○ die gegenüberliegende, gelöste Position
○ Experte, Diplominhaber zum Thema
○ Hofnarr

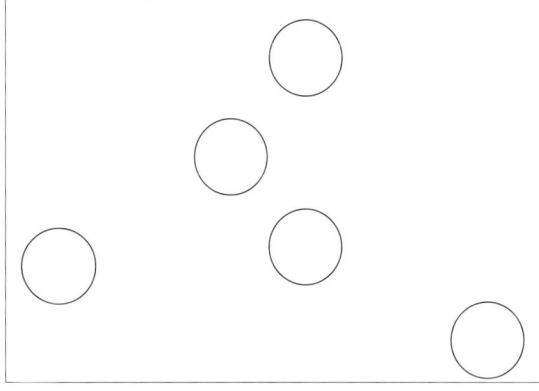

Aus diesen Positionen beschreibt der Klient die verschiedenen nun entstehenden Perspektiven und nähert sich durch das Umgruppieren und Neupositionieren der genannten Positionen neuen Sichtweisen – vielleicht sogar einer Lösungssicht.

# Problem-Lösungs-Struktur beschreiben und verändern
*Quelle: Ganz im Gegenteil. Matthias Varga von Kibéd, Carl Auer Verlag 2000.*

Mit diesem Modell werden wesentliche Schritte und Perspektiven einer „Problemstruktur" beschreibbar, sichtbar und als Positionen im Raum aufstellbar (als Kärtchen am Tisch, als Markierungen am Boden zum Selbsthinstellen, als Sessel zum Platz nehmen und mit Personen als Aufstellung).
Das schrittweise Benennen der einzelnen Problem-Lösungs-Aspekte (s. Fragenkatalog) bringt Klärung und oft auch freiere Sicht auf Lösungsmöglichkeiten.
Sie können die folgenden Fragen auch als Struktur für eine idealtypische Beratung ansehen und nützen – und zur Eigenarbeit, zum „Selbstcoaching".

⇨ Selbstcoaching

**Variante Einzelberatung:**
Sie laden die Klientin ein, für die oben genannten Aspekte jeweils ein Kärtchen zu wählen, dann diese Aspekte aufzulegen und genauer zu beschreiben. Sie gehen so mit ihrer Klientin schrittweise durch die „Problemstruktur" und ermöglichen Einsichten in den „Nutzen" des Problems, Entdeckungen von bisher ungenutzten Ressourcen und Lösungstendenzen.
Die Klientin verschiebt nun die Markierungen (Kärtchen o. Ä.), sodass eine Lösung möglicher wird. Dazu kann sich die Klientin in jede Position stellen und von dort die Tendenzen entwickeln.

**Variante Gruppenberatung:**
Der Problembeschreiber stellt die unten genannten Aspekte mit den Gruppenteilnehmern auf. Sie interviewen, stellen um usw. wie bei „Aufstellungen"

⇨ Aufstellungen

**Variante Selbstcoaching:**
Sie formulieren Ihr Problem (= Focus) auf einem Kärtchen und gehen dann schrittweise wie oben erfragt vor und schreiben jeden Aspekt auf ein Kärtchen. Sie legen die Kärtchen auf, gruppieren sie um... – bis Sie eine Klärung und vielleicht sogar eine Lösung erkennen.

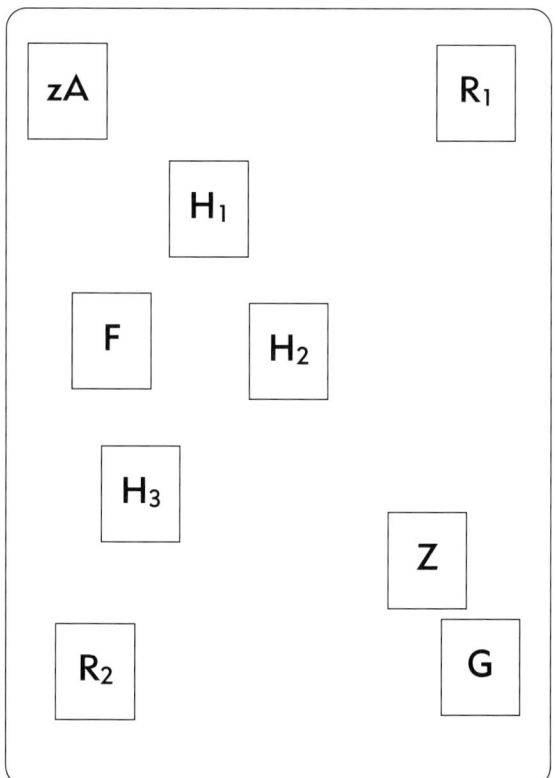

## Beschreiben und Verändern einer Problemstruktur

Wählen Sie ein Problem oder Anliegen, bei dem Sie zu einer neuen Haltung finden wollen.

### Mein Focus:
Wer hat das Problem? Ist es Ihr eigenes Anliegen? Spielen fremde Aufträge eine Rolle? Geht es um Loyalitäten? Wenn ja, zu wem? Ist es Ihr Problem als Einzelperson oder als Vertreter einer Gruppierung?
Das ist der Focus, den Sie nun auf ein Kärtchen schreiben.

### Mein Ziel, meine Richtung:
Kein Problem ohne Richtung oder Ziel. Wohin soll es gehen, was soll anders werden? Woran werde ich und werden andere merken, dass das Problem verschwunden ist, dass ich mein Ziel erreicht habe?
Notieren Sie nun „Mein Ziel".

### Drei Hindernisse:
Kein Problem ohne Hindernisse. Kein Hindernis, das nicht schon eine verdeckte Ressource darstellte. Hindernisse können auch Schutzfunktionen haben. Womit müsste ich fertig werden, wenn diese Hindernisse verschwunden wären?
Mein 1. Hindernis/Schutzwall/Helfer:
Mein 2. Hindernis/Schutzwall/Helfer:
Mein 3. Hindernis/Schutzwall/Helfer:

### Meine ungenützten Ressourcen:
Etwas als Problem in Erwägung zu ziehen heißt, dass wir schon akzeptiert haben, dass noch nicht alle Ressourcen ausgeschöpft sind:
Meine 1. ungenützte Ressource:
Meine 2. ungenützte Ressource:

### Verdeckter Gewinn:
Höchstwahrscheinlich kann sich ein Problem nur stabilisieren, wenn das System, in dem es das Problem als Problem gibt, auch etwas durch das Problem gewinnt. Dies ist der geheimnisvollste Teil bei jedem Problem. Wird das bei der Lösung nicht berücksichtigt, so garantiert das einen Rückfall ins Problem:
Ideen, Hinweise auf meinen verdeckten Gewinn:

### Meine künftige Aufgabe:
Was wird nach der Lösung des Problems dran sein? Womit müsste ich fertig werden, wenn ich schon Erfolg gehabt hätte? In welchem weiteren Rahmen von Zielen und Aufgaben ist dieses Anliegen für mich wichtig?

## Problem-Lösungs-Struktur-Aufstellung
*Quelle: Hannes Brandau, Wolfgang Schüers*

Der Klient wird eingeladen für folgende „Gestalten" (Anteile) seiner Problembeschreibung Personen zu wählen:
- sein Problem
- die Lösung des Problems
- Hindernisse auf dem Weg zur Lösung
- Lernaufgaben, die in diesem Problem enthalten sein könnten
- wichtige Ressourcen (Hilfsquellen, Fertigkeiten)
- sich selbst

Sie laden den Klienten nun ein, diese Gestalten ohne Erklärung im Raum in Bezug zueinander aufzustellen.

Jetzt wählt der Klient weitere Gestalten: „Liebe", „Witz" und „Klarheit" und stellt sie im Raum dazu.
Die DarstellerInnen der Gestalten beschreiben ihre gegenwärtigen Empfindungen. Sie unterstützen den Klienten im Ausprobieren neuer Ordnungen des Problems in Richtung Lösung.
Ist eine gute Neuordnung gefunden, stellen Sie den Klienten an die Stelle seines Darstellers und er kann von „innen" sein Lösungsbild wahrnehmen und aufnehmen – wenn es stimmt.
Abschließend müssen die Beteiligten entrollt werden: *„Ich bin... und nicht..."* – Reflexion.

# Problembild – Lösungsbild malen

⇨ Bild malen

# Problem-Beschreibungen

⇨ Aufstellungen
⇨ Beschreiben – Erklären – Bewerten
⇨ Bild malen / Problembild – Lösungsbild malen
⇨ Problemverhalten
⇨ Problem-Lösungs-Struktur
⇨ Sketch-Diagnose
⇨ Symbole
⇨ Titel finden

# Problemlösungs-Zwiebel

*Quelle: Systemische Interventionen. B. Königswieser u. a. Klett-Cotta 1998*

Der „Problemlösungs-Zwiebel" liegt eine Idee zu Grunde, die für die meisten Interventionserfindungen und Beratungen effektiv erscheint: das systemische „Prozess-Modell" der Beratergruppe Neuwaldegg.

Meist beschreiben wir bunt gemischt die Probleme mit deren Erklärungen und (verworfenen) Lösungen. Dies geschieht noch vermischter (und oft verworrener) in einer Gruppe, einem Team. Die einen beschreiben, die anderen erklären, andere liefern bereits ungeduldig Lösungsvorschläge. Dies kann ein kreatives Zusammenspiel sein – und manchmal ein ineffektives, frustrierendes Durcheinander.

Dieses Modell regt dazu an, die einzelnen Schritte voneinander zu trennen, sie nacheinander zu bearbeiten:
1. **Problem beschreiben,**
2. **Hypothesen bilden,**
3. **Lösungsideen erfinden,**
4. **Handlungen/Interventionen setzen.**

Nachdem alle vier Stufen bearbeitet sind, beginnt man nach einiger Zeit wieder von vorn.
Als „Prozess-Modell" sieht der Vorgang so aus:

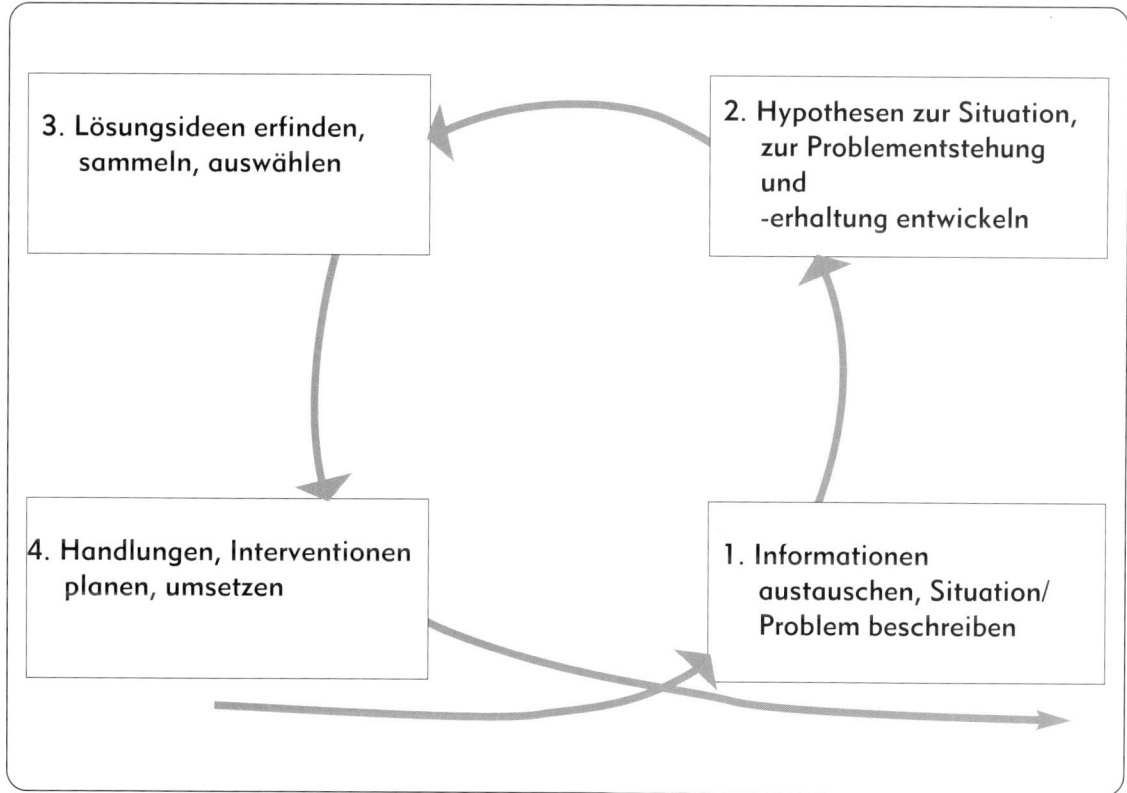

# Problemlösungs-Zwiebel

**Das Prozess-Modell in der Einzelberatung:**
Sie können dieses Modell als innere Landkarte für Ihr beratendes Vorgehen nützen. Sie können dieses Modell Ihren KlientInnen vorstellen und mit ihnen Schritt für Schritt ihr Problem durchsprechen bis zum Interventionen-erfinden. Dies können Sie auch im Beratungsraum räumlich, von Station zu Station gehend, inszenieren.

**Das Prozess-Modell in der Teamarbeit für kollegiale Beratungssituationen:**
Das Team/die Arbeitsgruppe arbeitet schrittweise an einer Problemstellung. Eine Mitarbeiterin moderiert und achtet darauf, dass die 4 Schritte nacheinander gegangen werden.

**Die Problemlösungs-Zwiebel in der Team- und Gruppenberatung:**

1. Die Gruppe einigt sich auf das zu bearbeitende Thema.

2. Sie erklären das obige Prozessmodell und die „Problemlösungs-Zwiebel".

3. Nun bilden Sie nach „Betroffenheit" drei Gruppen (z. B: Alle stellen sich auf einer Betroffenheitslinie von 0-10 auf): stark – mittel – kaum betroffen.
Die „stark betroffene" Gruppe wird die *Problembeschreiberin*, die „mittel betroffene" Gruppe wird die *Hypothesenerfinderin* und die „kaum betroffene" Gruppe wird die *Lösungserfinderin*.

4. Die Gruppe mit den „stark Betroffenen" setzt sich in die Mitte, die beiden anderen rundherum im Außenkreis – mit Schreibzeug. Erstere schildert ihr Problemerlebnis, ihre Erfahrungen, ihre Emotionen. Die Beraterin interviewt z. B. mit den Fragen: Wie bemerken Sie, dass es ein Problem gibt? Was ist für Sie die größte und was die kleinste Schwierigkeit daran? Wer merkt noch, dass es ein Problem gibt? Im Außenkreis schreibt die Gruppe mit den „mittel Betroffenen" Hypothesen auf, die „kaum Betroffenen" ihre Lösungsideen (ca. 10 Min. – nicht länger!).

5. Die Gruppe der Hypothesen-Erfinder kommt in die Mitte und nennt reihum, ohne viel zu diskutieren, ihre Hypothesen: Wie entsteht und wie erhalten die Beteiligten das Problem? Was könnte der Nutzen sein – für wen? Wie kann das Problemverhalten anders bewertet bzw. auch neu gesehen werden? (ca. 10 Min.) Die Problembeschreiber hören im Außenkreis zu, die Lösungserfinder notieren weitere Lösungsideen.

6. Die Lösungserfinder kommen nun in die Mitte und nennen ihre Lösungsideen – ohne Einigungsdruck! Eine Teilnehmerin des Außenkreises schreibt am Flipchart die Ideen mit. (ca. 10 Min.)

7. Alle wählen die attraktivsten Lösungen mittels Punkten aus und es erfolgen mögliche Klärungen.

8. Wer macht was mit wem bis wann? Wer kontrolliert? Die Klienten erstellen ein Raster und tragen dort ihre Entscheidungen ein.

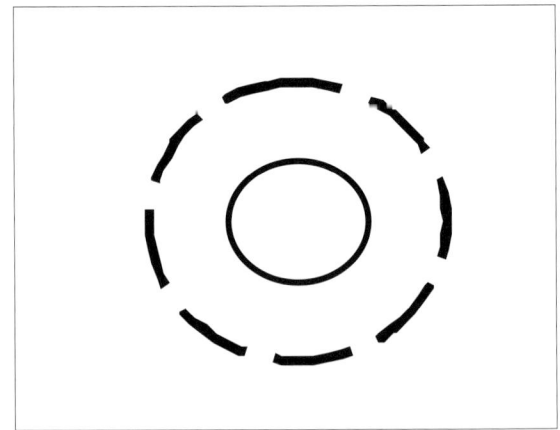

# Problemrückseite ist ein Ziel
*Quelle: Wilhelm Geisbauer, ReTeaming*

*„Auf der Rückseite jedes Problems finden wir ein Ziel."*

Das ist die Leitidee dieses Problem-Ziel-Vorgangs für Einzelne und Teams.

1. Sie laden den Klienten ein, seine Probleme zu nennen und schreiben am 2-spaltigen Flipchart mit. Zu jedem Problem lassen Sie den Klienten ein dazugehöriges Ziel formulieren – und schreiben dies in der 2. Spalte dazu.

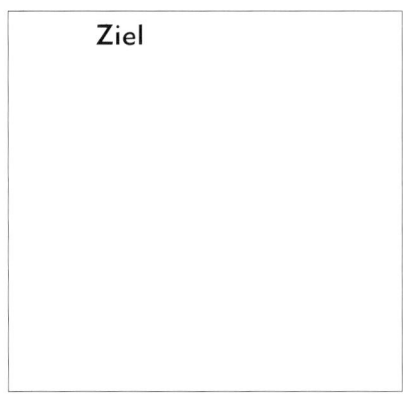

2. Sie schneiden die Zielliste (2. Spalte) ab und hängen sie in den Vordergrund, die Problemliste verdeckend. Der Klient entscheidet nun, was davon sein nützlichstes Ziel ist (richtungsweisend).

3. Sie identifizieren den Gewinn: *„Was werden die Vorteile sein, Ihr ausgewähltes Ziel zu erreichen – für Sie selbst – für Ihr Team – für Ihre Partnerin?"* (relevante Umwelten abfragen).

4. Zielvideo beschreiben/vorspielen: Ihr Klient beschreibt sich nun detailliert in einer zukünftigen Situation (in einem halben/ganzen Jahr), wie es ist, wenn er das Ziel erreicht hat.

5. Babysteps: Wenn diese Beschreibung sinnlich stimmt, beschreibt der Klient die nächsten kleinsten Schritte in diese Ziel-Richtung: Was werde ich wann und wo tun?

6. Ressourcen: Welche Ressourcen von mir und anderen werden mich dabei unterstützen?

7. Erfolgreich scheitern: Welche Möglichkeiten habe ich, was könnte ich tun, sicher, erfolgreich zu scheitern? Welcher Lerngewinn könnte in einem Rückschritt sein?

8. Feiern: Wie werde ich den nächsten Erfolg würdigen, feiern – mit wem?

9. Zieltagebuch: Jeden Tag auf einer Skala von 0-10 die Zielnähe benennen, Ereignisse dazu notieren.

**Für Teams:**
Die Übung kann mit dem gleichen Ablauf unter Einbeziehung aller Teammitglieder gemacht werden.

**Für Einzelne:**
➪ Step by step
➪ Zielarbeit

# Problemverhalten – Fragen zum Problemkontext
*zusammengestellt von Eva Scala*

### 1. Das Paket aufpacken

- Aus welchen Verhaltensweisen besteht das Problem?
- Wem wird dieses Problemverhalten gezeigt und wem nicht?
- Wo wird es gezeigt und wo nicht?
- Wann wird es gezeigt, wann nicht?
- Woran würden Sie erkennen, dass es gelöst ist?

### 2. Beschreibungen rund ums Problem erfragen

- Wer hat es zuerst als Problem bezeichnet?
- Wer würde am ehesten bestreiten, dass es sich um ein Problem handelt?
- Was meint XY genau mit „verhaltensgestört" etc.?

### 3. Den Tanz um das Problem erfragen

- Wer reagiert am meisten auf das Problemverhalten, wer weniger?
- Für wen ist es ein größeres Problem/wer macht sich die größten Sorgen?
- Außenperspektive durch triadische, zirkuläre Fragen:
  Wie sieht A das Verhältnis von B zu C?
- Sind sich alle einig, dass es ein Problem ist?
- Wie belastend, unverständlich... ist das Problem auf einer Skala von 0 bis 100?
- Wie reagieren welche anderen darauf?
- Wie reagiert das „Problemkind"?
- Wie reagieren andere auf die Reaktionen des „Problemkindes"?

### 4. Erklärungen für das Problem erfragen

- Wie erklären Sie sich, dass das Problem entstanden ist?
- Welche Folgen haben diese Erklärungen?

## 5. Bedeutungen des Problems für die Beziehungen erfragen

- Was hat sich in den Beziehungen verändert, als das Problem begann?
- Was würde sich verändern, wenn es wieder aufhören würde?

## 6. Hypothetische Fragen

- Gesetzt den Fall, dies oder jenes würde geschehen (z. B.: in fünf Jahren hätte sich nichts geändert, die Firma wäre aufgelöst...).
- Angenommen...

## 7. Fragen zu den Helfersystemen

- Welche Helfersysteme sind am Problem beteiligt? Seit wann? Wie oft?
- Welches Beziehungsangebot erwartet das Klientensystem vom Berater (Fürsprecher, Partner...)?
- Wie sehen die Grenzen zwischen den Helfersystemen und dem Klientensystem aus? (starr-diffus...)
- Welche Mythen und Überzeugungen gibt es vonseiten der Helfersysteme über das Klientensystem und umgekehrt?
- Wie ist der Informationsfluss?
- Was würde passieren, wenn die Hilfe stoppen würde/wenn die Hilfe erfolgreich wäre?
- Was hat bisher am meisten geholfen, was am wenigsten?
- Was bewirkt der Wegfall des Symptoms bei den Helfersystemen?

⇨ Beschreiben – Erklären – Bewerten

# Qualitäten-Feedback
*Quelle: R. Rabenstein, R. Reichel*

Dies ist eine gezielte Technik für Arbeitsgruppen und Teams zur Präzisierung der Erwartungen aneinander unter dem Titel *„Das kann mir diese Gruppe bringen"*. (Dauer: ca. 90 Min.)

Auf einem Plakat schreiben Sie 7 bis 10 Qualitäten auf, von denen die Gruppe/das Team meint, dass sie für die eigene und gemeinsame Arbeit nützlich und wertvoll sind. Es muss jedes Mal klar sein, dass alle im Prinzip dasselbe darunter verstehen.

Einige Beispiele:
- fachlichen Austausch pflegen
- ungewöhnliche Ideen einbringen
- moralische Unterstützung erleben
- mit Kritik umgehen lernen
- Wertschätzung der Arbeit erfahren
- mich mit neuen Sichtweisen auseinandersetzen
- Konflikte austragen
- Verantwortung aufteilen
- Spaß haben

Achten Sie darauf, dass die Sprache bei dieser Liste der Sprache der Mitglieder entspricht; kein künstlicher Psycho-Jargon!

Alle Gruppen-/Team-Mitglieder schreiben auf einem Blatt (am besten A5-Format und aus Karton) dieselbe Liste für sich auf.

Jetzt stehen die Mitglieder auf, stellen sich paarweise zusammen, schauen einander an und auf ihre Liste und überlegen: *„Bei welchen zwei Qualitäten erwarte ich von dir am meisten (Beiträge)?"*
Sie teilen diese zwei Punkte einander mit und machen bei ihrem Blatt dort, wo sie vom Partner Erwartungen bekommen haben, einen deutlichen Punkt. Sie markieren also die Feedbacks, die sie bekommen. Darüber sollen beide noch höchstens zwei, drei Minuten sprechen, dann sich trennen und mit dem nächsten Partner denselben Austausch machen usw., bis jeder mit allen ein solches Kurzgespräch geführt hat.
(Bei mehr als 12 TeilnehmerInnen ist es überfordernd, wenn alle sich austauschen. In diesem Fall einfach einen Zeitrahmen geben – etwa 30 Minuten.)
Für ein Team in der Anfangsphase genügen diese zwei Erwartungs-Punkte pro PartnerIn. Bei einem schon länger arbeitenden Team ist es sinnvoll, zusätzlich noch einen Punkt zu nennen: *„Wobei erwarte ich von dir am wenigsten?"*

Wenn alle ihre Punkte verteilt und eingesammelt haben, brauchen sie ein paar Minuten Zeit, um ihre Punkte-Bilanz zu „verdauen". Erst dann setzen sich alle in die Runde und stellen reihum die Bilanzen vor.

### Achten Sie als BeraterIn auf folgende Punkte:

❍ Etwaige Enttäuschungen oder Kränkungen sollten wirklich genannt werden. Viele neigen dazu, ihre Bilanz zu kommentieren mit: *„Es ist genau das herausgekommen, was ich erwartet habe."* Dann können Sie z. B. nachstoßen: *„Leider oder Gott sei Dank?"*

❍ Es soll klar werden, dass Erwartungen nicht dazu da sind, um unbedingt erfüllt zu werden. Jemand, von dem viel „Spaß" erwartet wird, darf sich auch dagegen wehren: *„Ich will nicht prinzipiell euer Kasper sein!"*

❍ Das Feedback soll als Momentaufnahme wahrgenommen werden. Das wird deutlich, wenn Sie weiter fragen: *„Angenommen, Sie würden in einem halben Jahr diese Methode noch einmal anwenden: Wo hätten Sie dann gern einen Punkt mehr?... Und wo einen weniger?"*

Darüber hinaus ist es wichtig, dass die Gruppe/das Team noch eine Zeit lang frei darüber spricht, was diese Methode geändert hat, wie die Stimmung ist und wie man weiterarbeiten will, damit wieder „Alltagskommunikation" einkehren kann.

# Rangierbahnhof
*Quelle: R. Reichel*

Speziell für **Einzel-Coaching** und in der Beratung von „mehrfachbelasteten" Frauen und Männern, wenn die Fülle der aktuellen Aufgaben und Rollen für den Klienten überfordernd oder verunsichernd wirkt.

Sie stellen dem Klienten eine Fülle von Zetteln oder Kärtchen zur Verfügung und bitten ihn, jede Aufgabe, die er in letzter Zeit und in nächster Zeit erfüllen muss, aufzuschreiben: Jede Aufgabe auf ein Kärtchen.
Jetzt brauchen Sie einen freien Tisch mit neutraler und glatter Oberfläche. Sie laden den Klienten ein, die Zettel vor sich auf dem Tisch anzuordnen, etwa wie in einer halben Kreisfläche, und dabei die Zettel nach folgenden Kriterien zu verschieben.

### Energieaufwand:
Die Aufgaben, die viel Energie oder Anstrengung brauchen, kommen ganz nah zu ihm, die anderen weiter weg, je nachdem, wie aufwändig sie sind. Dann betrachtet der Klient das Bild und spürt die Stimmung, die es auslöst. (Nicht zu viel darüber sprechen!)

### Lust oder Spaß:
Die Aufgaben, die viel Spaß machen, kommen ganz nah, die anderen weiter weg, je nachdem, wie angenehm sie sind. Dann betrachtet er das Bild und achtet erneut auf die Stimmung.

Vielleicht stellt er noch einmal das erste Bild mit der Energieverteilung her und spürt wieder die Veränderung.

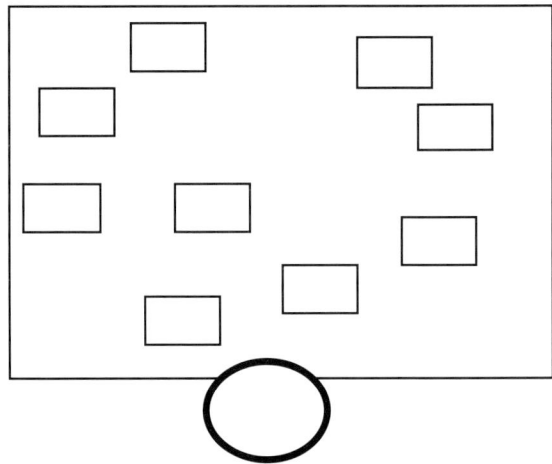

Wenn Sie darüber sprechen, dann achten Sie als Berater immer auf die Gesamtstimmung Ihres Klienten. Sie können dabei wahrnehmen, ob es sich um (derzeit) ungünstige Aufgabenverteilungen handelt, oder ob das Ganze in Richtung eines tieferen Problems, z. B. *Burnout* oder *Orientierungskrise* oder sogar eine *depressive Symptomatik* geht. Sie können das auch an Folgendem erkennen: Wenn der Klient die Gelegenheit bekommt – und nützt, ein bis drei Zettel zu verschieben, um die Aufgabenverteilung realistisch der Lust etwas anzunähern, dann sehen Sie, ob das ganz gut und mit einer gewissen Zuversicht gelingt, oder ob es schnell im „Ja, aber..." erstickt wird. In diesem Fall müssen Sie die Richtung der Beratung ändern, vielleicht sogar eine Psychotherapie empfehlen.

Wenn es sich eher um ein *Lebens-Management-Problem* handelt, dann können Sie dem Klienten auch noch eine Verschiebung der Zettel mit dem Kriterium **Zeitaufwand** empfehlen.

Aus dem Dreieck
**Energieaufwand – Zeitaufwand – Spaß**
können Sie dann kleine realistische Veränderungen durchspielen, ausgehend von den Verschiebungen auf dem Tisch hin zu konkreten Planungen für die nächste Zeit.

# Reflecting-Team
*Quelle: Systemische Tradition*

Eine der nützlichsten systemischen Erfindungen für Beratungen mit mehreren Personen oder mehreren Beratern: Während eine Beraterin mit dem Klienten (bzw. mehreren) arbeitet, sitzen im Außenkreis einige beobachtende Berater.

Ca. 1 – 2-mal pro Beratung wendet sich die interviewende Beraterin an dieses „Reflecting-Team". Das Team erwägt nun in seinem Gespräch untereinander die Bedeutungen und den möglichen Nutzen des Problems, die in der Beschreibung enthaltenen Ressourcen und Stärken des „Problemsystems" und würdigt genannte bzw. angedeutete Lösungsansätze und Ideen.
Das Reflecting-Team hypothetisiert Auswirkungen. *„Ich könnte mir vorstellen... Wenn ich mich in die Lage von Y versetze, dann könnte..."*
Das Team splittet sich künstlich in Befürworter und Skeptiker von Lösungsideen, von Beharren und Verändern; es deutet um, bleibt dabei aber wertschätzend allen Alternativen gegenüber!
Die Beraterin und der Klient hören währenddessen zu. Nach 5-10 Minuten beendet das

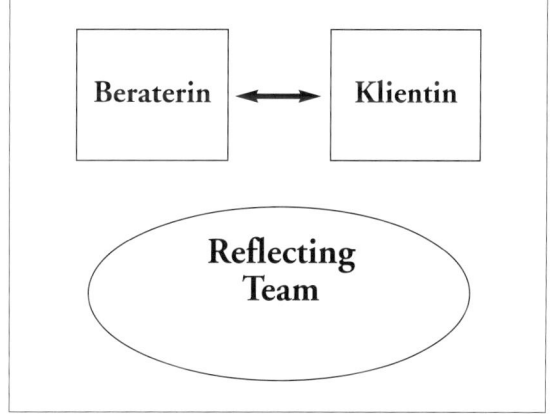

Reflecting-Team und die Beraterin fragt den Klienten nach seinen Resonanzen und Auswirkungen auf das Gehörte. Meist sind die Klienten überrascht, wie viel „Positives" bereits in ihrer Beschreibung enthalten ist.
Diese Erfahrung der Wertschätzung weicht verhärtete Problembeschreibungen auf und verringert manchmal den Druck, der mit der Vorstellung verbunden ist: Wer ein Problem hat, ist schlecht!
Die Beraterin leitet nun weiter oder beendet mit einer Aussicht des Klienten.

**Gruppensupervision, -beratung:**
Ein Teil der Gruppe bildet das Reflecting-Team und wird von der Beraterin in die Spielregeln eingewiesen:
1. Während der laufenden Beratung keine verbalen oder nonverbalen Kommentare! (Disziplin!)
2. Das Gespräch wird von der Beraterin eröffnet und geschlossen.
3. Das Reflecting-Team formuliert in der Möglichkeitsform und legt sich auf keine Deutung fest. Es formuliert prinzipiell wertschätzend und ressourcenorientiert – auch wenn es Lösungen gegenüber Skepsis äußert.

**Teamberatung:**
Ein Teil des Teams (z. B. jene, die meinen, gar nicht ins Thema involviert zu sein) bildet diese Beobachter-/Hypothesen-/Reflecting-Gruppe. Dann erfolgt der gleiche Ablauf wie in der Gruppensupervision.
Zum Schluss werden wieder alle zu gleichbedeutenden Teammitgliedern und wählen bei den Lösungen mit aus – sofern es ein „Team-Thema" ist.

# Ressourcenort – Guter Ort – Ort der Kraft
*Quelle: lösungsorientierte Ansätze, R. Rabenstein*

Für die lösungs- und ressourcenorientierte Arbeit/Beratung kann die Imagination, das Vergegenwärtigen, das Auffinden eines „guten Ortes", eines „Orts der Kraft" ein nützlicher Ausgangspunkt sein, an schmerzliche Situationen heranzugehen, Lösungen zu erfinden bzw. zu überprüfen.

## Variation 1:
Sie laden die Klientin ein, sich einen guten Ort, eine erfüllende Situation der letzten Zeit vorzustellen und diese sinnesspezifisch (Was sehen – hören – spüren – schmecken – riechen Sie?) zu beschreiben. Dies ist wichtig, weil die Erlebnisqualitäten verdeutlicht und konkretisiert werden.
Assoziiert mit dieser guten Situation kann in der Entspannung verweilt werden – atmen! Von hier aus kann auch auf eine Situation/ein Problem/eine Lösung geblickt werden:

## Ressourcenort in der Metaposition
Zunächst wird ein guter Ort abgefragt: *„Wo, in welcher Situation, an welchem Ort warst du in letzter Zeit rundum zufrieden?"* Die Klientin wird nach den sinnlichen Qualitäten gefragt: *„Was siehst du da, was hörst du, was spürst du, was tust du, was riechst, was schmeckst du?"* Wenn der Ort derart vergegenwärtigt ist, wird die Klientin eingeladen, von hier, diesem Ort aus, auf die Situation, die Personen, den Konflikt dort zu blicken und aus dem guten Gefühl heraus darauf zu schauen, was sich unter diesem Blick verändert, was die Betroffenen brauchen könnten, um in ihrer Situation/ihrem Konflikt weiterzukommen? Was kann von hier (guter Ort) dorthin geschickt werden, mitgenommen werden?

➪ Positionen nützen / Drei Positionen

**Variation 2:**
Die Klientin wird eingeladen im Beratungsraum, in der näheren Natur, in ihrem eigenen Lebensumfeld einen guten Ort zu finden, darin zu verweilen und Kraft für ihre Anliegen, Abstand zu ihren Problem, Erinnerung für ihre Lösung zu finden.
Ein Erinnerungsstück/Symbol von dort mitnehmen und zuhause gut platzieren – zum Verankern.

**Gruppenberatung:**
Die TeilnehmerInnen werden eingeladen, in der näheren Umgebung einen Ort der Kraft zu finden und dort einige Minuten zu verweilen. Dann werden diese Orte einander in Paaren oder 3er-Gruppen vorgestellt:

1. Einander schweigend hinführen.
2. Jeder fühlt sich in den gezeigten Ort ein und gibt kurze Resonanz, der Er-finder des Ortes beschreibt seine erlebten Qualitäten.
3. Zum nächsten Ort gehen.
   Ein Erinnerungsstück/Symbol vom eigenen Ort mitnehmen und im Gruppenraum hinlegen bzw. im Kreis vorstellen oder in Beziehung zum Gruppenthema bringen.

Ähnlich kann auch ein „Instrument der Kraft" gesucht und gefunden werden.

⇨Instrument der Kraft

# Ressourcen-Rad: Narren, Gute Geister, Gerechte, Weise
*Quelle: H. Brandau und W. Schüers*

Nach dem Benennen einer Problemsituation und eines Lösungswunsches eines Klienten (oder auch schon davor) werden die folgenden vier Beobachter/Erfinder-Positionen unter den übrigen TeilnehmerInnen (ideal mind. zwei pro Position) vergeben:

Die Narren

Die guten Geister

Die Gerechten

Die Weisen

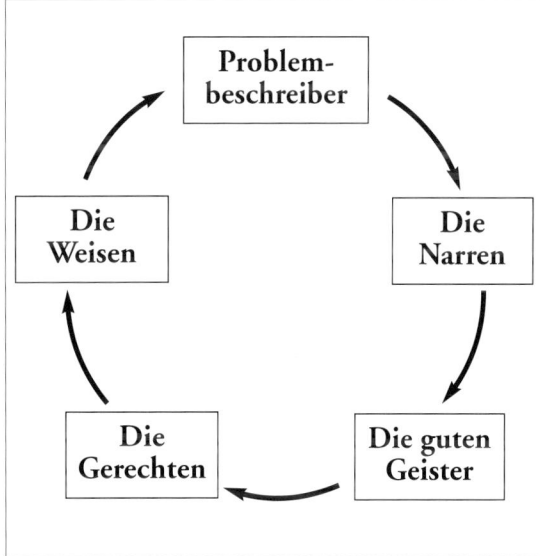

**Ressourcen-Rad**  Methoden, Texte, Papers von A – Z

**Die Narren** erarbeiten eine Szene, in der karikaturhaft und überspitzt eine Lösungsidee gespielt wird.

**Die guten Geister** erarbeiten ein Geschenk, z. B. ein Plakat, auf dem die Ressourcen und guten Absichten der beschriebenen Beteiligten des Problemsystems gewürdigt werden.

**Die Gerechten** erarbeiten kritische Fragen zur Achtung aller im „System" wirkenden, vergessenen, abgewerteten Personen – und bisher ungenützten Ressourcen/Lösungen.

**Die Weisen** schildern ihre Problem-und-Lösung-Sicht als umfassende Geschichte, Metapher oder Märchen.

Nach dem Interview des Klienten durch die Beraterin zur Problembeschreibung ziehen sich die Kleingruppen zu ihrer Arbeit zurück (ca. 10-15 Min.).

Dann präsentieren die Beobachtergruppen ihre Produktionen dem Klienten.
Dieser lässt sich so beschenken und anregen.
Danach folgt eine kurze Resonanz des mit diesen „Ressourcen" Beschenkten und der Abschluss der Beratung.

**Variante Einzelberatung:**
Nach der Problembeschreibung des Klienten bietet die Beraterin diese vier Positionen (z. B. vier Stühle) als zusätzliche Beschreibungs- und mögliche Lösungsperspektiven an. Der Klient wird eingeladen, aus diesen Positionen zu sich Stellung zu nehmen.

**Variante Teamberatung:**
Nach der Problemschilderung eines aktuellen Teamthemas durch die Teammitglieder teilen sie sich in diese vier Gruppen, nehmen zu ihrer Teamsituation Stellung und bereiten selbst Lösungen vor.

# Rollen klären – Funktion und Rolle

Die Fragen *„Welche Rolle spielen Sie hier?"* und *„Wer ist dafür zuständig?"* eröffnen Klärungsversuche. Wir bieten hier die Unterscheidung „Funktion" und „Rolle" an. Schon diese Unterscheidung kann z. B. für Teamleitung und -mitglieder eine bedeutsame Klärung bringen – und eröffnen, was gerade gebraucht wird: Rollen- oder eher Aufgabenklärung.

**Funktion** beschreibt eine allen bekannte Aufgabe, meist ein Aufgabenbündel, das von einer Person oder mehreren übernommen wird. Klassische Funktion: LeiterIn. Diese Aufgaben sind so konkret wie möglich zu beschreiben bzw. ist der Rahmen dieser Aufgaben weit oder eng zu stecken. Somit sind Rahmen und Aufgaben verhandelbar.
Personen, die eine Funktion übernehmen, können auf die Aufgabenbeschreibung, den Rahmen, die Fülle, die Beschneidung von Kompetenz achten – diese neu verhandeln und sich dafür oder dagegen entscheiden, diese Funktion zu übernehmen.
Dieses „dafür Entscheiden" ist für den Energiefluss und die Klarheit in Teams besonders wichtig. Leider gibt es immer wieder LeiterInnen, die von sich sagen: *„Ich wollte eigentlich gar nicht, aber..."*
Achten Sie als BeraterIn auf diese (Nicht-) Entscheidungsdynamik.
Die zweite Herausforderung ist die (Nicht-) Bereitschaft des *Teams/des Managements/der Gruppe*, Aufgaben zu beschreiben, zu formulieren, Rahmen zu stecken (weit – eng), Verantwortung zu benennen und zu *übergeben*.

Die Mischung von Aufgabe, Verantwortung, Entscheidungsspielraum und Vertrauen in die Person nennen wir die Kompetenz, die zugesprochen, gegeben wird. Die Entscheidung, diese Kompetenz zu übernehmen, bedeutet für die Person, die Aufgaben zu bejahen, dafür genügend Unterstützung zu holen/zuzulassen und die persönlichen, fachlichen Fähigkeiten/Skills (weiter) zu entwickeln.

**Rolle** beschreibt ein Verhaltensbündel, -repertoire, das eine Person in einer konkreten Situation zeigt. Oder das einer Person zugesprochen oder/und von ihr erwartet wird. *„Bitte zeige mehr Mitgefühl!"* – *„Deine Initiative imponiert mir!"* – *„Ich kann mich leider nicht so durchsetzen wie du!"*
Wir können Rollen auch Beiträge für die Dynamik einer Paar- bzw. Gruppeninteraktion nennen. Jedenfalls sind es Beschreibungen und Bewertungen, die die Person über sich und andere über sie wählen.

⇨ Schiff

## Die vier Energien

Eine einfache Metapher, diese Beschreibungen bildhaft zu fassen, sind die „Vier Energien", vier Möglichkeiten, als Person zu einer Interaktion beizutragen.

Sie stellen die Beschreibung der vier Energien vor und laden die Teammitglieder ein, sich selbst aktuell und generell einzuordnen – auf jeder Energieachse eine Ausprägung von 0-5. Daran kann sich in kleinen Teams ein Feedbackprozess anfügen oder zunächst Paar- oder Kleingruppengespräche in größeren Organisationen. Nutzen Sie dann speziell das Drei-Bitten-Feedback (innerhalb einer Feedback-Zwiebel in größeren Teams).

⇨ Energien: Vier Energien des Führens
⇨ Feedback / Drei-Bitten-Feedback
⇨ Feedback / Feedback-Zwiebel
⇨ Organisationen / Organisations-Aufstellung
⇨ Schiff
⇨ Team / Energien des Teams
⇨ Team / Team-Metaphern

# Runde

Das Prinzip „Runde" bedeutet hier zunächst, dass in bestimmten Phasen von Team- oder Gruppenarbeit jedes Mitglied hör- und sichtbar werden sollte. Die genauere Bedeutung hängt von der Arbeitsphase und der genaueren Vorgangsweise ab.
Einige Beispiele:

## Die Anfangsrunde

Die meisten Teams oder Arbeitsgruppen sowie die meisten Team- und Gruppensupervisionen beginnen heutzutage mit einer solchen Eröffnung. Es wirkt für manche schon eigenartig, wenn sie in ein neues Team kommen, wo das nicht üblich ist.

In der Anfangsrunde bringt jeder seine Ausgangslage zum Ausdruck: *„Wie bin ich heute da? Was ist mir heute wichtig?"* Manchmal ist ein Nachfragen des Beraters sinnvoll, wenn etwa die Motivation für die Arbeit bei jemandem ganz gering ist: *„Wie könnte Ihr Hiersein trotzdem für Sie sinnvoll werden?"* Oder: *„Was bedeutet das für die anderen hier?"*

In Supervisionen kommt es manchmal vor, dass schon in dieser Anfangsrunde sich ein Thema so aufdrängt, dass alle anderen darauf einsteigen, bevor die Runde vollendet ist. Hier ist meist ein „elastischer Stil" von Vorteil, in dem der Berater dieses Thema sich entfalten lässt, aber bei Gelegenheit darauf zurückkommt, dass die Runde noch nicht abgeschlossen ist. Es könnte ja sein, dass durch das schnelle Thema etwas anderes, durchaus auch wichtiges, verdrängt wird.

## Die Schlussrunde

Die Schlussrunde hat auch eine Bedeutung für die Gesprächskultur: Oft kommt beim Abschluss die heute typische Vermeidung von Bilanz und Abschied zum Ausdruck (vgl. das Kapitel „Weg gehen" in „Den Prozess gestalten"). Unaufmerksame oder vorschnelle Abschlüsse werden immer in die Weiterarbeit mitgenommen.
*Wie gehe ich jetzt weg? Was war heute wichtig? Wie zufrieden bin ich (mit mir)? usw.*

## Das Stimmungsbild

Manchmal entwickelt sich eine Idee schon sehr konkret, weil einige Mitglieder der Gruppe sehr engagiert sind. Es ist unklar, wo die anderen geblieben sind. Hier ist ein Stimmungsbild hilfreich: *„Sagen Sie bitte kurz reihum, wie Sie jetzt dazu stehen! Das ist ein Stimmungsbild, keine Abstimmung!"*

## Das Blitzlicht

Für viele Erfahrene heißt Runde, dass irgendwann irgendwer etwas sagt... dazwischen wird gewartet, wer weitermacht. Das passt gut für Selbsterfahrungsprozesse, wo die Frage *Wann will ich mich einbringen?* von Bedeutung ist.

Für die meisten hier vorgestellten Beratungsprozesse ist das weniger wichtig, also können Sie den KlientInnen vorschlagen, tatsächlich der Reihe nach in der Runde etwas beizutragen. Ich sage oft noch dazu: *„Wenn jemand aber im Augenblick noch nicht weiß, was er sagen soll oder will, dann kann er ja übersprungen werden und sich anschließend äußern."* Meist wird diese Vorgangsweise begrüßt, die unnötiges Grübeln und Warten erspart.

⇨ Blitzlicht
⇨ Gruppen-Einblick

# Schiff – Rollenklärung in Teams
*Quelle: traditionell, in dieser Version: R. Reichel*

Zur Rollenklärung in Teams und Arbeitsgruppen; Dauer: mind. 60 Minuten.
In einem Oval werden Stühle aufgestellt, sodass innen ca. 4-6 m² Raum entsteht, je nach Zahl der Teammitglieder. Alle Mitglieder stehen außerhalb. Dann gibt der Berater folgende Anleitung:
„Bitte sprechen Sie jetzt eine Zeit lang nicht miteinander...
Das Innere hier ist Ihr Gruppenschiff/ Teamschiff... Malen Sie sich in Gedanken aus, welche Art von Schiff das ist...
Überlegen Sie sich, welche Rolle Sie gleich an Bord einnehmen wollen...
Gehen Sie jetzt – schweigend – an Bord, suchen Sie Ihren passenden Platz und nehmen Sie die dazu passende Haltung ein..."

Wenn alle ihren Platz gefunden haben, geht die Anleitung weiter:
„Bleiben Sie jetzt eingefroren in Ihrer Haltung... Sagen Sie kurz, wer Sie hier sind, was Sie in Ihrer Haltung empfinden und was Sie wahrnehmen können... Bitte nur kurz mitteilen, keine Diskussion."
Die folgenden Offenbarungen können teilweise überraschend sein, teilweise auch unernst, vielleicht wird deutlich, dass zentrale Positionen (Kapitän, Steuermann/-frau) mehrfach oder gar nicht besetzt sind, dass das Schiff in zwei Richtungen gesteuert wird usw. Achten Sie als BeraterIn darauf, dass keine Diskussionen entstehen. Ergänzende Mitteilungen über das, was man wahrnimmt, sind allerdings möglich.

Dann geht die Anleitung weiter:
*„Nehmen Sie wieder genau Ihre ursprüngliche Haltung ein – jetzt wieder ohne Sprechen – und spüren Sie: Welche Rolle wäre denn hier auf diesem Schiff auch interessant für mich? Nicht aussprechen, nur innerlich festlegen...*
*Wechseln Sie jetzt in Ihre neue Position und nehmen Sie die dazu passende Haltung ein..."*
Nun folgt wieder eine kurze Runde zur gewählten Rolle und Haltung und dazu, was man jetzt wahrnehmen kann. Das Ganze möglichst noch ein drittes Mal durchspielen.

Wenn es Ihnen passend erscheint, können Sie auch in einer der Aufstellungen sagen: *„Für zwei Minuten ‚Action'!"* Die Personen können dann aus ihrer Rolle eine Zeit lang in Interaktion treten und Sie beobachten, was passiert. Danach wird die Sequenz gestoppt und alle gehen über zur Erfahrungsrunde.

Vor der gemeinsamen Nachbesprechung muss die Szene aufgeräumt werden, damit alle aus den Rollen treten und jedes Mitglied ein paar Minuten Zeit zur persönlichen Reflexion bekommt.
Dazu ein paar anregende Fragen:

- Welche Rollen habe ich gewählt?
- Haben sich meine Erwartungen an die Rollen erfüllt?
- Habe ich experimentiert oder eher für mich „typische" Rollen gewählt?
- Wie zufrieden war ich in den Rollen?
- Was sagt das alles über mein übliches Rollenverhalten in dieser Gruppe aus?

Anschließend erfolgt eine Nachbesprechung in der Runde.

Grundsätzliche Gedanken zum strukturierten Identifizieren:

⇨ Identifizieren
⇨ Metaphern
⇨ Rollen klären

# Selbstbild – Fremdbild

⇨ Bilder auswählen

# Selbstcoaching – die Kunst, mich gütig zu leiten

## Fragen zum Selbstcoaching
*Quelle: Anthony Roberts: Das Prinzip des geistigen Erfolges, Heyne Verlag.*

### Problemlösungsfragen
1. Welche guten Seiten hat dieses Problem?
2. Was ist noch nicht perfekt?
3. Was bin ich zu tun bereit, um die Problemlösung zu erreichen, die ich mir wünsche?
4. Was bin ich bereit aufzugeben, um die Problemlösung zu erreichen, die ich mir wünsche?
5. Wie kann ich erreichen, dass die Problemlösung für mich möglichst angenehm und erfreulich wird?

Wenn die Beantwortung dieser Fragen schwer fällt, benutzen Sie stattdessen das Wort „könnte". Beispiel: *„Was könnte ein Grund für mich sein, mich jetzt in diesem Moment glücklich zu fühlen?"*

Am Morgen und Abend können folgende Fragen dazu beitragen, sich geistig und gefühlsmäßig klarer und vitaler zu fühlen.

## Power-Fragen am Morgen

- Was macht mich in meinem Leben im Moment glücklich?
  Was genau löst dieses Glücksgefühl aus?
  Wie fühle ich mich dadurch?

- Was finde ich in meinem Leben gerade sehr aufregend?
  Was genau ist daran aufregend?
  Wie fühle ich mich dadurch?

- Worauf bin ich in meinem Leben im Moment stolz?
  Was genau ist der Grund für diesen Stolz?
  Wie fühle ich mich dadurch?

- Wofür bin ich in meinem Leben gerade dankbar?
  Was genau macht mich dankbar?
  Wie fühle ich mich dadurch?

- Was genieße ich in meinem Leben im Moment besonders?
  Was genau genieße ich daran?
  Wie fühle ich mich dadurch?

- Wofür setze ich mich in meinem Leben gerade besonders ein?
  Was genau ist der Grund für meinen persönlichen Einsatz?
  Wie fühle ich mich dadurch?

- Wen liebe ich?
  Wer liebt mich?
  Wie genau drückt sich diese Liebe aus?
  Wie fühle ich mich dadurch?

## Power-Fragen am Abend

- Was habe ich heute gegeben?
  Auf welche Weise habe ich heute andere beschenkt?

- Was habe ich heute (dazu-)gelernt?

- Was habe ich heute (an-)genommen?

- Auf welche Weise trägt der Tag heute zur Qualität meines Lebens bei?
  Wie kann ich diesen Tag als Investition in meine Zukunft sehen?

Diese Fragen können Ihnen helfen, Ihre Aufmerksamkeit in neue Bahnen zu lenken.

# Checkliste zur Selbstsupervision
*Quelle: Arnold Retzer*

### Indikatoren für Selbstsupervision:
- es macht keinen Spaß
- es wird/ist anstrengend
- keine neuen Ideen
- Gedanken-Entzüge
- Ärger/Mitleid auf/mit KlientInnen
- Hypo- / Hyperaktivität
- der Klient begleitet mich überall hin

### Selbstsupervisions-Maßnahmen:
- Pause
- Video-/Audioaufnahmen machen, ansehen/anhören
- Klienten um Supervision bitten
- Kollegen um Supervision bitten
- sich selbst Supervision geben (multiple Persönlichkeit)

### Selbstsupervisionstechniken:
- Außenperspektive herstellen
- Neutralität überprüfen
- Respektlosigkeit gegenüber sich selbst praktizieren
- Unterschiede machen: Problem vs. Nicht-Problem
- Selbstreframing: Was ist das Gute am Schlechten?
- Kundensuche (ich oder der Klient), wer will was von wem?

## Mich gütig leiten: Wie sorge ich für mich?
*Quelle: R. Rabenstein*

Zu sich selbst gütig und nährend aufmerksam zu sein, ist eine wirksame Quelle der Selbstleitung und -begleitung. Richten Sie Ihre Aufmerksamkeit jetzt auf Ihre alltäglichen kleinen und großen Rituale / Gewohnheiten / Möglichkeiten, mit welchen Sie sich gut tun, vielleicht sogar verwöhnen. Beginnen Sie hier eine Liste – und führen Sie darüber Gespräche mit Ihren KollegInnen:

So sorge ich für mich:

# Selbstcoaching-Impulse

- Beistand, innerer
- Inneres Team
- Lern-Partner
- Positionen nützen / Drei Positionen
- Problem-Lösungs-Struktur
- Rangierbahnhof
- Ressourcenort
- Selbstmanagement
- Step by step
- Straße zur Veränderung
- Tagebuch
- Zentrieren – Atmen
- Zielarbeit

# Selbstmanagement: Basics des Selbstmanagements
*Modell von Lisa Kolb und R. Rabenstein*

*"Die Energie folgt der Aufmerksamkeit!"*

**Selbstmanagement**
*Balance von*

## SEIN

**Achten**
- Atmen
- Meditieren
- Erlauben
- Lösen

**Nähren**
- Ressourcen pflegen und nützen
- Mir etwas geben lassen, nehmen
- Die 3. Position (Meta – neutral) üben
- Vorhandene (auch kleinste) Lösungen schätzen – Erfolgstagebuch
- Sich rechtzeitig Supervision und Coaching gönnen, gehört zur Professionalität

## TUN

**Strukturieren**
- Jede Aufgabe als Projekt betrachten
- Rituale und Selbstverständlichkeiten einführen, pflegen
- Mir Übersicht verschaffen: tägliche, wöchentliche Listen
- Visualisieren von Ideen
- Energien gezielt verteilen

**Verändern**
- Ziele sinnlich begreifen
- Den kleinstmöglichen Schritt tun
- Den Nutzen von „Fehlern" entdecken
- Unterbrechen, Stopps stzen
- Startschuss und Schlusspunkt setzen
- Feste feiern

▷ Selbstcoaching

# Selbstsupervision

➪ Selbstcoaching

# Sketch-Diagnose: Plus-Minus-Szenen
*Quelle: traditionelle Gruppenarbeit, Systemische Interventionen*

In Team- und Gruppenberatungen ist diese „Diagnose-Art" lebendig und sinnlich wahrnehmbar. Die Gruppe (vor allem bei größeren Teams und Gruppen in Organisationen) bildet 4 bis 8 Untergruppen.

**Variante 1:**
Jeweils die eine Hälfte der Gruppen entwickelt eine pointierte Szene:
1. über gelungene, zufriedenstellende Aspekte des momentanen Arbeits-/Organisationszustandes
2. über kritische, unbefriedigende Situationen.

Die Szenen werden einander (wechselweise) vorgespielt und kurz die Beobachtungen der Zuschauer auf dem Flipchart gesammelt. Anschließend werden die Themen (von den Leitern) zur Weiterarbeit ausgewählt.

**Variante 2:**
Speziell bei kleineren Gruppen, z. B. 2 Gruppenhälften. Jede der 2-4 Gruppen entwickelt jeweils eine Plus- und eine Minus-Szene mit kritischen und förderlichen Aspekten der momentanen Arbeit.
Die Beobachtungen werden gesammelt.
Den einzelnen Szenen können pointierte Titel gegeben werden. Die Gruppen erarbeiten Lösungsalternativen oder eines der Hauptprobleme wird mit der „Problemlösungs-Zwiebel" weiterbearbeitet.
➪ Problemlösungs-Zwiebel

**Goldene Regeln zum Gelingen und Scheitern**
Nach dem Präsentieren und Auswerten der Szenen verfassen die einzelnen Szenengruppen jeweils 3 bis 5 Regeln zum Scheitern und Gelingen im konkreten Arbeitskontext. Diese Regeln werden einander präsentiert – das ist meist sehr anregend und gibt Orientierung für die Arbeit.

| Sketch-Diagnose ||
|---|---|
| hemmend/störend | förderlich/befriedigend |
|  |  |

# Skulpturen
*Quelle: traditionell*

Ein Klient stellt und formt andere Klienten zu einer Beziehungsgestalt, die seine aktuelle Sicht der Situation, des Problems oder der Lösung zeigt. Dies nennen wir hier Skulptur.
Anders als bei ⇨ **Aufstellungen** sind hier Körperausdruck und Haltungen der geformten Gestalten bedeutsam.

Die Zuschauer werden gefragt, was sie sehen, welche Bedeutungen sie der Skulptur geben. Ebenso werden die Geformten über ihre Gefühle und Gedanken über sich und die Skulptur gefragt. Der skulpturformende Klient, die Klientengruppe und die Beraterin bekommen so eine sinnliche Information über ihre Sicht- und Deutungsweisen und Richtungen zu möglichen Lösungen.

Der Klient kann auch eingeladen werden, eine kurze Zeit in seiner Skulptur zu verbringen (Rollentausch mit einer eingebauten Figur bzw. sich selbst dazu stellen/formen) und aus dieser Innensicht zu seinem Erleben interviewt werden.

Auf diese Weise ermöglicht die Skulpturarbeit Wahrnehmungen aus der Innen- und Außensicht – und das ist gerade in einer Gruppe/einem Team sehr wichtig.

Zusätzlich gibt es einen sehr hohen Beteiligungseffekt.

Zum gleichen Thema können auch andere Klienten der Gruppe bzw. jene, die zuerst in der Skulptur waren, eine neue Skulptur formen.

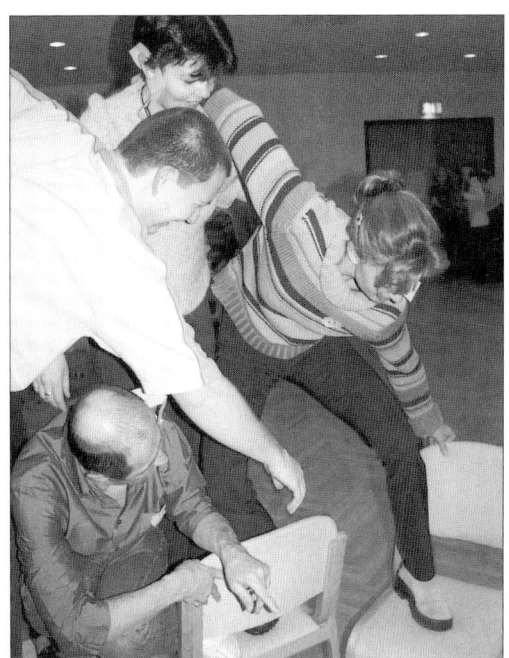

# SPOT-Analyse: Jetzt und Zukunft
*Quelle: Organisationsentwicklung*

Die „SPOT-Analyse" ist ein differenzierter Reflexionsprozess von Einzelnen, Kleingruppen und Gesamtgruppe. Mit Wandlungen von Problem- zu Lösungsbeschreibungen – einschließlich dem Blick in die Jetztsituation und in die Zukunft:

1. Jedes Mitglied schreibt jeweils fünf „Satisfactions" und fünf „Problems" auf (s. Kasten).
   In Kleingruppen werden diese vorgestellt und die jeweils fünf wichtigsten gemeinsam entschieden.
   In der Gesamtgruppe werden wiederum diese Ergebnisse vorgestellt, diskutiert und hier wird vom Berater eine Einigung auf die fünf wichtigsten „Satisfactions" und „Problems" moderiert.

2. Jeweils ein „Problem" wird in jeder Kleingruppe mithilfe eines Vorschlag zum „Satisfaction" gewandelt, der Vorschlag kann auch als Statue/Szene vorgestellt werden. Die Vorschläge werden auf dem Flipchart mitgeschrieben.

3. Das gleiche persönliche Sammeln, Austauschen, Entscheiden zu „Opportunities" und „Threats" (wie bei 1.). Wiederum werden fünf wichtige „Opportunities" und „Threats" entschieden usw.

4. Danach folgt die Wandlung einer Bedrohung in eine Chance, erneut in Kleingruppen. Die Ergebnisse werden einander vorgestellt.

5. Die Gruppe diskutiert und wählt aus, was in nächster Zeit umgesetzt wird.

## SPOT-Analyse

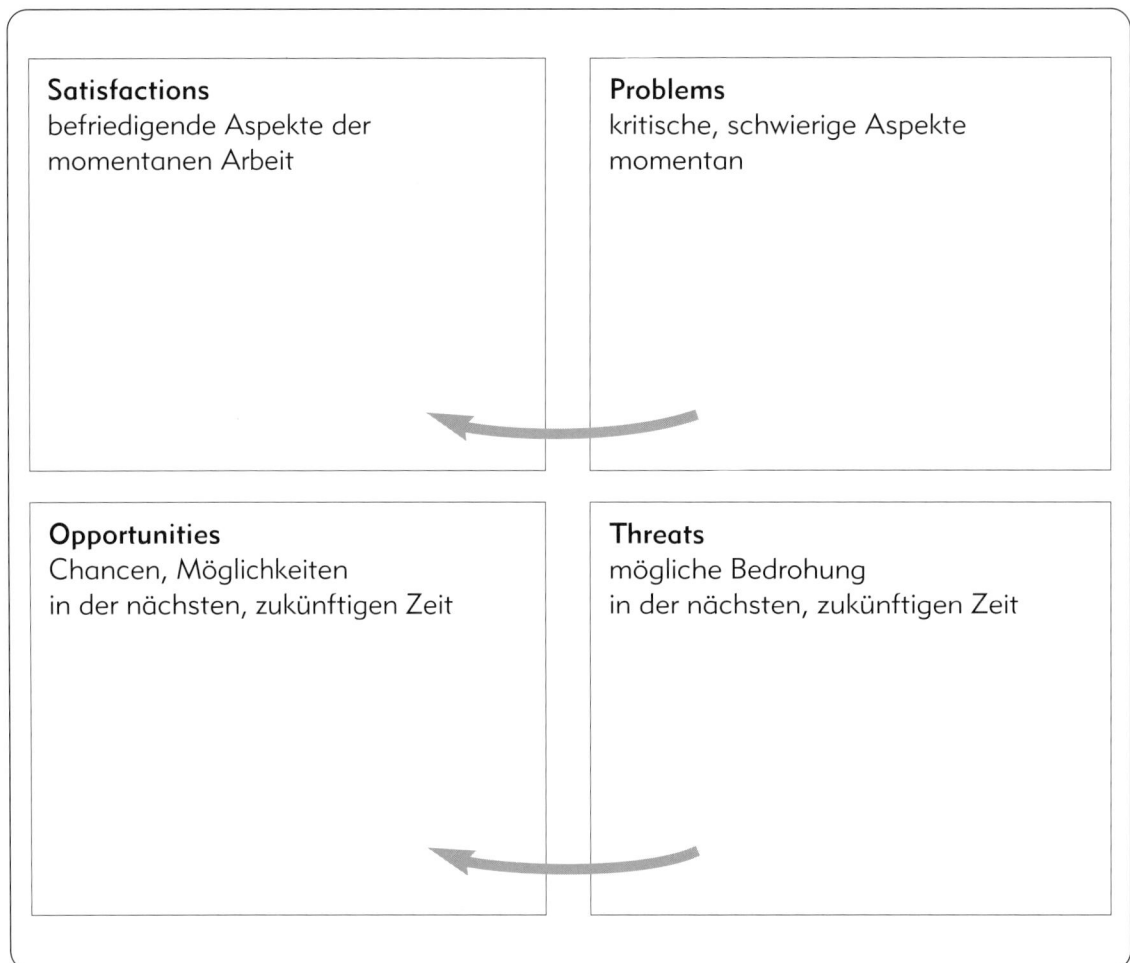

# Stakeholder – Umwelt einer Organisation

⇨ Organisationen / Stakeholder als Mitwirkende

# Step by Step

⇨ Zielarbeit

# Straße zur Veränderung
*Quelle: Robert Dieltz – NLP-Logische Ebenen, Helga Obermair*

Unser Handeln in einer Situation können wir auf mehreren Ebenen beschreiben. Die Unterscheidung dieser Ebenen („logische Ebenen" im NLP genannt) helfen uns dabei, die Stärken, Schwächen und Veränderungsmöglichkeiten in einer konkreten Situation klarer herauszufinden – und Schritte der Veränderung zu erleben, zu entdecken, zu planen.

Dieses Beratungsmodell können Sie sowohl in einer **Beratungssituation** wie auch zum **Selbstcoaching** verwenden. Hier die Beschreibung zum **Selbstcoaching**:

## Gelungene Situation | Problematische Situation

| Gelungene Situation | | Problematische Situation |
|---|---|---|
| 6. Spiritualität: Sinn, größerer Rahmen | | 6. Spiritualität: Sinn, größerer Rahmen |
| 5. Identität: Wer/was bin ich? | | 5. Identität: Wer/was bin ich? |
| 4. Beliefs: Woran glaube ich? | | 4. Beliefs: Woran glaube ich? |
| 3. Fähigkeiten: Was kann ich? | | 3. Fähigkeiten: Was kann ich? |
| 2. Tätigkeiten: Was tue ich? | | 2. Tätigkeiten: Was tue ich? |
| 1. Umwelt: Wo, mit wem? | | 1. Umwelt: Wo, mit wem? |

Nachdem Sie 12 Karten nach nebenstehendem Muster nummeriert bzw. beschriftet haben, legen Sie diese so auf den Boden, dass Sie mit jeweils 6 Karten eine „Straße", eine „Allee" legen:

Zu Ihrem Anliegen/Problem lassen Sie sich nun eine *gelungene Situation* einfallen, in der Sie Ähnliches gut gestaltet haben. Nun gehen Sie auf den linken Kärtchen Schritt für Schritt die gelungene Situation durch und beschreiben sie nacheinander von Umwelt bis Spiritualität. Wenn nötig, machen Sie sich jeweils eine Notiz aufs passende Kärtchen.

Dann gehen Sie über die rechten Kärtchen Schritt für Schritt die *problematische Situation* durch.

Gehen Sie nun wieder nach links, durch die gelungene Situation und entdecken Sie, welche Qualitäten der gelungenen Situation die problematische lösen, erleichtern könnten. Schieben Sie die betreffenden Kärtchen Richtung problematischer Situation.

Dann gehen Sie die problematische Situation durch und achten darauf, was sich verändert, wenn Sie sich von den Qualitäten der gelungenen Situation anregen, anreichern lassen.

**Strategien zur Problemlösung**
*Quelle: R. Reichel*

Reflexionshilfe **für Einzelne** und **kleine Teams.**
Vier Grobstrategien lassen sich unterscheiden, wenn wir Menschen beobachten, wie sie mit Problemen, die sie mit anderen Menschen haben, üblicherweise umgehen:
- Sich Fügen in die Ohnmacht, ertragen, klagen, anklagen.
- Heimlich oder taktisch Auswege suchen, Diplomatie, „sich's richten".
- Auf eigene Faust die Sache anpacken, durchkämpfen, selber damit fertig werden.
- Das Thema offen auf den Tisch legen, gemeinsame Klärung fordern.

Diese Strategien finden wir meist in Mischform, alle haben fallweise ihre Berechtigung, jede kann manchmal unpassend sein.

Folgende Grafik als Metapher „Marktplatz" oder auch „Garten" lädt Ihre KlientInnen dazu ein, ihren derzeitigen Stil bei der Problembearbeitung als „Marktstand" oder „Beet" einzuzeichnen und zu überlegen, welche Veränderung im strategischen Verhalten vielleicht einmal einen Versuch wert wäre.

⇨ Energien

---

**Der Marktplatz /das Beet meiner Strategien**

| Ohnmacht ertragen, (an)klagen | | taktisch, diplomatisch, sich's richten |
|---|---|---|
| auf eigene Faust durchkämpfen | | direkt, offen zum Thema machen, Mitarbeit fordern |

In welchem Bereich liegen Ihre bisherigen Stärken beim Probleme bearbeiten?
Zeichnen Sie Ihren derzeitigen Marktstand/Ihr derzeitiges Beet ein. Überlegen Sie dann:
In welche Richtung möchte ich meine strategischen Möglichkeiten hin ausweiten?
Zeichnen Sie auch das als erweiterten Marktstand/erweitertes Beet ein.
Wie könnte das in der konkreten Umsetzung aussehen?

# Stützen der Identität

⇨ Organisation / Fünf Stützen unserer Organisation

# Supervision der Supervisoren

⇨ Fragen / Fragen zur Supervision von Supervisoren

# Symbole

*Quellen: Verschiedene traditionelle in eigener Weiterentwicklung*

Hier ist die Arbeit mit gegenständlichen oder gezeichneten Symbolen gemeint, für die Arbeit mit gedanklichen Symbolen.

⇨ Metaphern

Besonders für **Einstiegssituationen in Gruppen oder Teams** eignet sich folgender Impuls:

## Symbol für heute/jetzt

*„Zeichnen Sie hier auf diesen Karten (Postkarten- oder Spielkarten-Größe) ein Symbol, das Sie heute und hier am besten ausdrückt... Das ist jetzt die Grundlage unserer Anfangsrunde."*
Diese Karten können dann auch in der Mitte zu einer Collage verbunden werden, sodass ein Gruppen-Gesamtbild entsteht. Dasselbe kann zu einem Grundsatzthema gemacht werden, etwa:
*„Wenn ich an die Zukunft unseres Teams denke..."*

## Mein Gegenstand

Ganz ähnlich und doch ganz anders wird der Prozess, wenn Sie empfehlen:
*„Suchen Sie sich aus diesem Raum oder der näheren Umgebung einen Gegenstand, der Ihrer momentanen Einstellung (zum Thema, zur Gruppe...) am besten entspricht. Denken Sie dabei nicht zu lange nach, lassen Sie sich etwas ins Auge fallen und nehmen Sie es, ohne schon genau zu wissen, was das soll."*
Abschließend stellen alle ihren Gegenstand im Bezug zum Thema vor.

## Arbeit und privat

Beim Thema „Arbeit und privat" ergibt sich eine spannende Weiterführung dieser Arbeit mit Symbolen dann, wenn die TeilnehmerInnen zwei oder mehrere Symbole suchen und/oder zeichnen, z. B.:
„Suchen Sie sich ein Symbol für Ihre Arbeitssituation... und dann ein anderes für Ihre private Lebenssituation..."
Wenn alle ihre Symbole gefunden oder gezeichnet haben, geht die Anleitung weiter:
„Suchen Sie sich einen Platz im Raum für Ihr Arbeits-Symbol und legen oder stellen Sie es dort hin...
Suchen Sie sich dann einen Platz im Raum für Ihr privates Symbol und legen oder stellen Sie es dort hin...
Gehen Sie jetzt ein paar Mal von einem Platz zum anderen – also zwischen Arbeitswelt und Privatleben – hin und her und spüren Sie, wie das zurzeit für Sie ist. Nehmen Sie die Nähe oder Distanz der beiden Gegenstände wahr, die Sie unbewusst richtig gewählt haben...
Suchen Sie sich schließlich den Platz zwischen den beiden Symbolen, von dem aus Sie hier über Ihre Symbole und Ihre Erfahrungen damit sprechen wollen..."

## Fünf Symbole

Die zuletzt beschriebene Vorgehensweise eignet sich so wie die nächste auch für die **Einzelberatung** oder das **Coaching**:
Dabei leiten Sie in ähnlicher Weise wie oben beschrieben Ihren Klienten an, sich fünf Symbole zu suchen oder zu zeichnen:

○ für die Jetztzeit
○ für die jüngere Vergangenheit
○ für die weite Vergangenheit, als alles begonnen hat
○ für die nähere Zukunft
○ für die weite Zukunft, die Vision

Die Reihenfolge muss nicht streng eingehalten werden, nur die Gegenwart muss am Anfang stehen. Die Symbole können für die Berufskarriere, für eine Beziehungsgeschichte oder für den Lebensweg als Ganzes stehen.
Anschließend geht es wieder darum, Plätze im Raum für diese Gegenstände zu finden und dann den Weg zu gehen... in alle Richtungen und mehrmals.
Falls die Übung in einer **Gruppe** stattfindet, sollten sich alle vor der Nachbesprechung ein paar persönliche Notizen machen (wie im Tagebuch). Erst dann folgt ein gemeinsamer Austausch im Kreis.

⇨ Bilder auswählen
⇨ Ressourcenort
⇨ System-Brett
⇨ Zielarbeit

# System-Brett – Familien-Brett
*Quelle: systemisch*

Auf einem größeren – möglichst quadratischen – Karton (bzw. auf einem Familien-Brett, das es zu kaufen gibt) lässt es sich gut „systemisch" arbeiten: Das Stellen von Figuren zu einer aktuellen Beziehungssituation eines Systems, einer Familie lässt viel Einsicht und Draufsicht (Blick aus der lösenden Distanz) zu: *Problem- und Lösungsbild* sind so möglich.

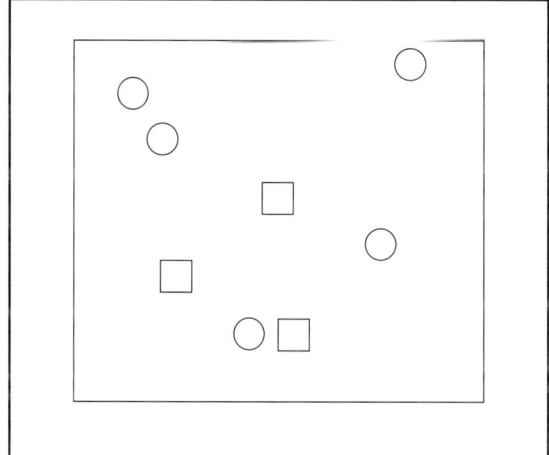

Der Karton sollte ca. 60 x 60 cm groß sein und einen inneren Raum eingezeichnet haben, ca. 5 cm vom Rand entfernt.
Zusätzlich sind noch ca. 8-10 cm große Figuren bzw. Bausteine nötig, idealerweise Quader für die männlichen, Säulen für die weiblichen Gestalten (im Notfall tun es auch größere Spielsteine/Figuren).
Ein Gesicht daraufgemalt mit zwei Augen (und einem geraden, neutralen Mund) ermöglicht die Blickrichtungen zu setzen und zu erkennen. Bedeutsam bei den Aufstellungen sind Blickrichtung und Entfernungen/Nähe zueinander.

Der Klient stellt zu seiner Beziehungssituation die wichtigsten InteraktionspartnerInnen auf das Systembrett und nennt dabei ihren Namen und die Beziehungsrolle: Kollegin, Vater, Chefin...
Nun laden Sie den Klienten ein, genau auf Entfernung und Blickrichtung zu achten (evtl. zurechtrücken), seine Empfindungen; Erklärungen und Bewertungen mitzuteilen und führen einen Dialog mit ihm, ergänzt mit ihren Sichtweisen.

*Ein mögliches Lösungsbild* kann ein wichtiger (vorläufiger) Abschluss dieser Arbeit sein.

# Szenario-Technik
*Quelle: traditionell, R. Rabenstein, E. Scala*

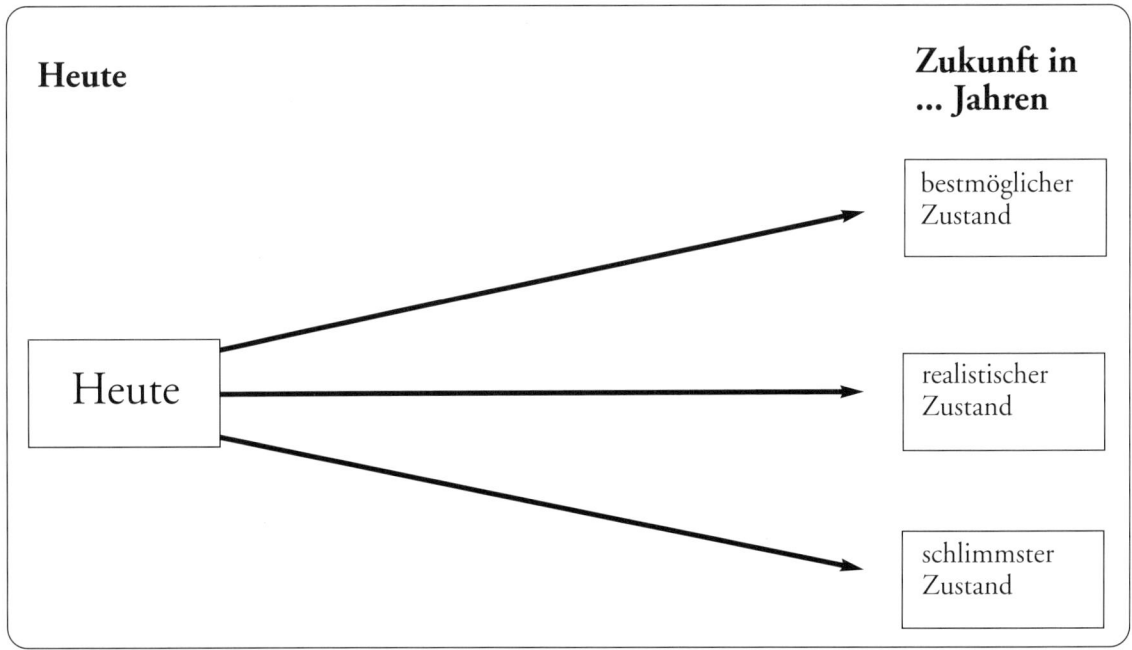

Mit der Szenariotechnik kann in Veränderungsprozessen von Teams und Organisationen nach einem Diagnoseimpuls zum Beschreiben der Ist-Situation weitergearbeitet werden.

Dabei kann es entweder um unterschiedliche Teilbereiche des Teams/der Organisation oder um den Gesamtbetrieb/Team gehen.

Für einen vereinbarten Zeitschritt (in einem Jahr, in drei Jahren, in fünf Jahren) werden jeweils
- eine bestmögliche,
- eine realistische und
- eine schlimmstmögliche

Zukunftsbeschreibung/Hypothese in drei Gruppen erarbeitet (oder in der ganzen Gruppe zunächst als Ideensammlung zu den drei Szenarien auf eine Pinnwand aufgeschrieben und dann geordnet).

Diese werden einander vorgestellt und diskutiert – auch mit relevanten Umwelten (!) – und daraus ergeben sich
- die nächstmöglichen Ziele (mit Merkmalen der Zielerreichung!),
- die Planung und Vereinbarung von Strategien und Schritten (wer, was, wann, wie, mit wem),
- die Umsetzung und
- die Kontrolle einige Zeit danach.

↳ Diagnose-Modelle
↳ Organisationen / Einfaches Diagnose-Modell
↳ SPOT-Analyse
↳ Sketch-Diagnose

# Tagebuch

Tagebuch führen war schon immer ein wichtiges Instrument der Psychohygiene, manche haben damit in der Pubertät angefangen, nur wenige sind dabei geblieben – leider.
In der Beratung sollten wir alle KlientInnen dazu ermutigen, diese Form der „Verdauung" oder auch der Vorbereitung (wieder) zu entdecken.
EinzelklientInnen können Sie zusätzlich empfehlen, sich ein „würdiges", also möglichst schönes Büchlein oder Heft zu besorgen; in Gruppen können solche Hefte auch gemeinsam besorgt werden.

In Lehrgängen regen wir oft eine gleichzeitige persönliche Gestaltung der Titelseite an, die dann allen gezeigt und erläutert wird.
In diesen Gruppen sollte man als LeiterIn auch immer wieder Tagebuch-Zeit zur Verfügung stellen, also etwa 5 Minuten vor der Schlussrunde oder nach einer intensiven szenischen Erfahrung.
Diese Tagebuch-Arbeit kann auch als subjektives Gegenstück zum eher objektiven „Protokoll" verstanden werden.

# Team

Viele Impulse zum Beschreiben und Gestalten von Teamsituationen sind den Möglichkeiten der Beratungsarbeit in Organisationen ähnlich. Bitte beachten Sie auch die folgenden Impulse.

⇨ Gruppen-Einblick / Team Einblick
⇨ Organisationen
⇨ Schiff

# Energien des Teams
*Quelle: nach Fritz Hendrich*

Mit den Energie-Metaphern „Feuer-Wasser-Erde-Luft" erarbeiten und beschreiben die Teammitglieder den Ist- und Ziel-Zustand im Team:

1. Die TeilnehmerInnen gehen im Raum herum und stellen sich zu jener Energie, die im Team deutlich und spürbar ist. Stellung nehmen: *„Wie und wann wird das konkret sichtbar – für uns/für unsere KlientInnen/KundInnen..."*

2. Dann zu jener Energie stellen, von der im Augenblick zu wenig sichtbar ist.
Stellung nehmen mit konkreten Beispielen/Beobachtungen.

3. Den eigenen energetischen Beitrag („davon bringe ich genug ein") auf die gleiche Art darstellen, mitteilen und ein gegenseitiges Feedback geben.

4. Die nächstmögliche förderliche Energieverteilung auf diese Art sichtbar machen: *„Wovon mehr... wovon weniger... wovon gleich viel..."* - *„Mein Beitrag dazu..."*

⇨ Feedback / Drei-Bitten-Feedback

# Entwicklungs-Modell: Teamentwicklung
*Quelle:*
*R. Rabenstein nach Bernd Wildenmann*

Teamentwicklung folgt zwei Richtungen: zum einen der Entwicklung der Arbeitsfähigkeit und zum anderen der Richtung der Gruppenbeziehungen.
Vereinfacht können wir das mit 2 Koordinaten darstellen.

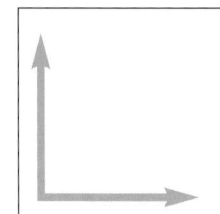

Wenn wir dieses Modell kippen, sehen wir zwei Zweige, die sich idealerweise gleichwertig entfalten. Dieses Modell/Bild kann Teams bei der Reflexion der aktuellen Teamsituation nützen. Die einzelnen Teammitglieder markieren ihre Einschätzung der momentanen Teamkompetenz in einer Skala von 0 bis 5 auf den beiden Zweigen.
Diese Markierungen werden ausgetauscht, anhand konkreter Wahrnehmungen verdeutlicht und Unterschiede und Gemeinsamkeiten herausgearbeitet.
Interessant und orientierungsreich ist es, wenn das Team die einzelnen Entwicklungsschritte von 0 bis 5 auf jedem Zweig benennt.
Daraus können die Teammitglieder ihr Teamprogramm und realistische sowie visionäre Schritte entwickeln.

## Entwicklungsmodell: Teamentwicklung

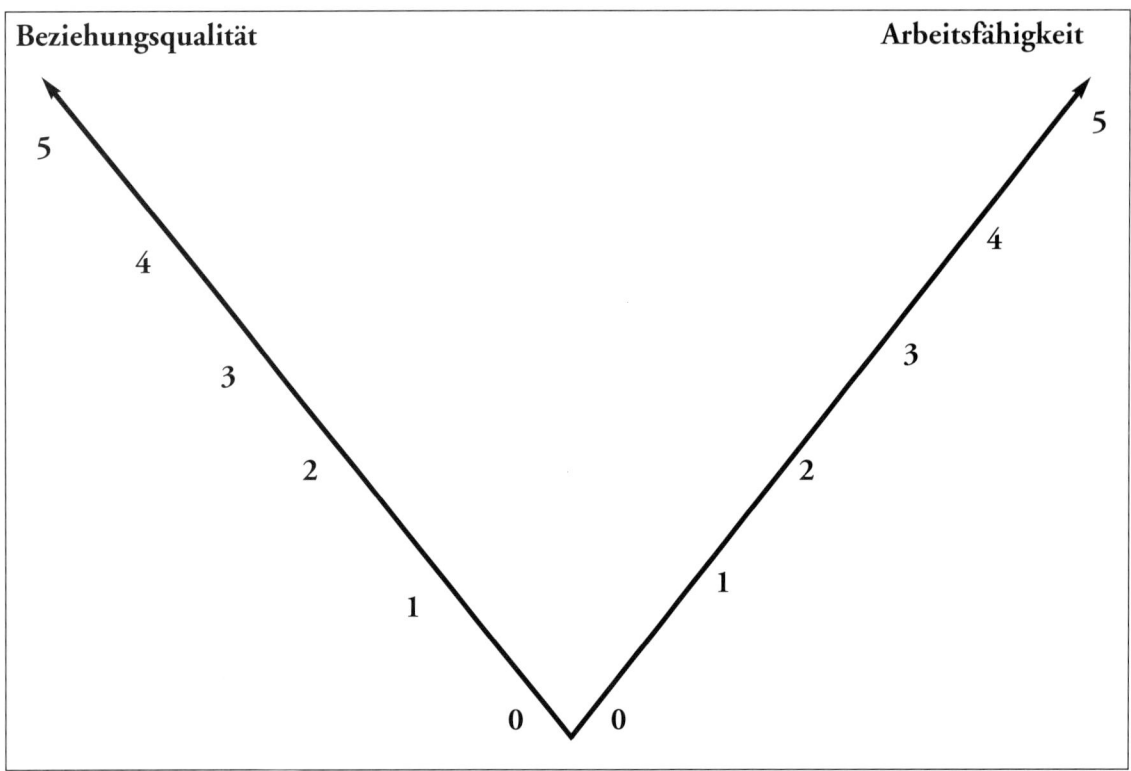

## Feedback im Team

- ⇨ Energien
- ⇨ Feedback / Feedbackbriefe
- ⇨ Feedback / Feedback-Zwiebel
- ⇨ Feedback / Feedback-Partner
- ⇨ Team / Energien des Teams
- ⇨ Wetterbericht / Wöchentlicher Wetterbericht für ein Team

# Fragen-Set zur Teamsupervision
*zusammengestellt von Eva Scala*

Wählen Sie aus den folgenden Fragen jene, die Ihnen für die konkrete Teamberatung nützlich, anregend und herausfordernd erscheinen.

## Fragen zum Auftrag

- Wie kam es zu dieser Supervisionssitzung? Wer hatte die Idee zum Kontakt? Wie haben Sie den Weg hierher gefunden?
- Warum wurde gerade ich ausgewählt? Stehen noch andere zur Disposition?
- Wie wird die Rolle des Supervisors definiert? (Fachfrau, Verantwortlicher für Lösungen, Hilfe zur Selbsthilfe...)
- Welche Ideen gibt es darüber, warum diese Gespräche bzw. die Supervision nützlich sind? Wer teilt diese Ideen, wer nicht?
- Welche Verantwortung tragen die TeilnehmerInnen, welche der Supervisor?
- Ist für die Ziele überhaupt Supervision das geeignete Mittel? (oder besser Krisenintervention, Moderation...)
- Wer wünscht am meisten Supervision, wer am wenigsten (evtl. Rangreihe)? Wer hat am meisten Sorgen?
- Wie lange haben Sie schon auf diese Sitzung gewartet? Was ist in der Wartezeit passiert?
- Was ist bisher schon unternommen worden? Lösungsversuche? Welche Ergebnisse?
- Gibt es schon Supervisionserfahrung? Wenn ja, warum wird gewechselt?
- Wie stehen Leitung, Team und Institution zur Supervision?
- Was ist der Anlass für diese Supervision?
- Warum brauchen wir jetzt Supervision und warum ist sie uns jetzt wichtig?
- Was sollte Gegenstand der Supervision sein und was nicht?
- Woran würden Sie merken, dass die Supervision erfolgreich war (bzw. dass keine Supervision mehr nötig wäre)?
- Ziele: kurzfristig – mittelfristig – langfristig?
- Zeit, Häufigkeit, Dauer, Zeitspanne, Honorar, Absageregelung, Teilnahmeverpflichtung, Du-Sie, Schweigen?

## Fortsetzung: Fragen-Set zur Teamsupervision

### Erwartungen erfragen
- Was möchte er/sie, was hier passieren soll? Wer will hier was von wem?
- Wer ist optimistisch, wer skeptisch?
- Was könnte hier passieren, um das Ziel zu erreichen? (Ihr Beitrag)
- Wie könnte ich das Ziel verhindern? Wie könnte ich die Probleme verschlimmern? (Mein Beitrag)
- Was müsste ich (müssten wir) tun, um die Erwartungen zu erfüllen?
- Was müsste ich (müssten wir) tun, damit es ein Misserfolg wird?

### Wie ist die Arbeitsstruktur?
- Welche Formen der Zusammenarbeit haben die TeilnehmerInnen außerhalb der Supervision? Ist eine Umsetzung der Arbeitsergebnisse möglich?
- Wie ist der Leiter eingebunden?
- Wie ist das Team in die Gesamtorganisation eingebunden?
- Welche hierarchischen Stufen gibt es innerhalb des Teams (wer ist befugt, die Interessen des Teams zu vertreten)?
- Welche Aufgabe, Funktion und Tätigkeit hat das Team in der Institution?
- Was ist die Aufgabe, Funktion und Tätigkeit des einzelnen Mitarbeiters?
- Was funktioniert in unserer Zusammenarbeit gut?
  Was funktioniert in unserer Arbeit mit den Klienten gut?
- Was funktioniert in unserer Zusammenarbeit nicht so gut?
  Was funktioniert in unserer Zusammenarbeit mit unseren Klienten nicht so gut?
  Was müssten alle Beteiligten tun, um die Zusammenarbeit noch schlechter zu machen?
- Erzählen Sie einmal etwas über die Geschichte des Teams: Welche Veränderungen hat es in letzter Zeit gegeben? Welche Veränderungen stehen an?
- Welche Ressourcen hat die Gruppe und wie nützt sie diese?
- Welche Arbeitsteilung hat sich in der Gruppe herausgebildet (auch informell)?
- Angenommen, es gäbe keine Supervision: Wie könnte es weitergehen?

Methoden, Texte, Papers von A – Z **Team**

## Geschichte des Teams stellen – Zeitlinie
*Quelle: R. Rabenstein, systemisch*

Besonders als Einstieg in eine Teamberatung kann das Aufstellen der Teammitglieder entlang einer Zeitlinie (die Dauer der Teamzugehörigkeit betreffend) sehr informativ für alle Beteiligten und die Beraterin sein. Zusätzlich regt das Suchen und Finden des „richtigen" Platzes zum gegenseitigen Geschichten erzählen an – Sichtweisen und Bewertungen der Teamgeschichte werden kommunizierbar.

⟶

Der Zusammenhang bzw. Widerspruch zwischen Zeitdauer und gegenwärtiger Leitungs- und Verantwortungsstruktur ist bedeutsam und wird so ansprechbar.

○ Wer ist da?
○ Wer ist wann dazugekommen?
○ Wer kam zuletzt – und wurde wie empfangen, eingeführt?
○ Wer hat begonnen – begründet? Sind die Gründer geachtet?
○ Wer fehlt – geht ab – ging weg – wurde gekündigt – ist (nicht/kaum/gut) verabschiedet?
○ Wer leitet – aus welcher Zeitspanne kommend?

Das Aufstellen kann sowohl vom Teamneuling als auch von der Teamältesten gemacht werden. Meist ist es nützlich zu sehen, wo sich jedes Teammitglied selbst entlang der Zeitlinie einordnet.
Wer übernimmt die Moderation/Kontrolle/Erklärung?

## Ziele im Team

⇨ Problemrückseite ist ein Ziel

## Lernen im Team

⇨ Lernen
⇨ Lern-Partner

201

**Team**        Methoden, Texte, Papers von A – Z

## Polaritäten/Dimensionen eines Teams

In jedem Team wirken unterschiedliche Tendenzen wie Kräfte, die manchmal hin und her ziehen können, die Spannung bis zur Zerreißprobe steigern können. Diese Kräfte sind auch die Quelle der Teamdynamik und -entwicklung.

Die Kräfte-Polaritäten in einem Team, einer Arbeitsgruppe, die möglichst in einem fruchtbaren Wechselspiel balanciert werden, können wir so beschreiben:

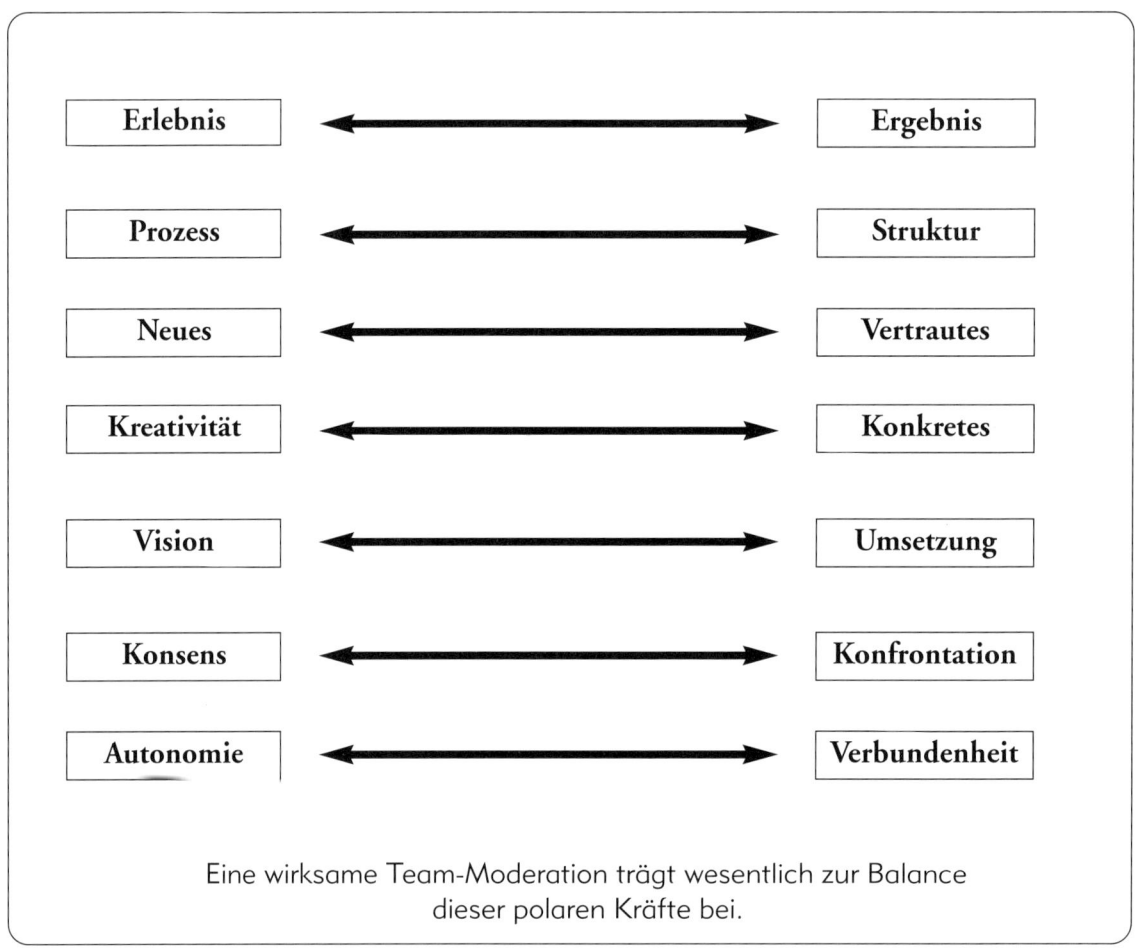

| Erlebnis | ⟷ | Ergebnis |
| Prozess | ⟷ | Struktur |
| Neues | ⟷ | Vertrautes |
| Kreativität | ⟷ | Konkretes |
| Vision | ⟷ | Umsetzung |
| Konsens | ⟷ | Konfrontation |
| Autonomie | ⟷ | Verbundenheit |

Eine wirksame Team-Moderation trägt wesentlich zur Balance dieser polaren Kräfte bei.

Diese Übersicht können Sie bei Teamberatungen als Reflexions- und Planungsmodell verwenden und einsetzen.
Ein bildhaftes Modell von Polaritäten finden Sie bei:

⇨ Team / Energien des Teams

Methoden, Texte, Papers von A – Z **Team**

## Teamkultur-Elemente
*Quelle: R. Reichel*

Dieses Arbeitsblatt können Sie als Checkliste verwenden oder einem Team zur Selbstanalyse anbieten:

### Elemente einer Teamkultur

1. **Ort**
   Ungestört? Platz genug? Gemütlich? Neutral?

2. **Zeit**
   - Zeitpunkt – Können alle rechtzeitig hier sein?
   - Zeitmaß – Stimmt das Maß oder ist die Zeit zu kurz oder zu lang?
   - Zeitabstände – Zu oft? Zu selten?

3. **Rollen**
   Ist klar, wer hier leitet, protokolliert…?

4. **Klarheit**
   Ist allen klar, worum es hier geht?
   Sind alle wichtigen Informationen auf dem Tisch?…

5. **Anfang**
   Ist der Anfang deutlich oder plätschern alle ins Thema?
   Gibt es eine Begrüßung?

6. **Ende**
   Wird das Ende kurz vorher bewusst gemacht?
   Gibt es eine Zusammenfassung/eine Verabschiedung?

7. **Kreative Methoden**
   Werden Methoden bewusst eingesetzt?
   Wird über Methoden gesprochen?

8. **Wertschätzung**
   Werden Leistungen und Erfolge wahrgenommen?

9. **Störungen – Konflikte**
   Werden Störungen und Konflikte erkannt und gezielt bearbeitet?

10. **LeiterIn als Vorbild**
    Wird die Leitung als kulturtragend respektiert?
    Tut sie es selbst?

# Team-Metaphern:
## Schiff, Theater, Bauernhof, Expedition
*Quelle: R. Rabenstein, Gruppenpädagogik, -dynamik*

Sichtweisen und Dynamiken eines Teams, einer Arbeitsgruppe können mit verschiedenen Metaphern sichtbar und verhandelbar werden.

- (Piraten) Schiff
- Marktplatz/Basar
- Expedition
- Märchen
- Bauernhof
- Raumschiff
- Theater
- Zirkus
- Biotop
- Krippenspiel
- Wasserlauf

**Variation 1:**
Das Team wählt sich gemeinsam eine Metapher aus. Jedes Teammitglied assoziiert in dieser Metapher die Teamsituation und gibt jedem Teammitglied eine metaphorische Rolle darin (das Ganze kann auch auf einem großen Plakat eingezeichnet werden). Unterschiedliche Einordnungen sind Quelle des Austausches.

**Variation 2:**
In **größeren Teams** bilden sich Kleingruppen (Paare, 3er-Gruppen), wählen eine Metapher und bilden die aktuelle Situation/bzw. das Zielbild des Teams in dieser Metapher ab. Jedem Teammitglied (auch sich selbst) wird eine der Metapher entsprechende Rolle zugeordnet.
Die Ergebnisse werden danach mittels Plakat oder szenischer Aufstellung im Raum und persönlicher Rollenzuteilung dem Team präsentiert und alle nehmen dazu Stellung.

Diese Metaphern können auch in Ist- und Zielbilder gesplittet werden.
Eine Liste „Weg von... hin zu..." kann die bildhaften Aussagen konkretisieren und zu Vereinbarungen anregen:

Methoden, Texte, Papers von A – Z  **Team**

### Entwicklungsperspektiven für unser Team:
Wir wollen

weg von: ⟶ hin zu:

## Team-Themen in Komplexität einordnen

Team-Themen haben eine unterschiedliche Komplexität – und jedes Teammitglied schätzt die Komplexität unterschiedlich ein. Themen im Beratungsstadium haben und brauchen mehr Komplexität, speziell das Sammeln von Ideen erhöht die Komplexität. Hier ist die Frage, was machen wir nun konkret zu früh und stockt den Ideenfluss.
Wenn es ums Bewerten geht, wird Komplexität reduziert.
Ebenso brauchen Entscheidungen eine gewisse Komplexitätsreduktion.

Das Zuordnen der Themen in die Komplexitätslandkarte kann für Teamberatung nützlich sein, es macht anschaulich, wo die Teammitglieder ihre Themen sehen: entscheidungsfähig, beratungsbedürftig, konfliktoffen.

⇨ Komplexität managen

# Tempo – mein/unser Tempo

*Quelle: R. Reichel u. a.*

In der Teamsupervision ist es eine der edelsten Aufgaben des Beraters, das Tempo in der Kommunikation zu verringern. Viele Probleme entstehen durch zu hohes Tempo (nicht nur in der Teamarbeit!). Es ist in unserer Kultur durchaus üblich, aufeinander zu reagieren, ohne dass klar ist, ob der Vorredner überhaupt richtig verstanden wurde.

Wenn eine Diskussion wieder einmal ziemlich hektisch wird, dann könnte der Berater immer wieder durch folgende bremsende Impulse hilfreich werden:

„Stopp! Ich komme nicht mehr mit. Würden Sie mir bitte erklären, was der Kollege gemeint hat, bevor Sie auf ihn weiter reagieren!" Sie machen sich dadurch kurzfristig nicht beliebt, aber der Prozess als Ganzes wird effektiver und der Energieverbrauch geringer.

Sie können auch eine Zeit lang die Beschränkung von Redezeit vorschlagen, z. B. jede Wortmeldung nicht länger als eine Minute. Das wird bei manchen TeilnehmerInnen zunächst zum schnelleren Reden führen, aber das legt sich.

Das Thema „Mein Tempo – Gruppentempo" lässt sich auch nonverbal – durch Bewegung – erfahren:
Alle gehen im Raum herum, schweigend und in wechselndem Tempo und suchen schließlich das Tempo, das ihnen zurzeit genau entspricht...
Jeder in seinem Tempo!

Dann kommt der nächste Impuls:
*„Passen Sie jetzt Ihr Tempo einander an, sodass bald ein gemeinsames Gruppentempo entsteht... ohne Worte!*

*Kehren Sie jetzt wieder zurück zu Ihrem persönlichen Tempo...*
*Jetzt finden Sie wieder Ihr gemeinsames Tempo... und ändern es gemeinsam...*
*Dann wieder Ihr eigenes...*

*Kehren wir jetzt zurück in den Kreis und tauschen wir die Erfahrungen aus."*

# Tetralemma:
## Offene Entscheidungen, Polaritäten, Widersprüche

*Quelle: Matthias Varga von Kibéd, Ganz im Gegenteil, C. Auer Verlag 2000*

Ein klassisches Modell. Oft sind in Beratungssituationen scheinbar unvereinbare Gegensätze oder unlebbare Alternativen im Spiel. Die bisherigen Entweder-oder-Lösungen bieten keine Lösung. Weitere Lösungsideen bedürfen der Erlaubnis, des Ausprobierens.

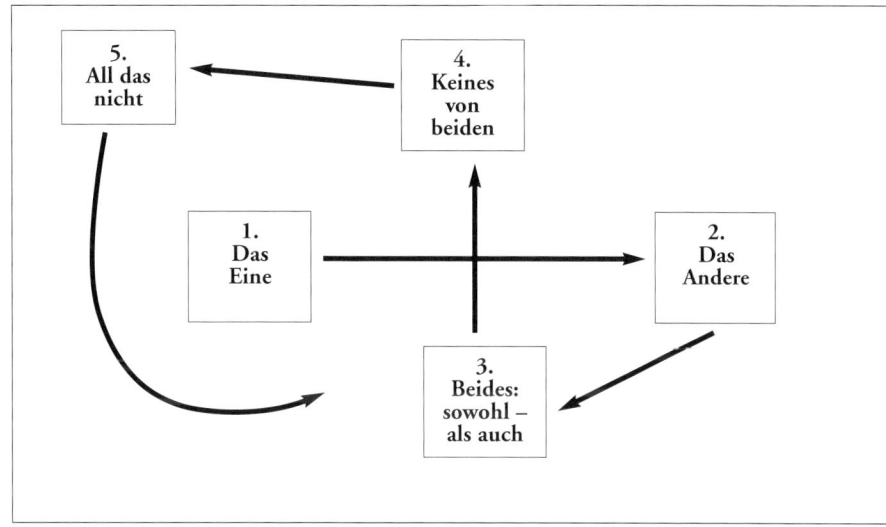

**Das Eine und das Andere, Sowohl-als-auch, Keins-von-beiden, All-das-nicht** sind Möglichkeiten, die im Tetralemma benannt, erprobt und auf ihre Auswirkungen hin erfahren werden.

### Einzelberatung:

Die Beraterin lädt den Klienten ein, zum eigenen Thema die oben genannten 5 Positionen schrittweise zu formulieren. Mit Kärtchen werden die Positionen am Boden markiert. Der Klient geht nun in jede Position und fühlt die Auswirkungen der jeweiligen Positionen auf sich selbst. In diesem Hin-und-her-gehen und von der einen zur anderen Position Blicken werden die Positionen evtl. umbenannt, neu formuliert. So entwickelt sich die Erfahrung, die Einsicht bzw. der Überblick, woraus die Lösung kommen kann.

### Gruppenberatung:

Der Klient wählt für jede genannte und beschriebene Position ein Gruppenmitglied und stellt dieses (wie bei der Aufstellung) seinem inneren Bild entsprechend auf.
Die Beraterin interviwt die Aufgestellten; Änderungen werden vollzogen.
Der Klient geht nun von einer Position zur anderen und öfter zwischen zweien hin und her. Er probiert den Unterschied, vor, neben oder hinter einer Position zu stehen. So werden mögliche Lösungsbilder entwickelt.

↪ Aufstellung

# Titel finden

Das ist eine zentrale Methode zum Fokussieren „Komplexität managen".

Jede komplexe Darstellung (Erzählung, vielfältiges Bild oder erlebte Szene) kann den Klienten, aber auch den Berater und die anderen Anwesenden verwirren. (Manchmal ist das auch unbewusst beabsichtigt.) In diesem Fall eignet sich der folgende einfache Impuls:

„Wenn diese Geschichte (dieses Bild, diese Szene...) verfilmt oder als Buch veröffentlicht würde: Welchen Titel müsste sie bekommen?"

Diese Vorgangsweise erscheint banal, aber das Geheimnis liegt im Ernstnehmen des Ergebnisses. Was wird durch den genannten Titel deutlich? Genau da gilt es weiterzumachen. Das Besondere und Weiterführende kann in der thematischen Beschränkung liegen (= Fokussierung), aber auch in der literarischen Qualität des Titels: Welche Stimmung wird hier deutlich? Ist Ironie dabei (welche Bedeutung könnte sie haben)? Oder Hoffnungslosigkeit? Oder Zuversicht? Das sind entscheidende Haltungen, die der thematischen Arbeit zu Grunde gelegt werden müssen.

⇨ Komplexität managen
⇨ Partnergespräche

# Trauma-Bilder verändern

⇨ Bild malen

# Umwege

*„Umwege sind notwendig – du lernst dadurch die Landschaft kennen!"*

(Bert Hellinger)

Eine wichtige Aufgabe von Beratung ist es immer wieder, KlientInnen aus dem linearen Denken herauszulocken. Dazu sind manchmal auch Texte wie der folgende hilfreich, der das Umgehen mit Problemen zu einem *Um-gehen von* Problemen umdenken hilft (der Autor/die Autorin ist uns leider unbekannt):

---

1. Ich gehe die Straße entlang.
Da ist ein tiefes Loch im Gehsteig.
Ich falle hinein.
Ich bin verloren... ich bin ohne Hoffnung.
Es ist nicht meine Schuld.
Es dauert endlos,
wieder herauszukommen.

2. Ich gehe dieselbe Straße entlang.
Da ist ein tiefes Loch im Gehsteig.
Ich tue so, als sähe ich es nicht.
Ich falle wieder hinein.
Ich kann nicht glauben,
schon wieder am gleichen Ort zu sein.
Aber es ist nicht meine Schuld.
Immer noch dauert es sehr lange,
wieder herauszukommen.

3. Ich gehe dieselbe Straße entlang.
Da ist ein tiefes Loch im Gehsteig.
Ich sehe es.
Ich falle immer noch hinein...
aus Gewohnheit.
Meine Augen sind offen.
Ich weiß, wo ich bin.
Es ist meine eigene Schuld.
Ich komme sofort heraus.

4. Ich gehe dieselbe Straße entlang.
Da ist ein tiefes Loch im Gehsteig.
Ich gehe darum herum.

5. Ich gehe eine andere Straße.

---

⇨ Zitate

# Umwelten von Organisationen und Teams

⇨ Organisationen
⇨ Lernen / Lern-Modell

# Veränderung

*„Der günstige Zeitpunkt für Entwicklung und Veränderung ergibt sich dann, wenn die Bremsen versagen oder blockiert sind."*

(W. Pechtl)

- ⇨ Diagnose-Modelle
- ⇨ Organisationen / Veränderungen
- ⇨ Organisationen / Veränderung vermeiden in Organisationen
- ⇨ Straße zur Veränderung
- ⇨ Strategien zur Problemlösung
- ⇨ Szenario-Technik
- ⇨ Visionen erfinden

# Verhinderung – Fünf erfolgreiche Strategien
*Quelle: R. Rabenstein, traditionell*

- ○ Jede Bewegung erzeugt eine Gegenbewegung.
- ○ Erfolgreich ist man auch in Verhinderungen, Verschlimmerungen.
- ○ Ob ich in einer Situation beeinflussende Macht habe, zeigt sich auch daran, ob ich sie (die Situation) verschlimmern kann.

Dies sind die Hypothesen zu folgendem Impuls für Einzel- und Teamberatungen:
Laden Sie Ihre Klientin ein, zu einer Situation (die sie verändern will) 5 Möglichkeiten zu erfinden, wie sie sie erfolgreich verschlimmern könnte. Zusätzlich kann sie die Möglichkeiten noch reihen. Oft löst dieser Impuls Verblüffung und eine heitere Stimmung bei Einzelnen und in Gruppen aus.
Oder: Ein Ziel/eine Absicht ist formuliert. Laden Sie die Klientin ein, 3 bis 5 Möglichkeiten zu erfinden, wie sie dies erfolgreich verhindern könnte.

- ⇨ Erfolgs-Statue / Goldene Regeln
- ⇨ Nicht-Lösen
- ⇨ Organisationen / Veränderung vermeiden in Organisationen
- ⇨ Sketch-Diagnose

# VerMUTen – mit Intuitionen spielen
*Quelle: R. Rabenstein, R. Reichel*

Hier nutzen wir in Gruppen oder Teams die kaum bewussten Prozesse in ganz neuen und herausfordernden Situationen:

## Variation 1:
### Eine Gruppe beginnt neu

Die TeilnehmerInnen beobachten sich, sie beginnen sich zu orientieren: Was ist denn das für einer? Und die da?... Blitzartig entwickeln wir das, was unsere Alltagsmoral als „Vorurteile" kritisiert. Wie dumm! Diese Vorurteile gibt es ja sowieso und wir können und wollen sie nützen:

*„Setzen Sie sich bitte zu dritt zusammen, am besten solche, die noch kaum miteinander gesprochen haben. Zwei von Ihnen haben jetzt Gelegenheit, sich über die Dritte zu unterhalten, sodass diese alles hören kann, also ganz offen. Vermuten Sie, wie diese Person lebt, was sie gerne isst, ob sie Kinder hat, wie es ihr in der Arbeit geht, welche Musik sie gerne hört, wo und wie sie gerne Urlaub macht usw, was immer Ihnen einfällt. Bedenken Sie, dass im Wort Vermuten das Wort MUT steckt! Diejenige, über die gesprochen wird, hat die schwierige, aber wichtige Aufgabe, nur zuzuhören und nicht zu reagieren... auch nicht durch Mimik! Ich weiß, das ist schwierig, aber bitte, bemühen Sie sich...*

*Nach ungefähr fünf Minuten schließen die beiden ihre Vermutungen ab, Sie können kurz Luft ablassen und sagen, wie das Zuhören für Sie war. Bestätigen Sie aber nur kurz, welche Vermutungen richtig waren und welche nicht... Wechseln Sie dann die Rollen, sodass jede einmal in der Rolle der Zuhörerin war, über die vermutet wird."*

Nach ca. 20 Minuten erfolgt der Austausch im Kreis: Wie war das? Wie hoch war die „Trefferquote"?

Wenn Sie als BeraterIn wollen, können Sie etwas über Intuition sagen, aber auf jeden Fall sollte folgende Erkenntnis für die Gruppe gelten:

Vorurteile, die wir uns bewusst machen, können korrigiert werden. Vorurteile, die tabuisiert werden, bleiben hartnäckig am Leben. Gönnen wir uns also das bewusste Spiel mit Vorurteilen.

## Variation 2:
### Ein oder zwei neue Teammitglieder sind da

Auch die Aufnahme neuer Teammitglieder wird spannend, wenn Sie als BeraterIn die große Erlaubnis und Anregung für das Vorurteile-Spiel geben:

*„Fünf Minuten lang haben jetzt die „Alten" Gelegenheit, über die „Neuen" drauflos zu vermuten. Bedenken Sie: verMUTen!...*

*Und jetzt haben die „Neuen" fünf Minuten Gelegenheit, über die „Alten" und das, was hier so gilt, drauflos zu verMUTen..."*

Falls das Team und die Neuen sich auf so etwas einlassen, dann vermitteln Sie ihnen, dass es ein tolles Zeichen ist, sich so etwas zu trauen. Viele würden das ablehnen. Es schafft aber in kurzer Zeit eine sehr dichte Verständigung!

## Variation 3:
### Ein ganz neues Thema stellt sich

In einem Team taucht plötzlich ein neues, ungewohntes und brisantes Thema auf: Eine größere Summe Geld steht plötzlich zur Verfügung – oder muss eingespart werden. Im nächsten Jahr muss ein Teammitglied „eingespart" werden.

Auch hier besteht die Möglichkeit, durch VerMUTungen zu enttabuisieren: Ein Teammitglied schweigt, alle anderen unterhalten sich darüber, was derjenige wohl über das Thema denkt und fühlt, welche Interessen ihn leiten etc.

Das Teammitglied darf mitschreiben, denn anschließend wird nicht nachbesprochen, sondern das nächste Teammitglied kommt dran usw. bis alle durch sind. Erst dann folgt ein Austausch über die Erfahrungen beim schweigenden Zuhören.

⇨ Einstieg
⇨ Feedback / Feedback-Triaden

# Verschlimmern statt verbessern

⇨ Verhinderung

# Vertragsgrafik
*Quelle: R. Reichel*

Viele BeraterInnen, besonders SupervisorInnen, verwenden Verträge (Kontrakte) zur Vereinbarung von Aufträgen (Belardi 1996, S. 63ff, Reichel/Dvorak 1998, S. 61f.). Oftmals werden diese Verträge nur von den Auftraggebern, die bezahlen, gesehen und unterschrieben. Hier bieten wir Ihnen eine Übersicht, die für alle Beteiligten anregend sein kann, um die Rahmenbedingungen der Beratung bewusst zu machen und zu klären:

# Visionen erfinden

In allen Settings – **einzeln, in Gruppen und im Team** – erleben wir die Situation des Verharrens im Problem, in der Ausweglosigkeit, in einer fast zwanghaften Verstrikkung und Verhärtung. Da ist manchmal die direkte Arbeit an Lösungen schwierig, sie stößt auf Abwehr.

Möglich ist aber vielleicht das Spiel mit Visionen, die nicht logisch, realistisch oder auf andere Art vernünftig sein müssen. Sie fördern das Lösen im Sinne von Krampf lösen, von innerlich weiter Werden, von Durchatmen.

### Ich in zwei, fünf, zehn Jahren

Zunächst ist eine Platzveränderung für alle Beteiligten wichtig! Im Sitzen oder Liegen in entspannter Haltung laden Sie Ihre KlientInnen ein, sich den Tag X (z. B. genau drei Jahre von heute entfernt) vorzustellen und auszumalen. Bei Einzelnen kann es sinnvoll sein, den inneren Beistand mitzunehmen. Vielleicht ist ein anderer Zeitabstand besser. „Ich in einem Jahr" oder „Ich in fünf Jahren".

⇨ Beistand, innerer

### Unser Team in drei Jahren

Im Team wird diese Idee speziell in der Szenariotechnik genützt, wo das Team eingeladen wird, eine bestmögliche, eine realistische und eine pessimistische Vision zu einem bestimmten Zeitrahmen zu erfinden.

Immer wenn Sie mit Gruppen arbeiten, empfehlen Sie den TeilnehmerInnen, vor der Nachbesprechung ein paar Gedanken aufzuschreiben. Vielen Menschen gehen ihre eigenen Fantasie-Schätze verloren, wenn sie anderen zuhören.

Und immer gilt für die Nachbesprechung: Achten Sie auf die Stimmungsveränderung, die durch die Vision ausgelöst wurde. Arbeiten Sie vielleicht mehr mit der Stimmungsveränderung als mit konkreten Inhalten. Aus der inneren Haltung kommt oft mehr Kraft für die Problemlösung als aus vordergründigen Gedanken.

⇨ Ansprache halten
⇨ Briefe
⇨ Problemrückseite ist ein Ziel
⇨ Szenario-Technik
⇨ Zeitlinien-Arbeit
⇨ Zielarbeit / Step by step

# Wege gehen – der Weg ist das Ziel

Dieses Grundprinzip aus der Integrativen Bewegungstherapie (Petzold u. a.) ist vor allem für die Arbeit mit Einzelnen vielfältig nützlich und wirksam. Diese Vorgangsweise braucht aber u. U. psychotherapeutische Kompetenz, da es zu sehr intensiven Erfahrungen kommen kann.

Nicht nur zwei Seelen wohnen – ach – in unsrer Brust, auch viele gegensätzliche Standpunkte oder Zielvorstellungen:
- Soll ich bei meinem Mann bleiben oder ihn verlassen?
- Soll ich meinen Arbeitsplatz behalten oder kündigen?
- Sollen wir den Hauskauf wagen oder nicht?
- Soll ich diese neue Ausbildung anfangen oder nicht?

„Suchen Sie sich für die eine innere Position einen Platz im Raum (probieren Sie vielleicht zuerst mehrere aus, bis Sie den richtigen gefunden haben)... Nehmen Sie jetzt die für diese Position passende Körperhaltung ein... Bleiben Sie drin und spüren Sie, wie sich das anfühlt, wenn Sie dort länger drin bleiben... Sie brauchen nichts zu sagen, nehmen Sie nur Ihre Empfindungen, Gefühle und Bilder wahr, die Ihnen dabei kommen...

Lösen Sie sich jetzt aus der Haltung und suchen Sie sich im Raum einen anderen Platz für die andere Position... Nehmen Sie auch hier die passende Körperhaltung ein... Spüren Sie auch hier, wie sich das anfühlt, wenn Sie länger in dieser Haltung bleiben... Gehen Sie nun mit Ihren Gedanken zu dem anderen Platz, an dem Sie vorher waren... Bewegen Sie sich langsam dorthin, bis Sie spüren: Jetzt bin ich wieder hier... Und nun wieder zurück in die zweite Haltung.
Achten Sie darauf, was bei Ihnen unterwegs passiert...
Wechseln Sie jetzt noch zwei oder drei Mal von einem Platz zum anderen und spüren Sie, wie es Ihnen dabei geht..."

In der Regel gibt es anschließend reichlich Material zum Besprechen. Unterstützen Sie Ihre KlientInnen ausdrücklich dabei, die Empfindungen bei dieser Erfahrung ernst zu nehmen (das wissen Sie als BeraterIn ohnehin, wenn Sie selbst mit solchen Arbeitsweisen Erfahrungen gemacht haben).
Symbole können diesen Weg noch unterstützen.

⇨ Positionen nützen / Drei Positionen
⇨ Symbole
⇨ Ziel, mein Weg zum

# Wetterbericht

## Wetter-Rundgang – sechs Ecken
*Quelle: Klaus Vopel, traditionell*

Am Boden liegen oder an den Wänden hängen sechs Wetterlagen-Bilder. Dies können Fotos sein oder Skizzen: sonnig, neblig, heiter bis wolkig, Donner und Blitz, Abend-Morgenrot, windig...

**Team- und Gruppenberatung**:
Bei größeren Gruppen gehen die TeilnehmerInnen paarweise von Bild zu Bild und erzählen einander, inwiefern diese Wetterlage auf sie persönlich bzw. aufs Team gerade zutrifft.
**1. Durchgang**: Die einzelnen TeilnehmerInnen stellen sich zu ihrem persönlichen Momentbild und tauschen mit denen, die auch dort stehen, ihre Einschätzung aus.
**2. Durchgang**: Anschließend stellen sich die Einzelnen zu dem Bild, das zu ihrer Teameinschätzung passt, und tauschen sich über diese Einschätzungen aus.

**Variante: kritisch – erfreulich – Ziel**
**1. Durchgang**: Die Einzelnen stellen sich zu dem Bild, das ihr kritisches Erleben ausdrückt.
**2. Durchgang**: Die Einzelnen stellen sich zu dem Bild, das die momentane Zufriedenheit ausdrückt. Es erfolgt jeweils ein Austausch über das Empfinden in den erinnerten Situationen.
**3. Durchgang**: Mein Zielbild für die nächste Zeit.

## Wöchentlicher Wetterbericht für ein Team
*Quelle:*
*Klaus Vopel, Themenzentriertes Teamtraining*

Ein Teilnehmer moderiert die folgenden fünf Runden:
1. Wertschätzung
2. Neue Informationen
3. Fragen, Konfusionen
4. Beschwerden und Bitten
5. Wünsche, Hoffnungen, Träume

Dieses Ritual kann die Kommunikation konkretisieren und gibt eine nützliche Struktur, vor allem dann, wenn kein aktuelles Thema brennt.
Wenn immer ein anders Teammitglied moderiert, wechselt die Leitung, die Verantwortung verteilt sich und die Fähigkeiten des Mitleitens nehmen zu.

Diese Runden sind für einen **Einstieg in eine Teamklausur, -supervision** gut geeignet.

➪ Blitzlicht
➪ Runde
➪ Team

# Wunderfrage

➪ Fragen /
   Fragen zur Möglichkeitskonstruktion

# Zeitlinien-Arbeit: Erfahrungen, Ressourcen, Ziele
*Quelle: Helga Obermair, NLP*

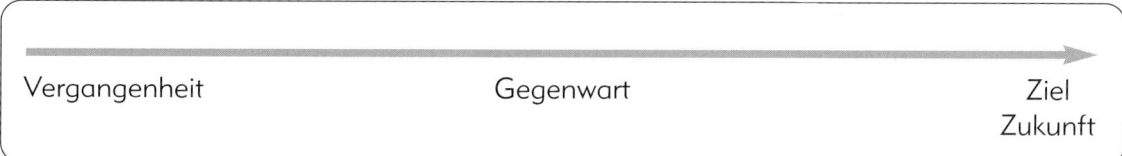

Vergangenheit — Gegenwart — Ziel / Zukunft

Die Beratung mit einer Zeitlinie veranschaulicht die Dimensionen des Erlebten, des Geplanten, des Gewünschten.

### Die Grundidee:
Die Zeitlinie wird visualisiert – meist am Boden, bei Teams und größeren Gruppen auch mittels Plakat an der Wand. Vergangenheit, Gegenwart und Zukunft werden je nach Thema weiter oder enger gefasst und markiert. Als Zeitlinie können nur diese 3 Markierungen wie auch eine aufgelegte Schnur, ein Seil dienen.

### Einzelberatung:
Die Klientin markiert zu ihrem Thema die 3 Zeitetappen Vergangenheit, Gegenwart, Ziel/Zukunft im Raum. Wandeln Sie diese Markierungen gemeinsam mit der Klientin so um, dass eine gerade Linie entsteht.

Sie lassen nun die Klientin immer über die Gegenwart in die Zeitlinie ein- und aussteigen!

Steht die Klientin in der *Gegenwart*, überprüft sie die Dimensionen: Passt die Entfernung zum Ziel, zur Vergangenheit? Sie laden die Klientin ein, die Zeitlinie im Hin- und Hergehen zu erfahren – Was ist spürbar?

Ist das *Ziel* lohnend oder richtig gewählt? (Sie achten darauf, dass die Klientin immer mit dem Körper nach vorne zum Ziel/zur Zukunft in der Zeitlinie unterwegs ist – natürlich kann sie den Blick rückwärts wenden, bewegt sich dann aber nach vorne gerichtet zum jeweiligen Punkt in der Zeitlinie.)

Nun konzentrieren Sie sich auf das Ziel. Die Klientin blickt von der Gegenwart zum Ziel und überprüft mit Ihrer Hilfe mit folgenden drei Sätzen die genannte Zielqualität:

1. Es ist möglich... (ja – nein?)
2. Ich kann es... (ja – nein?)
3. Ich bin es mir wert... (ja – nein?)

Ist diese Überprüfung in einem Punkt negativ, überprüfen Sie, ob die Zielbeschreibung passt, oder welche neuen Formulierungen nützlich sein können.

Ist diese Überprüfung positiv, fragen Sie nach den ersten nächsten Schritten zum Ziel. Diese werden mittels Bausteinchen oder Kärtchen auf der Zeitlinie markiert – und schrittweise überprüft. Achten Sie darauf, dass die Schritte realistisch, möglich und klein genug sind.

Nun gehen Sie mit der Klientin in die *Vergangenheit* und erinnern mit ihr Erfahrungen, Erlebnisse, Menschen, die als Ressource für das Ziel-Anliegen dienen können. Jede gefundene Ressource lassen Sie die Klientin wieder (wie Edelsteine am Weg) markieren. 3 bis 5 Markierungen genügen! Angereichert mit diesen Ressourcen wendet sich die Klientin wieder zum Ziel und achtet darauf, welche Ressource/n besonders nützlich ist/sind und sie bei der Zielerreichung begleiten können.

**Teamberatung:**
Jedes Teammitglied schreibt auf Kärtchen je eine positive und negative Erfahrung und ein Anliegen. Diese Kärtchen werden beim Erklären auf der Zeitlinie positioniert und illustrieren so die zeitliche Qualität der Erfahrungen.

⇨ Lernen / Lernen aus den Erfolgen

# Zentrieren – Atmen

## Atmen: das Fühlen vertiefen

In manchen Beratungssituationen (mit Einzelnen, Gruppen und Teams) werden heftige Gefühle wie Angst, Schrecken, Beklommenheit, Wut, Ärger, Aggression, Freude, Lust und besonders Trauer angesprochen – angedeutet. Die Dichte wird spürbar. Der Atem des Einzelnen bzw. der ganzen Gruppe stockt, steht scheinbar still.
Hier ist es belebend und vertiefend, zum bewussten Atmen einzuladen, damit das erlebte Gefühl einen passenden Ausdruck bekommt: *„Atmen – tief atmen!"* oder *„Und dein Atem?"*
Beim Weinen kann das Lösende, das Energetische mit der Einladung *„Atme!"* unterstützt bzw. erst möglich werden.

Eine Gruppe kommt in Hektik, das Tempo steigert sich... Auch hier ist die Einladung zur Unterbrechung und zum Atem-Achten nützlich. Dann können die direkten Gefühle, die die Hektik/Panik auslösen, ausgesprochen werden.

## Atmen: zentrieren

Die Einladung, bewusst zu atmen, kann „Meine Mitte finden, spüren", „Zu mir kommen", „Boden unter meine Füße bekommen" unterstützen.
Meditative Impulse können sowohl während der Beratung wie auch im Lebensraum des Klienten die zentrierende Wirkung des Atmens unterstützen.
Hier kommen einige dieser Impulse:

○ Dreimal tief ausatmen – evtl. mit seufzendem Ton verstärkt.

○ Aufrecht stehen, die Hände unter dem Nabel auflegen und 3- bis 5-mal atmen. Dann die Hände auf das Brustbein legen, 3- bis 5-mal atmen. Nun die Hände sanft auf die Augenhöhlen legen und wiederum 3- bis 5-mal atmen.
Zum Schluss über Stirn, Schläfen, Nacken, Brust und Leisten/oder Po abstreifen, die Nachwirkung spüren.

## Zentrieren – Atmen

○ Aufrecht sitzen, das eigene Gewicht spüren, Herzschlag und Puls beachten. Die Aufmerksamkeit aufs Atmen richten und innerlich zum Einatmen *„ein"* und zum Ausatmen *„aus"* sagen, einige Zeit lang wiederholen.

○ Durch den Raum gehen, wie oben zu jedem Schritt, solange ich einatme, innerlich *„ein"* sagen und zu jedem Schritt während des Ausatmens *„aus"*.
Thich Nhat Than nennt diese Übung Gehmeditation und „Die Erde streicheln".

○ Aufrecht sitzen (wie oben beschrieben), beim Einatmen innerlich *„Liebe/r"* sagen und beim Ausatmen den eigenen Namen innerlich nennen (z. B. einatmen: *„Liebe"* – ausatmen: *„Eva"*). Dies einige Zeit lang wiederholen und spüren, was kommt.

○ Aufrecht sitzen (wie oben beschrieben). Jetzt folgen einige Metaphern vom vietnamesischen Meditationslehrer Tich Nhat Than, die jeweils in der beschriebenen EIN-AUS-Technik angewandt werden:
Einatmen: eine Blume imaginieren und innerlich *„Blume"* benennen.
Ausatmen: die Frische imaginieren und *„frisch"* innerlich benennen.
Blume – frisch
Berg – fest
Wasser – klar
Raum – weit

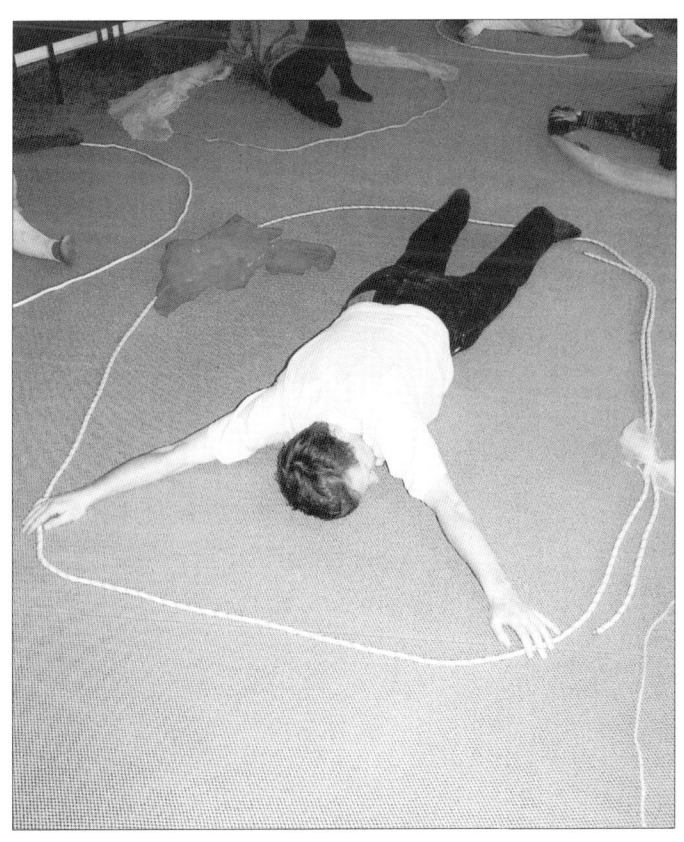

# Ziel, mein Weg zum
*Quelle: Auguste Reichel*

Für die Arbeit mit **Einzelnen** und besonders mit **Gruppen und Teams**, wenn genug Platz im Raum ist!

Ziele sind leicht formuliert, aber wie gehen wir mit ihnen um?

**Variante 1:**
*Gehen Sie für sich allein ein wenig hier im Raum herum und wählen Sie schließlich einen Platz, bei dem Sie sich denken: „Jetzt bin ich da!"...*
*Wählen Sie mit den Augen einen Platz im Raum mit den Gedanken: „Dort will ich hin!"... Gehen Sie dorthin und sagen Sie sich: „Jetzt bin ich da!"...*
*Suchen Sie sich einen anderen Platz im Raum mit dem Gedanken: „Dort will ich hin!" Gehen Sie dann auf irgendeine andere Art und Weise dorthin...*
*Machen Sie das jetzt noch ein paar Mal, indem Sie mit den Bewegungen experimentieren: einmal hinrennen, hinkriechen, einmal hüpfen, Umwege gehen, mindestens einmal bewusst ganz schnell und dann bewusst ganz langsam...*
Zusätzlich achten die Teilnehmer nun auf die Zeit:
*Ich zähle ruhig „eins – zwei – drei"... Bei „drei" sollten Sie an Ihrem Ziel sein*
*Wählen Sie wieder mit den Augen ein Ziel, ich sage „eins – zwei – drei"... Noch einmal: eins – zwei – drei... Und noch einmal: eins – zwei – drei!*

Anschließend laden Sie die TeilnehmerInnen ein, sich zu zweit über ihre Erfahrungen auszutauschen. Einzelne oder weniger erfahrene Gruppen sollten sich zuerst Notizen zu konkreten Fragen machen:
- Welche Bewegungsarten habe ich gewählt?
- Welche waren für mich angenehm, welche unangenehm?
- Welche sind eher typisch für mich?
- Wie bin ich mit der Zeitvorgabe umgegangen? Habe ich – so wie die meisten – weiterhin das Ziel so weit gesteckt, dass ich rennen musste, um es in der Zeit zu erreichen?
- Auch beim zweiten und dritten Mal? Oder habe ich gelernt, mir ein näheres Ziel zu suchen?
- War das Rennen lustig oder unangenehm?
- Was kann mir das alles über mein alltägliches Verfolgen von Zielen sagen?

**Variante 2:**
Die Klientin markiert im Raum zwei Positionen: „Jetzt" und „Mein Ziel".
Sie fühlt sich in die Jetztsituation ein – dann bewegt sie sich zur Zielposition – wie ist es hier, was ist anders, besser? Lohnt es sich, hier zu sein?
Nun achtet die Klientin auf den Weg vom Jetzt zum Ziel.

Methoden, Texte, Papers von A – Z **Ziel**

**Variante 3:**
**Gruppenberatung**
Sie teilen den Raum in zwei Zonen: Die eine bedeutet „Jetzt", die andere „Ziel/Zukunft". Die Klienten bewegen sich in den beiden Zonen – was ist spürbar, was ändert sich im Wechseln von einer zur anderen Zone, wie wirkt sich die Änderung von Geschwindigkeit aus?

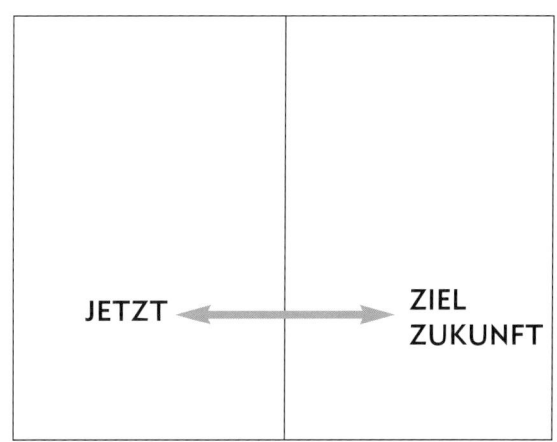

# Zielarbeit

## Step by step – Meine Zukunft gestalten
*Quelle: Personal Reteaming – verändert von Eva Scala, R. Rabenstein*

Sie werden hier eingeladen, eine umfassende und abgerundete Zielarbeit zu machen durch Arbeitsschritte, angeregt von der Arbeitsstruktur „Re-Teaming". Dies ist als **Einzelarbeit – Selbstcoaching, als Paararbeit in Gruppen und Teams und als Coachingstruktur möglich.**

### 1. Der Brief aus der Zukunft – die Vision
Stell dir vor, ein (bis drei) Jahre gelingen dir alle wichtigen beruflichen (privaten) Vorhaben. Versetz dich in diesen Zeitpunkt der erfolgreichen Zukunft und schreibe einen Brief, der den Empfänger (die Trainerin, den Lehrgangspartner...) darüber informiert, wie dein Leben jetzt aussieht, was in dieser Zeit gelungen ist.
Lies diesen Brief (der Gruppe, der Lernpartnerin...) vor.

### 2. Das Vorhaben – ein Teilziel
Finde aus dem Brief ein Vorhaben, das dir hilft, einen Schritt in die in dem Brief beschriebene Zukunft zu tun.

### 3. Name und Symbol
Finde einen einprägsamen kurzen Namen, Slogan für dieses Vorhaben und schreibe ihn auf ein Zeichenblatt.
Finde ein Symbol, einen Talisman für dieses Vorhaben und male ihn auf das Blatt.

### 4. Unterstützer
Wer könnte das Vorhaben unterstützen und wie könntest du diese Person(en) einbinden?

### 5. Der Lohn
Finde heraus, wie das Vorhaben dir und anderen Leuten hilft.

**Zielarbeit**  Methoden, Texte, Papers von A – Z

**6. Der Preis**
Was musst du zurücklassen, wenn du das Vorhaben durchziehst – was wird es dich (und andere) kosten? Wer erleidet evtl. Schaden?

**7. Die Himmelsleiter**
Erstelle eine Treppe mit den drei ersten Arbeitsschritten. (Der erste Schritt soll minimal sein). Teile diesen ersten Schritt deinen wichtigsten PartnerInnen mit.

**8. Die Kellerstiege**
Finde drei wirksame Strategien, die dir helfen können, das Vorhaben hinauszuzögern oder zu verhindern.

**9. Die Rast**
Plane den ersten Zwischenstopp im Weg ein, wie und mit wem wirst du die Zwischenreflexion gestalten?

**10. Das Fest**
Wie wirst du das gelungene Vorhaben feiern?

# Ziel-Interview
*Quelle: NLP*

1. Was ist dein Ziel? Formuliere es als erreicht, in der Gegenwart, in deiner Verantwortung, Kontrolle: „Ich..." (aufschreiben)
2. Woran wirst du merken, dass du dein Ziel erreicht hast? (sinnlich beschreiben)
3. Wo, wann mit wem wirst du das Ziel erreichen? (Öko-Check)
   Woran werden andere merken, dass du dein Ziel erreicht hast?
4. Wie siehst du aus, wenn du dein Ziel erricht hast? Zeig es mir jetzt.
5. Was wird sich dadurch ändern? Was wird es dich kosten, was ist dein Preis?
6. Was ist das Gute am jetzigen Zustand?
7. Wie wird deine Umwelt reagieren? Stimmst du diesen Folgen zu?
8. Was steht dir bei der Umsetzung im Weg?
9. Welche Fähigkeiten hast du bereits dazu gewonnen? Wer, was kann dir dabei helfen?
10. Dein erster kleiner Schritt? Gutes Gelingen!

# Zielsatz er-finden mit Gegenstand
*Quelle: NLP*

Für **Einzelne und Gruppen**, wenn es grundsätzlich darum geht, wie ich sein möchte.

In **Gruppen** ist es sinnvoll, die folgenden Schritte auf Flipchart aufzuschreiben, damit die Teilnehmer dann selbstständig arbeiten können:

○ Ein paar Minuten spazieren gehen mit der Frage im Hinterkopf: „Was ist mein Ziel?"... Lassen Sie sich einen Gegenstand ins Auge fallen, den Sie dann mitbringen.

○ Setzen Sie sich nun zu dritt zusammen: Wenn es um Sie geht, dann ist ein Partner Ihr Berater und der andere der Protokollant, der für Sie mitschreibt.

○ Nehmen Sie Ihren Gegenstand in die Hand und nehmen Sie – unterstützt von Ihrem Partner – die vorwiegend sinnlichen Qualitäten Ihres Gegenstands wahr (kalt/warm, dünn/dick, weich/hart, Farbe, biegsam/fest, rund/spitz, gefährlich, wohltuend, nützlich, strapazierfähig...) Der Protokollant schreibt alles mit, während der Berater darauf achtet, dass mindestens 10 Eigenschaften und Merkmale entdeckt und aufgeschrieben werden...

○ Der Protokollant liest die Eigenschaften, die Sie genannt haben, vor; Sie hören zu mit der Frage im Hintergrund: „Wie möchte ich sein?"... Immer, wenn Sie bei einer Eigenschaft das Gefühl „Ja, das passt" haben, dann nicken Sie und der Protokollant unterstreicht dieses Wort...

○ Der Protokollant liest die unterstrichenen Worte vor und Sie wählen erneut aus, bis zwei bis vier Worte übrig bleiben...

○ Aus diesen Worten formulieren Sie – mit Unterstützung Ihrer Partner – einen Satz, der aussagt, wie Sie sein wollen... Lassen Sie sich Zeit und arbeiten Sie daran, bis der Satz wirklich passt!...

○ Verändern Sie den Satz so, dass er widerspiegelt, wie Sie sich gegenwärtig erleben, wenn Sie Ihr Ziel erreicht haben. Zum Beispiel: *„Ich bin..."*

○ Gestalten Sie eine Spruchkarte mit diesem Satz und legen Sie dann fest, wo dieser Satz zuhause oder im Büro hinkommt.

Bei der Arbeit mit **Einzelnen** unterstützen Sie Ihren Klienten selbst und erklären die Vorgangsweise Schritt für Schritt, während Sie sie durchführen.

⇨ Öko-Check
⇨ Symbole
⇨ Szenario-Technik
⇨ Zielarbeit / Ziel-Interview
⇨ Ziel, mein Weg zum
⇨ Zeitlinien-Arbeit

# Zirkuläres Fragen: die Außensicht ins Spiel bringen
*Quelle: systemisch*

> *„Ein Problem entsteht durch seine Beschreibung – abwertende Beschreibungen halten das Problem aufrecht – die Deutung, die hilft, ist immer ehrenwert"*
>
> (B. Hellinger)

Eine wichtige und nützliche Erfindung der systemisch-konstruktivistischen BeraterInnen: Wir bilden die Hypothese, dass die Problembeschreibung bereits Teil des „Problems" ist.

So erscheint es nützlich zum „Verflüssigen des Problempakets" neue, andere Beschreibungen/Erklärungen/Bewertungen der fokussierten Situation zu erfragen – aus der Sicht anderer Personen: *„Wie würde Ihre Partnerin die Situation beschreiben – was würde Ihr Chef zu Ihrer Erklärung sagen – wer wäre am ehesten in dieser Situation mit Ihnen zufrieden – wer schätzt Ihre Lösungen am meisten – wer würde sagen, dass Sie..."*

Dieses Hypothetisieren über andere Menschen bringt mehr „Personen" ins Spiel und kann die vielleicht bisher ungenutzten Ressourcen (die Unterschiede in der Problem- und Lösungsbeschreibung) in die Aufmerksamkeit der KlientInnen bringen.

Diese Art des Fragens nennen wir „zirkulär", weil es die wechselseitigen Beeinflussungen zwischen den Beschreibenden zum Vorschein bringt und zur Lösung nützt.

### Die Skizzen zeigen:

1. Beim **„linearen Fragen"** werden Verhaltensweisen und deren Deutungen beim Klienten erfragt. Die Deutungen des Klienten sind Thema.

2. Beim **„zirkulären Fragen"** beschreibt bzw. konstruiert der Klient mögliche Deutungen von Menschen in seinen Umwelten. Außenperspektiven (A1, A2, A3) kommen ins Spiel und erweitern die Beschreibungs- und Konstruktionsmöglichkeiten des Klienten: Neue Beschreibungen/Erklärungen/Bewertungen werden möglich.

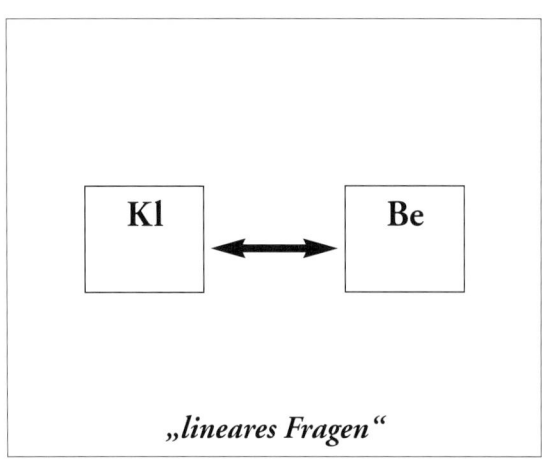

*„lineares Fragen"*

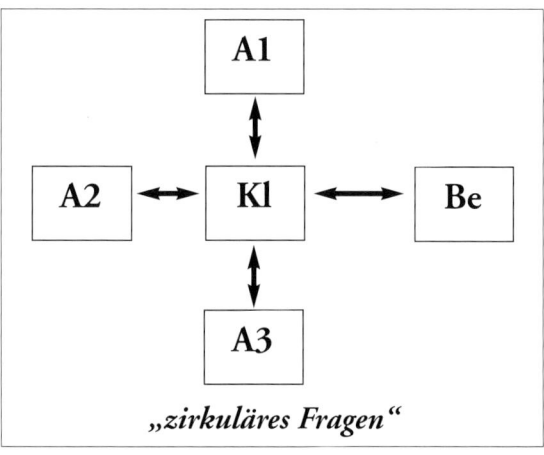

*„zirkuläres Fragen"*

# Zitate – Leitsätze zum Lösen und Er-finden

*Verbringe nicht zu viel Zeit, ein Hindernis zu suchen –
es könnte keines da sein!*
Franz Kafka

*Jeder Mensch erfindet sich früher oder später eine Geschichte,
die er – oft unter gewaltigen Opfern – für sein Leben hält.*
Max Frisch

*Der Mensch wird des Weges geführt, den er wählt.*
Talmud

*Wer ein Problem hat, hat eine Lösung.*
Gunther Schmid

*Ich kann nicht jedes Problem lösen, aber ich kann aufhören,
mich davon hypnotisieren zu lassen.*
Klaus Vopel

*Machst du einen Fehler, feiere ein Fest!*
Virginia Satir

*Eigentlich bin ich ganz anders, aber ich komme so selten dazu!*
Ödön von Horvath

*Ein Problem wird mit der gleiche Liebe gelöst, die es auch aufrecht erhält.
In die Lösung fließt die gleiche Kraft, nur mit etwas mehr Einsicht.*
Bert Hellinger

*Mein Kopf tut mir weh beim Versuch, dich zu hindern,
mir Kopfweh zu bereiten.*
Ronald D. Laing

*Manche Leute ziehen die Sicherheit des Elends
dem Elend der Verunsicherung vor.*
Virginia Satir

*Fehler sind Lösungen, die gerade unpassend sind.*
N.N.

*Je planmäßiger die Menschen vorgehen,*
*desto wirksamer trifft sie der Zufall.*
F. Dürrenmatt

*Erziehung ist zwecklos. Kinder machen einem doch alles nach.*
N.N.

*Erst durch das Aufkommen verschiedener Meinungen*
*kommt das Licht der Wahrheit zu Stande.*
Bhai-Schriften

*Nur wer sich ändert, bleibt sich treu.*
Wolf Biermann

*Lösungen bedeuten ein Loslassen-Wollen von Vorstellungen,*
*Idealen und Illusionen.*
W. Pechtl

*Das Wesen der Innovation liegt darin,*
*dass wir das Ergebnis noch nicht kennen.*
W. Pechtl

*Veränderbar sind nur Gegebenheiten, die erkannt und akzeptiert werden.*
W. Pechtl

*Probleme sollten wie Rätsel verstanden werden, die man schuf,*
*um sie auflösen zu dürfen.*
W. Pechtl

*Probleme sind Chancen in Arbeitskleidung.*
John Kaiser

*Ein wichtiges Merkmal des kreativen*
*Prozesses ist, zuerst die Idee zu entwickeln und sie erst später zu filtern.*
R.W. Dilts

*Abweichungen sind der Motor der Entwicklung.*
W. Pechtl

*Umwege sind notwendig. Du lernst dabei die Landschaft kennen!*
B. Hellinger

*Lernen heißt entdecken, was mir möglich ist!*
F. Perls

*Ich vermeide das Wort „lösbar".*
*Das kleine Wort „lebbar" ermöglicht Weiterentwicklung.*
W. Pechtl

*Wer zu viel geben will, beschämt den anderen.*
B. Hellinger

*Was ist, wissen wir wohl nie – doch begreifen wir vielleicht, was hilft.*
B. Hellinger

*Nur was wir lieben, gibt uns frei!*
B. Hellinger

*Nur wenn ich bereit bin, etwas hinzugeben, werde ich auch etwas bekommen.*
W. Pechtl

*Die meiste Hilfe brauchen die Helfer,*
*da diese Helfer wurden, um nicht um Hilfe bitten zu müssen.*
W. Pechtl

*Freiheit ist nur dort möglich, wo Abgrenzungen beachtet werden.*
W. Pechtl

*Zu vieles Verändern-Wollen stört die Entwicklung.*
W. Pechtl

*Viele Probleme entstehen durch ihre Beschreibung. Eine abwertende Beschreibung ist problemerhaltend. Die Deutung, die hilft, ist immer ehrenwert.*
B. Hellinger

*Alles verändert sich, es sei denn, irgendwer oder irgendwas sorgt dafür, dass es bleibt, wie es ist.*
F. B. Simon

**Zitate**

*Tatsächlich ist früherer Erfolg
häufig die schwerwiegendste Behinderung für Kreativität.*
R. B. Dilts

*Eine Erfahrung kann man sich nicht ersitzen!*
M. Narbeshuber

*Der günstige Zeitpunkt für Entwicklung und Veränderung ergibt sich dann,
wenn die Bremsen versagen oder blockiert sind.*
W. Pechtl

*Wer den Schmerz meidet, leidet.*
W. Pechtl

*Wenn wir zu früh verstehen, nehmen wir uns die Chance,
neues Land zu betreten.*
W. Pechtl

*Eines nach dem anderen in Erfahrung bringen und herbeiführen,
ist der Schlüssel des Gelingens.*
W. Pechtl

*Dass die Vögel der Sorge und des Kummers über deinem Haupte fliegen,
kannst du nicht ändern.
Aber dass sie Nester in deinem Haar bauen, das kannst du verhindern.*
Chinesisches Sprichwort

⇨ Konflikt / Konflikt-Zitate

# Anhang

# Literaturliste

Belardi, Nando u. a. (1996 a): Beratung. Eine sozialpädagogische Einführung. Beltz, Weinheim u. Basel.

Belardi, Nando (1996 b): Supervision. Eine Einführung für soziale Berufe. Lambertus, Freiburg i. B.

Brandau, H., Schüers, W. (1995): Spiel- und Übungsbuch zur Supervision. Müller, Salzburg.

DeShazer, Steve (1989): Der Dreh. Carl Auer, Heidelberg.

DeShazer, Steve (1992): Das Spiel mit Unterschieden. Carl Auer, Heidelberg.

Hanh, Thich Nhat (1992): Ein Lotos erblüht im Herzen. Goldmann.

Hellinger, Bert (1994): Ordnungen der Liebe. Carl Auer, Heidelberg.

Knödler, H. (1995): Problemschüler – Problemfamilien. Beltz, Weinheim.

Lippit, G. L., Lippit, R. (1984): Beratung als Prozess. Was Berater und ihre Kunden wissen sollten. Bratt Institut für Neues Lernen, Goch.

Molnar, A., Lindquist, B. (1992): Verhaltensprobleme in der Schule. Lösungsstrategien für die Praxis. borgmann publishing, Dortmund.

Palmowski, W. (1995): Der Anstoß des Steines. Systemische Beratungsstrategien im schulischen Kontext. borgmann publishing, Dortmund.

Palmowski, W. (1996): Anders handeln. Lehrerverhalten in Konfliktsituationen. borgmann publishing, Dortmund.

Petzold, H. G., Orth, J. (1985): Poesie und Therapie. Junfermann, Paderborn.

Petzold, Hilarion G. (1998): Integrative Supervision, Meta-Consulting & Organisationsentwicklung. Junfermann, Paderborn.

Rabenstein, R., Reichel, R., Thanhoffer, M. (1985, 10. Aufl. 1999): Das Methoden-Set. 5 Bücher für Referenten und Seminarleiterinnen. Ökotopia Verlag, Münster.

Rahm, D. (1986): Gestaltberatung. Grundlagen und Praxis integrativer Beratungsarbeit. Junfermann, Paderborn.

Reichel, R., Dvorak, K. (1998): Sozialarbeit & Supervision. ÖGB, Wien.

Reichel, R., Scala, E. (1996): Das ist Gestaltpädagogik. Ökotopia Verlag, Münster.

Schlippe, Arist V., Schweitzer, J. (1996): Lehrbuch der systemischen Therapie und Beratung. Vandenhoek & Ruprecht, Göttingen.

## Literaturliste

Schmidt, E. R., Berg, H. G. (1995): Beraten mit Kontakt. Handbuch für Gemeinde- und Organisationsberatung. Burckhardthaus-Laetare, Offenbach/M.

Schreyögg, Astrid (1994): Wie viele „Brillen" verwenden Berater? In: OSC 1/1994. Leske+Budrich, Opladen.

Schreyögg, Astrid (1995): Coaching. Eine Einführung für Praxis und Ausbildung. Campus, Frankfurt/New York.

Schulz von Thun, F. (1998): Miteinander reden, das „innere Team" und situationsgerechte Kommunikation. Rowohlt, Hamburg.

Schwäbisch/Siems (1974): Anleitung zum sozialen Lernen für Paare, Gruppen und Erzieher. Rowohlt, Reinbek.

Thanhoffer, M., Reichel, R., Rabenstein, R. (3.Aufl. 1997): Kreativ Unterrichten. Möglichkeiten ganzheitlichen Lernens. Ein Handbuch mit Gedanken und Methoden. Ökotopia Verlag, Münster.

Thomann, Chr., Schulz von Thun, F. (1988): Klärungshilfen. Handbuch für Therapeuten, Gesprächshelfer und Moderatoren in schwierigen Gesprächen. Rowohlt, Hamburg.

Whitmore, John (1992): Coaching für die Praxis. Heyne, München.

Zinker, Joseph (1984): Gestalttherapie als kreativer Prozeß. Junfermann, Paderborn.

# Register

## Methoden, Texte, Papers von A-Z

## A

Analyse .................................................. 46
Angst: bewältigen – übertreiben
– umwandeln – nützen ......................... 47
Ansprache halten ................................... 48
Ansprüche – ein Ritual .......................... 49
Arbeitsplatz-Analyse ............................. 51
Aufstellungen ......................................... 52
    Aufstellung einer Partnerbeziehung .... 53
    Bewegungen der Seele ..................... 53

## B

Balintgruppen-Modell ............................ 54
Baumbilder ............................................ 54
Beistand, innerer ................................... 54
Beratung – Landkarte ........................... 57
Beratungs-Markt .................................... 58
Beratungs-Modelle ................................ 58
Beratungs-Modell, kollegiales ............... 59
Beschreiben – Erklären – Bewerten ..... 61
    Landkarte ......................................... 61
    Übungen ........................................... 62
Bilder auswählen ................................... 64
    Selbstbild-Fremdbild: Baumbilder
    auswählen ........................................ 64
    Spontane Assoziationen .................. 65
Bild malen ............................................. 66
    Problembild – Lösungsbild malen ..... 66
    Traumatische Bilder ändern – malen
    und lockern ...................................... 67
    Kreativer Dialog (Dialog, kreativer) .... 68
Blitzlicht ................................................. 68

Brainstorming ....................................... 69
Briefe ..................................................... 70
    Brief an KonfliktpartnerIn ................. 70
    Brief an mich .................................... 70
    Brief aus der Zukunft ....................... 70
    Briefe an Verstorbene ...................... 70
    Brief an meinen Schutzengel ........... 71
    Feedback-Briefe ............................... 71
    Ideenbriefe ....................................... 71

## C

Coaching ............................................... 72
    Spezielle Coaching-Impulse ............ 72

## D

Diagnose-Modelle ................................. 73
    Genug – zuviel – zuwenig?
    Diagnose-/Interventionsmodell ........ 73
    Diagnose Modell
    „Stützen der Identität" ..................... 74
    Weitere Diagnose-Modelle ............... 75
    Stützen meiner Identität ................... 76
Dialog, kreativer .................................... 76
Dramatisieren – In Szene setzen
– Inszenieren ........................................ 77
    Imitationen, Rollentausch,
    Dialoge und Interviews .................... 78
    Mondodrama .................................... 78
    Rollenspiel ........................................ 79

# E

Einstieg ................................................... 80
   Einstiegsfragen: Besser? Schlechter? ... 80
   Was kann so bleiben, wie es ist
   – was darf sich ändern? ....................... 80
   Kosten-Nutzen-Frage:
   beibehalten und verändern? ................ 81
   Mein gutes Ergebnis
   – Merkmale beschreiben ..................... 81
   Erstkontakt-Fragen ............................... 82
   Erstkontakt – Fragen-Set ..................... 83
   Ich bin du – einander vorstellen ........... 84
   Intuition nützen:
   Vermutungs-Triaden/ Paare ................. 84
   Weitere Einstiegsimpulse ..................... 85
E-Mail ..................................................... 85
Energien: Vier Energien des Führens ........ 86
Entscheidungen ...................................... 87
Entspannen ............................................ 88
Er-finden ................................................ 88
Erfolg ..................................................... 89
   Erfolgs-Statue – 3 Positionen
   – Bewegungsfluss .............................. 89
   Erfolgs-Interview ................................ 90
   Goldene Regeln des Scheiterns
   und Gelingens ................................... 90
   Erfolgs-Thermometer /
   Merkmale meines Erfolgs ................... 90
   Das Erfolgs-Thermometer .................. 91
Erstkontakt ............................................. 91

# F

Familien-Brett ......................................... 92
Familien-Geschichte
– Genogramm – Stammbaum ................. 92
Feedback ............................................... 93
   Drei-Bitten-Feedback
   verhandelbar machen ........................ 94
   Feedbackbriefe .................................. 95
   Feedback-Partner: spontan,
   systematisch ...................................... 96

   Feedback-Triaden .............................. 96
   Feedback-Zwiebel: Innenkreis
   – Außenkreis ..................................... 97
Fotos ...................................................... 98
Fragen .................................................... 98
   Fünf Fragen – Kurzberatung ............... 98
   Fragen zum Erstkontakt ..................... 99
   Fragen zur Möglichkeitskonstruktion. 100
   Fragen zur Supervision
   für Supervisoren .............................. 101
   Fragen zur Teamsupervision ............. 103
   Zielorientiert und problemorientiert
   fragen (Problemkontext) .................. 103
   Fragen zur persönlichen Power ......... 104
   Fragen zur Problemlösung ................ 104
   Fragen-Set zur Teamsupervision ....... 104
   Fragen zum Problemkontext
   eines „Problemverhaltens" ................ 104
Freak-Beratung ..................................... 104
Freak-Position ins Spiel bringen ............. 105
Führen .................................................. 105

# G

Gefährtin – mir selbst Gefährte werden. 106
Gerichtsverhandlung ............................. 106
Grafiken ............................................... 106
Gruppen-Einblick / Team-Einblick .......... 107
Gruppen-Metapher ............................... 108
Guter Ort – Ort der Kraft ...................... 108

# H

Helferkonferenz .................................... 109

# I

Ich in meiner Organisation .................... 110
Ideenbriefe ........................................... 110
Identifizieren ......................................... 110
   Freie Identifikation ........................... 110

Strukturierte Identifikation.................111
    Identifikation mit inneren Teilen........111
Identität................................................112
Innerer Beistand ................................112
Inneres Team
– Modell der Selbstorganisation ............112
Instrument der Kraft ..........................114
Intuition ...............................................114
Interview .............................................114
Interventionen....................................114
    Paradoxe Interventionen ..................114
    Systemische Interventionen.............115
    Weitere Interventionen ....................115
Intervision ...........................................115

# K

Komplexität managen – Landkarte,
Beratungs- und Arbeitsmodell .............116
    Komplexität: erweitern – verringern...116
Konflikt ................................................117
    Konflikt-Aufstellung ..........................118
    Was gehört dazu – was nicht? .........119
    Vier Fragen zu Konflikten in
    Gruppen/ Teams ...............................120
    Fragen zu Konflikt-Auswirkungen......120
    Konfliktkalkül: Kosten-Nutzenbilanz..121
    Schritte/Fragen zur
    Konflikt-Regelung ............................121
    Weitere Stichworte zum
    Thema Konflikte ................................121
    Konflikt-Zitate ....................................122
Konfliktmoderation mit
Teams/Gruppen – ein Modell ................123
Kosten-Nutzen-Analyse........................124
Kraft ....................................................124

# L

Leiten ...................................................125
Lernen .................................................125

Lernen aus den Erfolgen
– Interview und Gruppenarbeit .............126
    Interviewleitfaden.............................127
Lern-Partner........................................128
Lösungen erfinden...............................128
Lösungsorientierte Checkliste...............129

# M

Marktplatz meiner Strategien................130
Medienwechsel....................................130
Mehrperspektivität ..............................131
Meinen Platz finden.............................132
Merkmale beschreiben .......................132
Metakommunikation............................132
Metaphern...........................................134
Münzen-/Knöpfe-Soziogramm ..............135

# N

Nicht-Lösen.........................................136

# O

Organisationen: beschreiben,
erklären, bewerten – verändern .............137
Einfaches Diagnose-Modell:
„Weg von – hin zu!" ..............................137
    Ich in meiner Organisation................138
    Ich bewege mich
    – meine Organisation bewegt sich....138
    Organigramm – Möglichkeiten
    der Darstellung und Gestaltung ........139
    Organisations-Aufstellung (OA).........140
    Unsere Organisation als... Haus,
    Tier, Mensch, Pflanze, Maschine ......141
    Fünf Stützen unserer Organisation....142
    Umwelten unserer Organisation........143
    Stakeholder als Mitwirkende
    – Stakeholder-Value..........................144

Veränderungen:
Druck – Bereitschaft ........................144
Veränderung vermeiden in
Organisationen ................................146
Öko-Check: auf Auswirkungen achten ..148

# P
Paar-Beratung .........................................149
Panorama-Arbeit ....................................149
Paradoxe Interventionen .......................150
Partnergespräche – kreative Impulse .....150
Perspektiven wechseln ...........................151
Platz finden, meinen ..............................151
Polaritäten balancieren ..........................153
Dimensionen/Polaritäten der
(Paar-)Beziehung:
fixieren, polarisieren, balancieren ......153
Fünf Dimensionen der
Paarbeziehung ..................................155
Positionen nützen
– Perspektiven wechseln .........................156
Drei Positionen: Ich – Du – Meta ......156
3. Position
– META-Position einführen ...............157
Freak-Position ins Spiel bringen .........158
Ich bin du ..........................................159
Problem, Sichtweise, Experte,
Hofnarr .............................................159
Problem-Lösungs-Struktur
beschreiben und verändern...................160
Problem-Lösungs-Struktur
-Aufstellung ......................................162
Problembild – Lösungsbild malen ..........162
Problem-Beschreibungen .......................162
Problemlösungs-Zwiebel ........................163
Problemrückseite ist ein Ziel .................165
„Problemverhalten" – Fragen zum
Problemkontext......................................166

# Q
Qualitäten-Feedback .............................168

# R
Rangierbahnhof .....................................170
Reflecting-Team .....................................171
Ressourcenort – Guter Ort
– Ort der Kraft .......................................172
Ressourcen-Rad: Narren, Gute
Geister, Gerechte, Weise .......................173
Rollen klären – Funktion und Rolle ........175
Die vier Energien ...............................176
Runde .....................................................176

# S
Schiff – Rollenklärung in Teams ............178
Selbstbild – Fremdbild ...........................179
Selbstcoaching
– die Kunst, mich gütig zu leiten ...........180
Fragen zum Selbstcoaching ..............180
Checkliste zur Selbstsupervision........182
Mich gütig leiten:
Wie sorge ich für mich? .....................183
Selbstcoaching-Impulse .....................183
Selbstmanagement:
Basics des Selbstmanagements...........184
Selbstsupervision ..................................185
Sketch-Diagnose: Plus-Minus-Szenen....185
Skulpturen ............................................186
SPOT-Analyse: Jetzt und Zukunft..........187
Stakeholder
– Umwelt einer Organisation ................188
Step by Step ..........................................188
Straße zur Veränderung .......................189
Strategien zur Problemlösung ...............190
Stützen der Identität .............................191
Supervision der Supervisoren ...............191

## Register

Symbole ..................................................191
    Symbol für heute/jetzt ........................191
    Mein Gegenstand ..............................191
    Arbeit und privat ................................192
    Fünf Symbole ....................................192
System-Brett – Familien-Brett .................193
Szenario-Technik ....................................194

## T

Tagebuch ...............................................195
Team .....................................................196
    Energien des Teams ............................197
    Entwicklungs-Modell:
    Teamentwicklung ...............................197
    Feedback im Team .............................198
    Fragen-Set zur Teamsupervision ........199
    Geschichte des Teams stellen
    – Zeitlinie ..........................................201
    Lernen im Team .................................201
    Ziele im Team ....................................201
    Polaritäten/Dimensionen eines Teams .202
    Teamkultur-Elemente .........................203
    Team-Metaphern: Schiff,
    Theater, Bauernhof, Expedition .........204
    Team-Themen in Komplexität
    einordnen ..........................................205
Tempo – Mein/unser Tempo .................206
Tetralemma: offene Entscheidungen,
Polaritäten, Widersprüche .....................207
Titel finden ............................................208
Trauma-Bilder verändern .......................208

## U

Umwege ................................................209
Umwelten von Organisationen
und Teams .............................................209

## V

Veränderung ..........................................210
Verhinderung
– Fünf erfolgreiche Strategien ...............210
VerMUTen – mit Intuitionen spielen ......211
Verschlimmern statt verbessern ............212
Vertragsgrafik ........................................213
Visionen erfinden ...................................214

## W

Wege gehen – der Weg ist das Ziel .......215
Wetterbericht .........................................216
    Wöchentlicher Wetterbericht
    für ein Team ......................................216
    Wetter-Rundgang – sechs Ecken ......216
Wunderfrage ..........................................216

## Z

Zeitlinien-Arbeit: Erfahrungen,
Ressourcen, Ziele ..................................217
Zentrieren – Atmen ................................218
    Atmen: das Fühlen vertiefen .............218
    Atmen: zentrieren .............................218
Ziel, mein Weg zum ..............................220
Zielarbeit ...............................................221
    Step by Step – Meine Zukunft
    gestalten ...........................................221
Ziel-Interview .........................................223
Zielsatz er-finden mit Gegenstand .........223
Zirkuläres Fragen: die Außensicht
ins Spiel bringen ....................................224
Zitate – Leitsätze zum Lösen
und Er-finden .........................................225

# Ausbildungsinstitut für Gruppe und Bildung

der AGB-Arbeitsgemeinschaft für Gruppen-Beratung

**www.agb-seminare.at**

### Train the Trainer
Leiten, Präsentieren, Moderieren in methodischer Vielfalt für MultiplikatorInnen, Führungskräfte und ModeratorInnen.
Info: **Paul Lahninger, www.topseminare.at**

### Systemische Pädagogik
In WIRKlichkeit hat jedes Problem viele hilfreiche Seiten. Mit lösungs- und ressourcenorientierter Sicht wird Pädagogik leicht.
Info: **Toni Wimmer, www.toni-wimmer.at**

### Integrative Tanzpädagogik
* Gruppenorientierte Tanzformen, * Bewegungsorientierte Selbsterfahrung, * Tanzimprovisation und Bewegungsgestaltung.
Info: **Dr. Bernhard Weiser, bernhard.weiser@uibk.ac.at**

### Spiel-Agogik & Animation
Erlebnis- und erfahrungsreiche Modelle kreativer und kommunikativer Gruppenarbeit in Theorie und methodenreicher Praxis.
Info: **Toni Wimmer, www.toni-wimmer.at**

### Gestalt Pädagogik
Ganzheitlich lernen und arbeiten: Mich selbst entwickeln und entfalten. Soziale Kompetenz entfalten.
Info: **Reinhold Rabenstein, r.rabenstein@agb-seminare.at**

### Theater Pädagogik
Spannt den Bogen vom Theater als Medium zur persönlichen Entwicklung und Selbsterfahrung zur politischen Aktion.
Info: **Lisa Kolb-Mzalouet, lisa.kolb@aon.at**

### Leiten-Entwickeln-Managen
Schlüsselqualifikationen für das Leiten und Managen in Teams, Gruppen und Organisationen. Wirksam Sein!
Info: **Reinhold Rabenstein, r.rabenstein@agb-seminare.at**

*Kompetenz. Kreativ. Entfalten.*

**www.agb-seminare.at**

# Unser Team

## für Seminare und Lehrgänge, Moderation und Begleitung, Supervision und Beratung

### Lisa Kolb-Mzalouet
A-1070 Wien, Neubaugasse 51/1/10,
lisa.kolb@aon.at, Tel. 01/524 45 01

DSA, Körpertherapeutin (Radix, Zenbodytherapie) und Trainerin für interaktive Theaterpädagogik (nach Boal) und kreative Gruppenarbeit, interkulturelles Lernen.

### Paul Lahninger
A-5020 Salzburg, Süßmayerstraße 20,
www.topseminare.at,
Tel: 0662/824 777, Fax:+4.

Autor dieses Werkes, bietet Seminare und Zertfikats-Lehrgänge „Train the Trainer", Moderatoren-Schulungen und Teamentwicklung an.

### Reinhold Rabenstein
A-4040 Linz, Kleinstraße 36,
r.Rabenstein@agb-seminare.at,
Tel: 0732/750 540.

Trainer für kreatives ganzheitliches Lernen, Gestalt-Pädagogik. Berater für Team- und Organisationsentwicklung-OE. Supervisor. Psychotherapeut: Systemische-u. Gestalt-Therapie.

### Toni Wimmer
A-2392 Sulz 154/3/2,
www.toni-wimmer.at,
Tel: 02238/70043-0 , Fax: -4.

Sozialpädagoge, Supervisor (ÖVS), Einzel- Paar- und Teamberatung, Systemischer Familientherapeut. Trainer für Spielagogik & Animation, Team- und Gruppenarbeit, Systemische Pädagogik.

### Dr. Bernhard Weiser
A-6130 Schwaz, Hußlstraße 56,
bernhard.weiser@uibk.ac.at
Tel: 05242/667 382, Fax: 667 384.

Trainer für Integrative Tanzpädagogik, Integrative Bewegungstherapie und kreatives Lernen. Lehrerausbildner an der Uni-Innsbruck. Klinischer Psychologe, Psychotherapeut

## Trainergruppe-AGB:

Robert Graf
Mag. Helga Gumplmair
Judith Kirchmayr-Kreczi
Margit Kühne-Eisendle
Alli Mörth
Monika Opalensky
Martina Peter-Bolaender
Auguste Reichel
Dr. René Reichel
Christina Röthleitner
Mag. Christa Renoldner
Dr. Eva Scala
Edeltraud Springer
Mag. Hermine Steinbach-Buchinger
Dr. Ursula Svoboda
Michael Thonhauser
Siegfried Wurst
Maria Zwicklhuber

## Unsere Bücher
www.agbshop.at
www.oekotopia-verlag.de

**Kompetenz. Kreativ. Entfalten.**

# www.agb-seminare.at

**Material für Trainer – Seminare – Gruppen**
**Bücher – Handpuppen – Spiele – Jonglieren – Mitbringsel**
A-1140 Wien Waidhausenstr. 13 Tel.: +43/1/9141051; Fax: +43/1/9141053
Web: www.agbshop.at Mail: agbshop@agbshop.at

## Bücher & Material zum Thema:

- **Das Methoden-Set für Referenten & Seminarleiterinnen; 5 Bände.**
Michael Thanhoffer, Reinhold Rabenstein, René Reichel
Fünf Bücher zum Vorbereiten und Gestalten von lebendigen Lernsituationen in kleinen und großen Gruppen.

- **Leiten-präsentieren-moderieren**
Paul Lahninger
Arbeits- und Methodenbuch für Teamentwicklung und qualifizierte Aus- u. Weiterbildung.

- **Kreativ beraten**
René Reichel, Reinhold Rabenstein
Methoden und Strategien für kreative Beratungsarbeit, Coaching & Supervision. Menschen wünschen Beratung, wenn sie nach neuen Möglichkeiten suchen: im Beruf, im Privatleben, bei ihren Lebenszielen, in der Erziehung. BeraterInnen suchen Möglichkeiten, diese Menschen zu unterstützen.

- **Ganz im Gegenteil**
Insa Sparrer, Varga von Kibed
Tetralemmaarbeit und andere Grundformen Systemischer Strukturaufstellungen, für Querdenker und solche, die es werden wollen.

- **Miteinander reden, Band 3**
Friedemann Schulz von Thun
Das „Innere Team" und situationsgerechte Kommunikation. Wenn wir unsere innere Vielstimmigkeit verstehen lernen und zur inneren Teamentwicklung fähig werden, können wir kraftvoll handeln und stimmig kommunizieren: sowohl in Übereinstimmung mit uns selbst als auch mit den Belangen der Situation.

- **Der Dreh**
Steve de Shazer
Überraschende Wendungen und Lösungen in der Kurzzeittherapie. Wie entstehen Lösungen? Die Antwort mündet in der Kernaussage: „Weiß man, was funktioniert, macht man damit weiter."

- **Sag beim Abschied ...**
Michael Thanhoffer; Baer, Bücken, Freitag-Becker
Spiele, Materialien und Methoden für Schlussphasen in der Gruppenarbeit.

## Spiele & Material

- **Systemisches Familienbrett**
Das Brett ist aus Fichtenholz verleimt, 50x50 cm, lackiert oder geölt. Die 40 Figuren in 5 verschiedenen Größen, Augen und Nase gebrannt, sind geölt. Set in marmorierter Schachtel oder in einem Leinensäckchen.

- **Tänze für die Gruppe – CD**
12 animative Kreis & Gruppentänze.
Tänze und Spiele CD mit leicht umsetzbaren Tanzanleitungen von Bernhard Weiser.

- **Jongliertuch „Hadibe"**
Die farbigen, leichten Tücher aus Polyester sind das ideale Requisit zum Erlernen der Grundtechnik des Jonglierens. Da das Tuch langsam schwebt, können die motorischen Abläufe leichter erlernt werden. Ideal auch für die Arbeit mit Kindern im Vorschulalter, Senioren und Gruppen.

- **Jonglierbälle Velour oder Nappa**
Einzeln oder im Set. Exklusive Leder-Beanbags, mit Hirse gefüllt und aus hochwertigem Kunstleder sehr stabil vernäht. Wunderbar samtig zum Angreifen, toll zum Jonglieren und Spielen.

- **OH Karten – Deutsch**
Ely Raman
Bilder und Worte für Assoziation und Kommunikation mit Phantasie und Herz.
OH sieht wie ein einfaches Spiel aus. Aber in Wirklichkeit ist es eine Schachtel voller Gedanken, Entdeckungen und neuen Ideen. Es besteht aus zwei verschiedenen Kartenstößen: 88 farbige Bildkarten zeigen Ausschnitte aus dem ganzen Spektrum des täglichen Lebens, 88 schwarz-weiße Karten geben geschriebene Worte als „Rahmen" dazu.

**Wir sind Ihr qualifizierter und kompetenter Partner für Literatur und Material zu den Themen:**
Erwachsenenbildung & Gruppenarbeit, Seminar & Training, Beratung & Coaching, Therapie & Supervision, Spiel & Animation, Kindergarten & Hort, Psychologie & Pädagogik, Pflege & Betreuung.
Fachliteratur, Trainermaterial & Seminarausstattung, Spiele & Jonglieren, päd. Handpuppen.

**Shop, Versand, Büchertische. Seminare mit Autoren von Fachbüchern.**

*Hier finden SeminarleiterInnen, Referenten und TrainerInnen Anregung und Sicherheit:*

# leiten, präsentieren, moderieren

*Lebendig und kreativ*

**Arbeits- und Methodenbuch für Teamentwicklung und qualifizierte Aus- und Weiterbildung**

Paul Lahninger leitet seit vielen Jahren TRAIN-THE-TRAINER-Lehrgänge für LehrerInnen an berufsqualifizierenden Schulen und Universitäten, DozentInnen an Erwachsenenbildungseinrichtungen, ReferentInnen in Jugendleiterschulungen und Lehrerfortbildungen, TrainerInnen aus Arbeitslosenprojekten, Führungskräfte und TeammoderatorInnen aus privaten Unternehmen, TrainerInnen in der betrieblichen Aus- und Weiterbildung.

Aus den umfangreichen Materialien zur Vor- und Nachbereitung und Durchführung dieser Veranstaltungen wurde ein Arbeits- und Methodenbuch entwickelt, das zum Selbststudium auffordert, zur Selbstreflexion der Arbeit anregt und Handwerkszeug an die Hand gibt, um selbst erfolgreich Gruppen zu leiten bzw. Bildungsarbeit zu betreiben.

Kompakt und praxisnah, klar und übersichtlich gegliedert werden die einzelnen Themen wie Bausteine zusammengeführt:

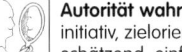 **Autorität wahrnehmen:**
initiativ, zielorientiert, fordernd leiten und zugleich wertschätzend, einfühlsam fördernd begleiten

**Kommunikation verbessern:**
Gesprächsverhalten – Selbstwert – Entschiedenheit

 **Motivation fördern:**
Motivationsanalysen durchführen, förderndes Führungsverhalten trainieren – Energiepotentiale nutzen

**Konflikte managen:**
Verständnis für das Wesen von Aggression und Konflikteskalation – kreative Lösungskompetenz

 **Rhetorik entfalten:**
prägnante Sprachgestaltung – individuelles Training – Atem- und Körperübungen

**Gezielt vorbereiten:**
ganzkörperliche Aktivierung – gezielter „Input" über unterschiedliche Wahrnehmungskanäle – flexible Lernkonzepte – zielgruppenspezifische Planung

 **Methodisch gestalten:**
Auswahl optimaler Unterrichtsformen – kreative Möglichkeiten Gruppen und Teams zu aktivieren, zu moderieren, Inhalte auszuwerten.
**ISBN:** 3-931902-20-X

# Das Methoden-Set

*Fünf Bücher zum Vorbereiten und Gestalten von lebendigen Lernsituationen in kleinen und großen Gruppen.*

Handlich, klar und umfassend bildet dieses Set das sinnvolle Werkzeug ganzheitlich arbeitender Multiplikatoren in Schulen wie in der Erwachsenenbildung.
Aufbau und Inhalt:

 **Band 1: Anfangen.**
Vor dem Seminarbeginn – Eintreffen und Orientieren – Kennenlernen und Lockern – Einstieg in Themen – Klärung der Bedürfnisse.

**Band 2: Themen bearbeiten.**
Erfahrungen darstellen – Lebendig informieren – Diskussionsmethoden – Ergebnisse austauschen – Entscheidungshilfen – Konsequenzen klären.

 **Band 3: Gruppe erleben.**
Autorität – Klima im Gruppensystem – Kommunikationsmethoden – Konkret Zusammenarbeiten – Festliches Gestalten.

 **Band 4: Reflektieren.**
Auswertungsmethoden – Aufarbeiten fördern – Umsetzen – Transfer – Aufhören.

 **Band 5: Konflikte.** Ursachen – Situationen während der Veranstaltung – Was Ihnen passieren kann – Strategien und Methoden.

ISBN 3-925 169-21-0

*Arbeitsgemeinschaft für Gruppen-Beratung im Ökotopia Verlag, Münster*

Der Fachverlag für gruppen- und spielpädagogische Materialien

# Ökotopia Verlag und Versand

Fordern Sie unser kostenloses Programm an:

**Ökotopia Verlag**
Hafenweg 26 · D-48155 Münster
Tel.: (02 51) 48 19 80 · Fax: 4 81 98 29
E-Mail: info@oekotopia-verlag.de

Besuchen Sie unsere Homepage! Genießen Sie dort unsere Hörproben!

http://www.oekotopia-verlag.de
und www.weltmusik-fuer-kinder.de

---

**Das Zauberlicht**

Spiele, Aktionen und Theater mit Schwarzlicht für Kinder

ISBN: 3-931902-50-1

**Von Räubern, Dieben und Gendarmen**

Abenteuerliche Spiele, Geschichten, Basteleien und Lieder rund um das wilde Räuberleben

ISBN (Buch): 3-931902-97-8
ISBN (CD): 3-931902-98-6

**Erlebnispädagogik**

Theorie und Praxis in Aktion

ISBN: 3-925169-52-0

---

**Straßen-, Hof- und Gartenfeste**

Gestaltung kindgerechter Spielfeste
Ein Handbuch

ISBN: 3-931902-60-9

**Wilde Spiele**

Spiele, Spaß und Abenteuer für tobelustige und verwegene Gruppen

ISBN: 3-925169-80-6

**Abenteuer leiten – in Abenteuern lernen**

Methodenset zur Planung und Leitung kooperativer Lerngemeinschaften für Training und Teamentwicklung in Schule, Jugendarbeit und Betrieb

ISBN: 3-931902-53-6

---

**Bewegte Spiele für die Gruppe**

Neue Spiele für Alt und Jung, für drinnen und draußen, für kleine und große Gruppen – für alle Gelegenheiten

ISBN: 3-931902-74-9

**Leiten, präsentieren, moderieren**

Lebendig und kreativ
Arbeits- und Methodenbuch für Teamentwicklung und qualifizierte Aus- und Weiterbildung

ISBN: 3-931902-20-X

**Der geflügelte Bleistift**

Jede Menge Spielideen und Aktionen rund um Schreiben, Lesen und Literatur

ISBN: 3-931902-51-X

---

**Feuerwerk & Funkentanz**

Zündende Ideen: Spiele, Lieder und Tänze, Experimente, Geschichten und Bräuche rund ums Feuer

ISBN (Buch): 3-931902-85-4
ISBN (CD): 3-931902-86-2

**Das ist Gestaltpädagogik**

Ein Lehrbuch für die Praxis
Grundlagen, Impulse, Methoden, Praxisfelder, Ausbildungen

ISBN: 3-925169-99-7

**Wir verstehen uns gut**

Methoden und Bausteine zur Sprachförderung für deutsche und zugewanderte Kinder

ISBN: 3-931902-76-5